古典文獻研究輯刊

三九編

潘美月・杜潔祥 主編

第 36 冊

梅村詩清人注之二
——吳詩集覽（第五冊）

陳 開 林 整理

國家圖書館出版品預行編目資料

梅村詩清人注之二——吳詩集覽（第五冊）／陳開林 整理 --
初版 -- 新北市：花木蘭文化事業有限公司，2024〔民113〕
目 12+186 面；19×26 公分
（古典文獻研究輯刊 三九編；第 36 冊）
ISBN 978-626-344-956-5（精裝）

1.CST：（清）吳偉業 2.CST：清代詩 3.CST：作品集

011.08　　　　　　　　　　　　　　　　　113009886

古典文獻研究輯刊
三九編　第三六冊　　　　　ISBN：978-626-344-956-5

梅村詩清人注之二
——吳詩集覽（第五冊）

作　　者　陳開林（整理）
主　　編　潘美月、杜潔祥
總 編 輯　杜潔祥
副總編輯　楊嘉樂
編輯主任　許郁翎
編　　輯　潘玟靜、蔡正宣　美術編輯　陳逸婷
出　　版　花木蘭文化事業有限公司
發 行 人　高小娟
聯絡地址　235 新北市中和區中安街七二號十三樓
　　　　　電話：02-2923-1455 ／傳真：02-2923-1400
網　　址　http://www.huamulan.tw 信箱 service@huamulans.com
印　　刷　普羅文化出版廣告事業
初　　版　2024 年 9 月
定　　價　三九編 65 冊（精裝）新台幣 175,000 元　　版權所有 · 請勿翻印

梅村詩清人注之二
——吳詩集覽(第五冊)

陳開林 整理

目

次

七言律詩二之下

無題按：錢仲文有《江行無題》詩，非豔詩也。豔詩《無題》，始於李義山。然《花間集》詞皆無題，故朱竹垞以《草堂詩餘》之詞題為非，則《無題》之詩近於詞矣。【程《箋》：「公曾孫紫庭詡箋曰：『王先輩玉書《麟來志芸》：虞山瞿氏有才女歸錢生，生患瘵，女有才色，不安其室，意屬先生，扁舟過婁，投詩相訪。先生以義自持，因設飲河干，賦《無題》四章以謝之。氏去，歸石學士仲生申，錢生故在也。梁溪顧舍人梁汾貞觀，石所取士，實為之作合云。』」按：石中順治丙戌進士，歷官吏部左侍郎，總督倉場。███】〔註1〕

〔註1〕【　】內文字，稿本、天圖本作「張如哉曰：《無題》四首，蓋為玉京妹下敏而作。按其詩意，如『繫艇垂楊映綠潯』、『到處鶯花畫舫輕』，即《畫蘭曲》之『今年掛楫洞庭舟，柳暗桑濃卷綺樓』也；『畫裏綠楊堪贈別』，即《畫蘭曲》之『主人邀我圖山色』也；『玉人湘管畫簾深』，即《畫蘭曲》之『宣索傳來畫蘭筆』也；『相逢只作看山行』，即《畫蘭曲》之『何似杜陵春禊飲，樂遊原上採蘭人』也；『飛瓊』二句，即《畫蘭曲》之『誰堪幽夢牽羅袖』也；『細膩風光異舊時』，即《畫蘭曲》之『又云憔悴非昔時』；『東風』二句，即《畫蘭曲》之『移入東風碧玉欄』也。其中情事，悉與畫蘭女子相近。且梅村於寇白、楚雲、瑜芬、倩扶諸妓都無隱語，至玉京道人更明白抒寫，纏綿盡致。獨下敏既歸申氏，自未便輕露姓名耳。詩中『飛瓊漫道人間識』，已自道矣。所可疑者，四首屢言作詩，而《畫蘭曲》無之也」。

繫艇垂楊映綠潯，玉人湘管畫簾深。千絲碧藕玲瓏腕，一卷芭蕉展轉心。題罷紅窗歌緩緩，聽來青鳥信沉沉。天邊恰有黃姑恨，吹入蕭郎此夜吟。繫艇垂楊，即指玉人言之。故二四皆極贊玉人語也。紅窗微歌，無如青鸞信杳，此是玉人之恨。然天上人間，恨者不少，願託天風吹入蕭郎之耳。故知起句指玉人，不指蕭郎矣。○高季迪詩：「繫艇岸垂花。」沈休文詩：「吐綠照清潯。」 玉人，見《琴河感舊》。陳敬初詩：「自拈湘管認啼痕。」杜牧之詩：「四面朱樓捲畫簾。」 李義山詩：「莫將越客千絲網。」杜詩：「佳人雪藕絲。」《拾遺記》：「西王母來進萬歲冰桃，千年碧藕。」范致能詩：「甘瓜削玉藕玲瓏。」《群芳譜》：「蕉，一名甘蕉，一名芭蕉，一名芭苴，一名天苴，一名綠天，一名扇仙，草類也。」《詩》：「展轉反側。」 白詩：「畫梁巧折紅窗破。」按：詞名有《紅窗聽歌》。緩緩，見《王郎曲》。青鳥，見《鴛湖閨詠》。沉沉，見《琵琶行》。杜牧之詩：「昭陽歌斷信沉沉。」《荊楚歲時記》：「河鼓、黃姑，牽牛也。皆語之轉。」 蕭郎，見《琴河感舊》。李詩：「此夜曲中聞折柳。」

王介甫詩：「西窗一夜無人問，展盡芭蕉數尺心。」唐庠詩：「春心正似芭蕉卷，羞宜男並蒂花。」此在梅村以前者。鄭王臣（字慎人）《香草草》：「人如楊柳眠還起，心似芭蕉卷不舒。」此在梅村以後者。然慎人句為出藍矣。李義山詩：「芭蕉不展丁香結，同向東風各自愁。」更佳。

其二

到處鴛花畫舫輕，相逢只作看山行。鏡因硯近螺頻換，書為香多蠹不成。愧我白頭無冶習，讓君紅粉有詩名。飛瓊漫道人間識，一夜天風返碧城。此首於纏綿中有解脫語，當於言外得之。三四錯綜其詞：對鏡試螺，因硯近而頻換；聚書防蠹，為香多而無虞。香奩體中，不嫌其纖。○鴛花，見《鴛湖閨詠》。畫舫，見《贈文園公》。羅鄴詩：「相逢休作憶山吟。」看山〔註2〕，見《商倩郊居》。 陸務觀詩：「墨試小螺看斗硯。」 呂和叔詩：「紙上香多蠹不成。」《易》：「冶容誨淫。」 杜詩：「結束多紅粉，歡娛恨白頭。」張文昌詩：「多生修律業，外學得詩名。」《本事詩》：「許渾嘗夢登山，人曰：『此崑崙也。』既入，見數人飲酒。賦詩云：『曉入瑤臺露氣請，座中惟有許飛瓊。塵心未斷俗緣在，十里下山空月明。』他日復夢至其處，飛瓊曰：『子何故顯余姓名於人間？』即改為『天風吹下步虛聲』。曰：『善。』」 碧城，見《西泠閨詠》。

〔註2〕「山」，乙本誤作「由」。

其三

　　錯認微之共牧之，誤他舉舉與師師。疏狂詩酒隨同伴，細膩風光異舊時。畫裏綠楊堪贈別，曲中紅豆是相思。年華老大心情減，辜負蕭娘數首詩。張如哉曰：「微之決絕於蒲東，牧之薄倖於青樓，故以自況。綠楊贈別，見其人已遠；紅豆相思，則我懷如訴矣。寫盡悵望之情。」　又曰：「疏狂詩酒，承微之、牧之說；細膩風光，承舉舉、師師說。心情已減，故云錯認。辜負蕭娘，乃真誤他也。」○《唐詩紀事》：「元積，字微之。杜牧，字牧之。」《北里志》：「鄭舉舉者，居曲中，亦善令章。」張邦基《汴都平康記》：「政和間，李師師、崔念月二妓，名著一時。」《貴耳錄》：「道君北狩，更有《李師師小傳》。」　白詩：「疏狂屬年少。」同伴，見《彈琴歌》。　元《寄薛濤》詩：「細膩風光我獨知。」杜詩：「文武衣冠異昔時。」　白詩：「綠楊陌上送行人。」《本草》：「相思子，一名紅豆。」別見《琵琶行》注。　子山《杖賦》：「年華未暮，容貌先秋。」老大，見《送何省齋》補注。李有中詩：「寒松肌骨鶴心情。」　張如哉曰：「李少卿《答蘇武書》：『陵雖孤思，漢亦負德。』此後人用辜負字所本。」蕭娘，見《鴛湖閨詠》。

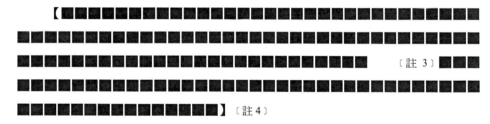

【■■■■■■■■■■■■■■■■■■■■■■■■■■■■■■■■
■■■■■■■■■■■■■■■■■■■■■■■■■■■■■■■■
■■■■■■■■■■■■■■■■■■■■■■■■　〔註3〕■■■
■■■■■■■■■■■■■■■■■■■■■■■■■■■■■■■■
■■■■■■■■■■■■■■■■■■】〔註4〕

其四

　　鈿雀金蟬籠臂紗，鬧妝初不鬥鉛華。藏鉤酒向劉郎賭，刻燭詩從謝女誇。天上異香須有種，春來飛絮恨無家。東風燕子知多少，珍重雕闌白玉花。前半首讚美之，後半首亦贈別之意。○顧阿瑛詩：「寶雀玉蟬簪髻翠。」韓致光詩：「醉後金蟬重。」《晉書·胡貴嬪傳》：「太始九年，帝多簡良家子女，以充內職。自擇其美者，以絳紗繫臂。」《三夢記》：「唐末，宮中髻號鬧掃妝，形如焱風散

〔註3〕此兩空格，讀秀本、乙本亦作墨丁。

〔註4〕【　】內文字，稿本、天圖本作「或問：『玉京與鹿樵生一見，遂欲以身許，酒酣拊几而顧生，故為若弗解者，長歎凝睇，後亦竟弗復言。此詩起結似詠其事。《無題》四首，其亦為玉京作乎？』張如哉曰：『按《玉京傳》，《聽彈琴歌》在乙酉歲。踰兩年，渡浙江，已歸東中諸侯。梅村於癸巳赴召，時玉京早乞身下髮，依保御氏於吳中矣，不應仍在江寧也。若以為與《琴河感舊》同時作，則更在乙酉以前，故無題詩非為玉京作也』」。

鬟，蓋盤鴉、墮馬之類。」鉛華，見《玉京墓》。 《採蘭雜記》：「古人以二十九日為上九，初九日為中九，十九日為下九。每月下九，置酒為婦女之歡。女子以是夜為藏鉤諸戲。」《藝經》：「藏鉤，即今藏鬮。」李義山詩：「隔座送鉤春酒暖。」李楚望詩：「一聲歌罷劉郎醉，脫取明金壓繡鞋。」高季迪詩：「賭酒射中堂。」刻燭謝女，見《西泠閨詠》。 李山甫詩：「一片異香天上來。」《晉書·張華傳》：「茂先，卿尚有種也！」 劉夢得詩：「春盡絮飛留不得，隨風好去落誰家。」為楊枝別樂天作也。 杜[註5]牧之詩：「掃眉才子知多少。」 宋邕詩：「遺情更說何珍重。」雕闌，見《圓圓曲》。李義山《謔柳》詩：「已帶黃金縷，仍飛白玉花。」

　　　或謂此等詩多屬寓言，如《楚辭》之美人香草。然其二之「愧我白頭無治習，讓君紅粉有詩名」，其三之「年華老大心情減，辜負蕭娘數首詩」，斷非比體。梅村集中，惟《行路難》第十七首、《古意》六首為寓言耳。餘於出處之義，故國之思，多質言之也。

百草堂觀劇杜牧之詩：「魏帝縫裳真戲劇。」

　　肯將遊俠誤躬耕，愛客村居不入城。亭占綠疇朝置酒，船移紅燭夜鳴箏。金齏斫鱠霜螯美，玉粒呼鷹雪爪輕。原注：主人好獵。卻話少年逢社飲，季心然諾是平生。觀劇於第四句略點，餘皆形容愛客，另是一格。○遊俠，見《又詠古》。躬耕，見《汲古閣歌》。 曹詩：「公子敬愛客。」村居，見《避亂》。入城，見《冬霽》。 顏延年詩：「衍漾觀綠疇。」置酒，見《王郎曲》。 紅燭，見《孫孝若山樓》。杜詩：「絃將手語彈鳴箏。」《南部煙花錄》：「南人魚鱠，細縷金橙拌之，號為金齏玉鱠。」斫鱠，見《攀清湖》。陸務觀詩：「江浦得霜螯。」 杜詩：「碧酒隨玉粒。」《襄陽耆舊傳》：「劉表為荊州刺史，築臺名呼鷹。」高越《詠鷹詩》：「雪爪星眸世所希。」 社飲，見《癸巳禊飲》。 《史記·季布傳》：「季布弟季心以勇，布以諾，著聞關中。」然諾，見《哭志衍》。

送李秀州擢寧紹道按：《浙江通志》：「分巡寧紹道，康熙九年設。二十三年，改為寧紹臺道。巡海道於康熙六年裁。」而嘉興知府李國棟，遼東錦州人，順治六年任。巡海道李國棟，順治十年任。則隆吉即國棟，寧紹應改書海道耳。又，《通志》載寧紹道止三人，無氏李者。

　　楊柳春風起郡樓，故人嚴助昔同遊。煙霞到處推仙吏，棨戟今看冠列侯。長水圖書移遠棹，大雷笳鼓對清秋。閱兵海上應西望，秦駐山高

即秀州。前半首總寫，後半首秀州、寧紹分寫。○楊柳春風，見《謁張石平》。岑參詩：「江雲黑郡樓。」　嚴助，見《朱買臣墓》。《國語》：「世同居，少同遊。」　第三句，見《簡姜明府》。　槃戟，見《壽龔芝麓》。《史記·高祖紀》：「六年，論功，與諸列侯剖符行封。」《一統志》：「長水塘在嘉興府嘉興縣南六里。」圖書，見《松鼠》。張南史詩：「遠棹漳渠水。」　《一統志》：「大雷山在寧波府奉化縣西南四十里，四明支山也。」曹景宗詩：「歸來笳鼓競。」清秋，見《贈雪航》。《春秋·桓六年》：「秋八月壬午，大閱。」《一統志》：「寧波府境東南北三面環海。」西望，出《左傳·成十三年》呂相語。　《一統志》：「秦駐山在嘉興府海鹽縣南十八里，濱海。」

周櫟園有墨癖嘗蓄墨萬種歲除以酒澆之作祭墨詩友人王紫崖話其事漫賦二律黃虞稷《櫟下先生行狀》：「先生姓周氏，諱亮工，字元亮，河南開封府祥符縣人。先世居金溪櫟下，因自號櫟園先生，籍大梁而寔白下也。」《感舊集》補傳：「元亮，崇禎庚辰進士，官戶部侍郎。」　《世說》：「阮籍胸中壘塊，故須酒澆之。」　按：《祭墨》詩，《賴古堂集》不載，〔註6〕惟《行狀》內有「喜墨，歲暮嘗約同人為祭墨之會」。　程迓亭曰：「王紫崖不知何許人，本武將。國變後為僧，以紫崖自晦其名。」

　　含香詞賦擲金聲，家住玄都對管城。萬笏雅應推正直，一囊聊復貯縱橫。藏雖黯澹終能守，用任欹斜自不平。磨耗年光心力短，只因就誤楮先生。楮，集作「褚」。　此首詠墨。○《漢官儀》：「尚書郎含雞舌香伏奏事。」《晉

〔註6〕周紹良《清代名墨談叢》三九《周亮工墨》（文物出版社 1982 年版，第 110～111 頁）：

檢《賴古堂詩集》，關於祭墨，只有二詩述及。其一見卷二，題作《長安舊傳十賣詩，僕賣不止十，然皆非所憶，憶惟四，作〈四憶〉》。其第三首云：
小閣年年拜，陰廘夙所親。心期玄自守，畏見爾磨人。即啜難娛老，雖多未寫貧。豹囊閒掛壁，靜者剩為鄰（原注：墨。予歲時為祭墨之會，同人咸有詩）。根據這首詩可以證明吳偉業的話是確實的。另一首見卷三，題作《丁亥（順治四年、1647）除夕，獨宿邵武城樓，永夜不寐，成詩四章》。其第四章云：
百難交集夕難除，強飲屠蘇意未舒。下榻懷人同拜墨（原注：客歲此夕，膠西匡九畹、黃山程穆倩、秣陵胡元潤宿於衙齋，為祭墨之會），登樓無客對攤書。蠻煙瘴露悲良友，伏雨闌風詠寒予。慚愧勞勞塵土夢，十年此際未安居。
從此可知，周氏非僅止一次歲除祭墨，而是每年皆有此會。而他自己又說「祭墨之會，同人咸有詩」，且宋犖《西陂類稿》卷三《古竹圃續稿》載《挽周元亮先生四首》之三：
博雅爭推張義先，秦淮書畫載盈船。即今舊物俱零落，遺草猶存祭墨篇。
可見祭墨詩在他作品中是很重要的，但不知《賴古堂詩集》何以僅收入此兩首，但又非祭墨之作，豈被刪除之耶？

書‧孫綽傳》：「綽作《天台賦》成，示范榮期曰：『卿試擲地，當作金石聲。』」 杜詩：「屋前太古玄都壇。」此借用。退之《毛穎傳》：「毛穎者，中山人也，封之管城。」《老學庵筆記》：「伯祖中大夫好墨成癖，李黃門邦直在真定，常寄先左丞以陳贍墨四十笏，盡以為伯祖壽。」《書》：「平康正直。」 杜詩：「有作成一囊。」縱橫，見《哭志衍》。黯澹，見《畫蘭曲》。 欹斜，見《松鼠》。李義山詩：「心中自不平。」 蘇詩：「人非磨墨墨磨人。」楊炯詩：「年光搖樹色。」心力，見《汲古閣歌》。 《金史‧五行志》：「童謠云：尥誤盡，少年人。」《玉篇》：「尥，俗眈字。」《〈史記‧三王世家〉注》：「褚先生，穎川人，仕元、成間。」張如哉曰：「褚字當從木，用退之《毛穎傳》楮先生之楮。」

其二

山齋清玩富琳琅，似璧如圭萬墨莊。口啜飲同高士癖，頭濡書類酒人狂。但逢知己隨濃澹，若論交情耐久長。不用黃金費裝裹，伴他銅雀近周郎。此首為櫟園寫生，句句切墨。○庾詩：「雲氣滿山齋。」歐陽原功詩：「山莊劉氏富清玩。」《書》：「厥貢惟球、琳、琅玕。」《詩》：「如圭如璧。」張邦基《墨莊漫錄序》：「僕喜藏書，隨所寓榜曰墨莊，故題其首曰《墨莊漫錄》。」《東坡集》：「茶可於口，墨可於目。蔡君謨老病不能飲，則烹而玩之。呂行甫好藏墨而不能書，則時磨而小啜之。此又可以發來者之一笑也。」《書影》：「滕達道、蘇浩然、呂行甫皆好啜墨水。」《國史補》：「張旭飲醉輒草書，揮筆而大叫，以頭搵水墨中而書之，醒後自視，以為神異。」《史記‧荊軻傳》：「荊軻雖遊於酒人乎？」 杜詩：「濃澹樹榮枯。」《唐書‧魏元同傳》：「元同與裴炎締交，能保終始，號耐久朋。」 匯苑顏潛庵詩：「一笏烏金貯豹囊。」 銅雀，見《永和宮詞》。《文房四譜》：「古瓦硯出相州魏銅雀臺，里人掘土，往往得之，貯水數日不滲。」周郎，見《圓圓曲》。

贈陽羨陳定生《一統志》：「楊羨故城在常州府宜興縣南五里。」《常州府志》：「陳貞慧，字定生，宜興人。少保於廷第四子。」徐原一《陳檢討誌銘》：「貞慧，副榜貢生，改官生，贈檢討。」梅村《冒辟疆壽序》：「往者天下多故，江左尚晏然。一時高門子弟才地自許者，陽羨陳定生、歸德侯朝宗與辟疆為三人。品覈執政，裁量公卿，雖甚強梗，不能有所屈撓。有皖人者，流寓南中，故奄黨也。會三人者，置酒雞鳴埭，酒酣，輒眾中大罵曰：『若奄儿、媼子，乃欲以詞家自贖乎？』於是大恨次骨。申酉之亂，彼以攀附驟枋，用興大獄，以修舊郤。定生為所得，几填牢戶。朝宗遁之故鄣山〔註7〕中。南中人多為辟疆耳目者，跳而免。」

〔註7〕「山」，乙本誤作「由」。

溪山罨畫好歸耕，櫻筍琴書足性情。茶有一經真處士，橘無千絹舊清卿。原注：故御史大夫子。知交東冶傳鉤黨，子弟南皮負盛名。卻話宋中登望遠，天涯風雨得侯生。原注：定生偕侯朝宗在南中，幾及鉤黨禍。侯生，歸德人。　贈定生而切其里第、家世、子弟、友生，則定生之身份自出矣。○樂史《寰宇記》：「沂溪，今俗呼為罨畫溪，在宜興縣南三十六里。」《秦中歲時記》：「長安四月已後，自堂廚至百司廚，通謂之櫻筍廚。」琴書，見《六真歌》。溫飛卿詩：「松竹風姿鶴性情。」　陽羨茶，見《永和宮詞》。茶經，見《壽陸孟鳧》。一經，見《贈蔡羽明》。《賓退錄》：「五代唐帝謂史虛白曰真處士。風月主人，蜀歐陽彬也。」　《襄陽耆舊傳》：「李衡為丹陽太守，遣人往武陵龍陽泛洲上作宅，種橘千株。臨死，勅兒曰：『吾州里有千頭木奴，不責汝食。歲上匹絹，亦當足用耳。』《北史·袁聿修傳》：「邢邵報書，曰：『弟昔為清郎，今日更作清卿矣。』」《明詩綜》：「陳于廷，字孟鍔。宜興人。起為南京都察院右都御史，召總內臺。」　知交，見《贈吳雪航》。《南史·袁彖傳》：「為冠軍將軍，監吳興郡，坐過用祿錢，免官，付東冶。武帝遊孫陵，望東冶曰：『冶中有一好貴囚。』」鉤黨，見《讀史雜詩》。《板橋雜記》：「大鋮恨朝宗，羅致欲殺之。朝宗跳而免。並欲殺定生也。定生大為錦衣馮可宗所辱。」　南皮，見《癸巳禊飲》。盛名，見《王郎曲》。按：子弟謂陳維崧其年、維岳緯雲、宗石子萬等也。　杜詩：「昔我遊宋中。」《一統志》：「歸德府，周為宋國。」登望，見《讀西臺記》。　天涯，見《送何省齋》。《詩小序》：「《風雨》，思君子也。」按：侯生字借用《史記·信陵君傳》。《明史·劉澤清傳》：「請法司嚴緝故總督侯恂及其子方域，朝廷皆曲意從之。」《綏寇紀略》：「懷寧阮光祿大鋮者，負縱橫才，以閹黨故廢。歸德侯方域嘗偕其友移書罵之。方域，侍郎恂次子也。當左兵南潰，方域僑寓陪都，大鋮頌言，良玉為賊，而目侯以同反。」　《國朝詩別裁集》：「方域，字朝宗，河南商丘人。」

　　　張如哉曰：「陳其年《夏日河間》詩：『孤篷遠道思綿綿，伏枕唫成倍悄然。扁鵲廟荒帆似雪，卅兮城暮草如煙。他鄉雲水愁中跡，故國陰涼夢裏緣。聞道南皮還此地，寒冰朱李是何年。』或其年兄弟曾在南皮，故此詩用之與？俟考。」

江樓別幼弟孚令 五律《別孚令弟》云：「昨歲衝寒別，蕭條北固樓。」正指此江樓也。蓋梅村北上時，孚令送之於此。

　　野色滄江思不窮，登臨傑閣倚虛空。雲山兩岸傷心裏，雨雪孤城淚眼中。病後生涯同落木，亂來身計逐飄蓬。天涯兄弟分攜苦，明日扁舟聽曉風。從江樓起。三四將江樓別弟寫成一片。五六是傷心淚眼之由。結句點出別

字。○賈閬仙詩：「過橋分野色。」滄江，見《讀西臺記》。 傑閣，見《讚佛》詩。虛空，見《林屋洞》。 兩岸，見《閬州行》補注。《楚辭》：「目極千里兮傷春心。」 張子澄詩：「獨有離人開淚眼。」杜詩：「乾坤醉眼中。」 生涯，見《塗松晚發》。落木，見《遇具和尚》。 身計，見《送穆苑先》。杜詩：「秋來相顧尚飄蓬。」 天涯，見《送何省齋》。分攜，見《贈願雲師》。 唐明皇詩：「雞聲逐曉風。」

揚州揚州，見《閬州行》。

疊鼓鳴笳發棹謳，榜人高唱廣陵秋。官河楊柳誰新種，御苑鶯花豈舊遊。十載西風空白骨，廿橋明月自朱樓。南朝枉作迎鑾鎮，難博雷塘土一丘。次句點明揚州，三四緊承揚州生感，五六一虛一實，結句所感者深。○謝玄暉《鼓吹曲》：「疊鼓送華朝。」《魏略》：「從者鳴笳以啟路。」王泠然詩：「隋家天子憶揚州，鳴笳疊鼓泛清流。」鮑詩：「甌川悲棹謳。」 榜人，見《攀清湖·序》。《西京雜記》：「齊首高唱，聲入雲霄。」《一統志·揚州府表》：「漢廣陵國。」 《元和志》：「合瀆渠，本吳所掘邗溝水路也。今謂之官河。」《通鑑·隋紀》：「大業元年，開邗溝，自山陽至揚子入江，渠旁皆築御道，樹以柳。」《一統志》：「隋苑在揚州府江都縣北七里。」鶯花，見《贈李〔註8〕雲田》。舊遊，見《虎丘夜集圖》。 白骨，見《閬州行》。 杜牧之詩：「二十四橋明月夜。」《一統志》：「古二十四橋在揚州府甘泉縣西門外。」《後漢書·馮衍傳》：「伏朱樓而四望兮。」 南朝，見《韓蘄王墓》。《五代史·楊溥世家》：「溥至白沙閱舟師。徐溫來見，以白沙為迎鑾鎮。」 杜牧之詩：「煬帝雷塘土，迷藏有舊樓。」《一統志》：「隋煬帝冢在甘泉縣西北雷塘。」

> 末二句與《鍾山》結句足相發明。 《丹鉛錄》：「岑參《凱歌》：『鳴笳攊鼓擁回車。』今本『攊』作『疊』，非。近制：啟明、定、昏，鼓三通，曰發攊。當用此字。俗作擂，非。攊亦俗字，然差善於擂。《古樂府》：『官家出遊雷大鼓。』雷轉作去聲用。」

其二

野哭江村百感生，鬥雞臺憶漢家營。將軍甲第囊弓臥，丞相中原拜表行。白面談邊多入幕，赤眉求印卻翻城。當時只有黃公覆，西上偏隨阮步兵。集作徧，非。 此首弔史可法而兼及同時諸將也。○野哭，出《禮記》。《裴航傳》：「一飲瓊漿百感生。」 《一統志》：「《拾遺記》：『煬帝於吳公宅鬥雞臺下，恍

〔註8〕「李」，乙本誤作「季」。

惚與陳後主相遇。』當即是吳公臺也。吳公臺在甘泉縣西北四里，一名雞臺。」祖詠
詩：「笳鼓喧喧漢將營。」　甲第，見《送杜弢武》。《詩》：「載櫜弓矢。」　《綱目》：
「漢後主建興五年三月，丞相亮率諸軍出屯漢中，以圖中原。」《〈文選・前出師表〉
注》：「亮率軍北駐漢中，臨發，上疏。」《晉書・劉牢之傳》：「拜表輒行。」按：拜表
即行，《史可法傳》中語也。　《晉書・何充傳》：「荊楚，國之西門，豈可以白面年少
猥當此任哉？」《宋書・沈慶之傳》：「今欲伐國，而與白面書生輩謀之，事何由濟？」
《晉書・郗超傳》：「郗生可謂入幕之賓矣。」　《東觀漢記》：「樊崇欲與王莽戰，恐其
眾與莽兵亂，乃皆朱其眉以相識別，由是號曰赤眉。」《魏書・秦王翰附傳》：「共謀翻
城。」《寄園寄所寄》：「興平伯高傑，字英吾。顧獨有意揚州。揚州居天下膏腴，有新
舊二城，城外為肆賣區，子女瑰寶累萬萬。高放手剽掠，人屠創日以百數，保者恐，
授兵登陴，誓死守。是時史公方渡江誓師，高見揚人之暴骨者載道，慮公以為非法，
趣其下宵坎而埋之。既庭謁，請公開城門納其兵，公弗許。謀止公以要之。公談笑不
為動，徐草奏與以瓜步，城眾稍稍愒服。」按：傑本流賊，竊李自成妻邢氏來降，故
以赤眉比之。　《三國志》：「黃蓋，字公覆，零陵泉陵人也。」《晉書・劉宏傳》：「引
兵欲西上。」步兵，見《又詠古》。杜詩：「宜憂阮步兵。」《明史・諸王傳》：「左良玉
舉兵武昌，以救太子、誅士英為名，順流東下，阮大鋮、黃得功等帥師御之。」又，
《左良玉傳》：「時築版堵磯為西防，曰：『西何所防？此為我耳。』」

　　　　陸雲士曰：「南都情事，該括無遺。筆有抑揚，意仍含蓄。」

其三

　　盡領通侯位上卿，三分淮蔡各專征。東來處仲無他志，北去深源有
盛名。江左衣冠先解體，京西豪傑竟投兵。只今八月觀濤處，浪打新塘
戰鼓聲。此首詠四鎮等事。處仲，借說左兵以誅馬阮為名。深源，借說高傑銳意北
上也。○通侯，見《楚兩生・序》。　退之《平淮西碑》：「既定淮蔡。」專征，見《送
杜弢武》。《明史・諸王傳》：「史可法督師江北，召士英入，分淮、揚、鳳、廬為四鎮，
以總兵官黃得功、劉良佐、劉澤清、高傑領之。」　《晉書・王敦傳》：「字處仲。永昌
九年，率眾內向，以誅劉隗為名。」《後漢書・袁紹傳》：「非有他志。」　《晉書・王
羲之傳》：「殷浩將北征，羲之以為必敗。」又，《殷浩傳》：「字深源。」《續晉陽秋》：
「陳郡殷浩，素有盛名，時論比之管、葛，故徵浩為揚州。」《讀史訂疑》：「唐人諱昺，
以丙丁為景丁；諱淵，以殷淵源為深源。」《晉書・王述傳》：「永嘉不競，暫都江左。」
《南史・袁憲傳》：「後主謂曰：『非惟由我無德，亦是江東衣冠道盡。』」《左傳・成八

年》：「四方諸侯，其誰不解體？」 投兵，見《遇劉雪舫》。 枚叔《七發》：「將以八月之望，與諸侯遠方交遊兄弟並往觀濤乎廣陵之曲江。」 李詩：「浪打天門石壁開。」《一統志》：「新塘在揚州府城北十里。」戰鼓，見《東萊行》。

王忭（字懌民）《揚州次梅村韻》：「牙門置酒宴公卿，錦櫜雕鞍命北征。縛綺健兒誰轉戰，借籌策士總虛名。百年洛蜀關時運，六代煙花兆甲兵。擊楫中流無限恨，夜闌欹枕聽江聲。」趙進美（字韞退）《廣陵懷古》：「爭奉華林翠輦遊，空傳宰相領揚州。青中結陣兵先破，白水臨江氣已收。五馬荊榛迷晉渡，千家燈火亂隋樓。遺民猶自歌袁粲，日暮風煙接石頭。」沈磐（字石鈞）《金陵漫興》：「元老宜參帷幄籌，誰令分閫鎮揚州。廟堂決勝全無策，宰相臨戎豈自由。百戰餘生終殉國，九原遺恨在同舟。至今嗚咽邗溝水，徧遶蕪城哭未休。」

其四

撥盡琵琶馬上絃，玉鉤斜畔泣嬋娟。紫駝人去瓊花院，青冢魂歸錦纜船。豆蔻梢頭春十二，茱萸灣口路三千。隋堤璧月珠簾夢，小杜曾遊記昔年。此首悲揚州夢也。四首首尾合之，分之俱成章法，是梅村得意之筆。○陶秀實詞：「琵琶撥盡相思調。」王子羽詩：「欲飲琵琶馬上催。」《一統志》：「揚州府戲馬臺。其下有路，號玉鉤斜，為隋葬宮女處。」嬋娟，見《行路難》。 杜詩：「紫駝之峰出翠釜。」李義山詩：「人去紫臺秋入塞。」《一統志》：「蕃釐觀在江都縣治東，中有瓊花，俗名瓊花觀。」 青冢，見《彈琴歌》。魂歸，見《青門曲》。張見蹟詩：「金堤分錦纜。」 杜牧之詩：「娉娉嫋嫋十三餘，頭蔻梢頭二月初。」《一統志》：「茱萸溝在江都縣東北，運河分流也。以北有茱萸村，故名。亦名茱萸灣。」趙景真《答嵇茂齊書》：「悠悠三千，路難涉矣。」 吳子華詩：「隋隄風物已淒涼。」《南史·張貴妃傳》：「璧月夜夜滿。」杜牧之詩：「春風十里揚州郭，捲上珠簾總不如。」 小杜，見《贈霍魯齋》。杜牧之《遣懷》詩：「十年一覺揚州夢，贏得青樓薄倖名。」韋端己詩：「昔年曾向武陵遊。」

闕名■■■■〔註9〕《隋宮》詩：「穀洛通淮日夜流，渚荷宮樹不曾休。十年士女河邊骨，一笑君王鏡裏頭。月下虹蜺生水殿，天中絲管在迷樓。繁華往事邗〔註10〕江外，風起楊花無那愁。」

〔註9〕 「闕名■■■■」，稿本、天圖本、讀秀本作「陳恭尹字元孝」。
〔註10〕 「邗」，乙本誤作「邦」。

過維揚弔衞少司馬紫岫原注：衞，韓城人，與余同年同官，後以少司馬死揚難。
劉希夷詩：「潮平見維揚。」《明史・高傑傳》：「傑移駐徐州，以左中允衞允文兼兵科
給事中，監其軍。」

　　畫省連床正論文，正集作「止」，非。天涯書劍忽離群。非關衞瓘需開
府，欲下高昂在護軍。原注：高傑，秦人。朝議以紫岫同鄉，拜兵部侍郎，典其
軍事。葬骨九原江上月，思家百口隴頭雲。故人搖落邗溝暮，為酹椒漿
一慟君。前半首指紫岫初作監軍時，後半首寫弔字，起結相應。○《漢官典職》：「尚
書省皆以粉壁畫古賢列士，曰畫省，亦曰粉省。」朱子詩：「妙語夜連床。」陳伯玉
詩：「書劍百夫雄。」按：書劍字蓋出於《項羽紀》「學書學劍」。離群，見《送繼起和
尚》。《晉書・衞瓘傳》：「字伯玉，河東安邑人也。晉王即位，拜侍中，轉廷尉卿。
鄧艾、鍾會之伐蜀也，瓘以本官持節，監艾、會軍事。」開府，見《老妓行》。《北
齊書・高昂傳》：「字敖曹。數為刼掠，州縣莫能治。高祖方有事關隴，以昂為西南道
大都督。」《漢書・百官公卿表》：「護軍都尉，秦官。元壽元年更名司寇。元始元年更
名護軍。」《明史・高傑傳》：「米脂人。」《禮》：「趙文子與叔譽觀乎九原。」思
家，見《訪霍魯齋》。百口，見《避亂》其三。《古樂府》有《隴頭歌》。柳文暢詩：「隴
首秋雲飛。」搖落，見《讚佛詩》。邗溝，見《閬園・序》。椒漿，見《登封烈婦》。
一慟，見《哭亡女》。

　　　　按：《傑傳》，允文以兵垣監軍，非侍郎也。又，《史可法傳》：士英忌可法威
　　　名，加故中允衞允文兵部右侍郎，總督興平軍，以奪可法權。允文，傑同鄉也。
　　　陷賊南還，傑請為己監軍。傑死，允文承士英指，疏詆可法。士英喜，故有是命。
　　　則衞為侍郎，已在監傑軍之後，與詩中原注不盡合。又，《可法傳》中敍揚州死
　　　難者甚悉，醫者、畫士、市民、舟子皆書姓名，而不及允文。或以允文陷賊南還，
　　　又附士英詆可法，故削而不書與？然如劉國慶、劉國能曾為賊將，尚得以死事立
　　　傳，梅村此詩或亦傳聞之異也。《一統志》亦不載允文事。

過淮陰有感淮陰，見《臨淮老妓行》。袁子才曰：「紀行諸首，時露流離牽挽之意，
當非浪作。」

　　落木淮南雁影高，孤城殘日亂蓬蒿。天邊故舊愁聞笛，市上兒童笑
帶刀。世事真成反招隱，吾徒何處續離騷。昔人一飯猶思報，廿載恩深
感二毛。起句點出淮陰，下六句用淮陰故事，結句實寫有感。○韓詩：「淮南悲木落。」
《一統志》：「淮安府，唐屬淮南道。」雁影，見《海戶曲》。殘日，見《韓蘄王墓》。
蓬蒿，見《雁門尚書行》。向子期《思舊賦序》：「余與嵇康、呂安居止接近，其人

並有不羈之才，後各以事見法。余逝將西邁，經其舊廬。於是日薄虞淵，寒冰淒然。鄰人有吹笛者，發聲寥亮。追思曩昔遊宴之好，感音而歎，故作賦云。」按：賦有「經山陽之舊居」。《明史・地理志》：「淮安府，山陽倚。」 《史記・淮陰侯傳》：「淮陰屠中少年有侮信者，曰：『若雖長大，好帶刀劍，中情怯耳。』眾辱之曰：『信能死，刺我；不能死，出我袴下。』於是信熟視之，俛出袴下，蒲伏。一市人皆笑信，以為怯。」 王康琚《反招隱詩》：「小隱隱陵藪，大隱隱朝市。」■〔註11〕漢淮南王劉安《招隱士序》：「《招隱士》者，淮南小山之所作也。小山之徒閔傷屈原身難沉沒，名德顯聞，與隱處山澤無異，故作《招隱士》之賦，以彰其志也。」 《漢書・揚雄傳》：「又旁《離騷》作重一篇，名曰《廣騷》。」陸務觀詩：「更書香草續離騷。」 一飯，見《送杜于皇》。《淮陰侯傳》：「信喜，謂漂母曰：『吾必有以重報母。』」《左傳注》：「二毛，頭白有二毛。」

其二

登高悵望八公山，琪樹丹崖未可攀。莫想陰符遇黃石，好將鴻寶駐朱顏。浮生所欠止一死，塵世無緣識九還。我本淮王舊雞犬，不隨仙去落人間。通首用淮陰故事，而寄慨獨深。○張望，見《琴河感舊》。《一統志》：「八公山在鳳陽府壽州北少東五里。」 孫興公《遊天台山賦》：「琪樹璀璨而垂珠。」丹崖，見《歸雲洞》。盧子行詩：「庭中琪樹已堪攀。」王子安詩：「梁岷未可攀。」《陰符經》上篇、下篇，漢張良著。《史記・留侯世家》：「良嘗閒從容步遊下邳坯上。有一老父出一編書曰：『讀此則為王者師矣。後十年興。十三年，孺子見我濟北，穀城山下黃石即我矣。』遂去，無他言，不復見。且日視其書，乃太公兵法也。」《漢書・劉向傳》：「上復與神仙方術士，而淮南有枕中鴻寶苑秘書。」白詩：「又無丹藥駐朱顏。」 浮生，見《二十五日》詩。《北史》：「劉聰時，陳休、卜崇為人清直，素惡王沈等，曰：『吾輩年逾五十，職位已崇，惟欠一死耳。』」《宋史・范質傳》：「但欠世宗一死，為可惜耳。」 元詩：「塵世苦憧憧。」《隱丹經》：「九還丹合九轉，言九遍循環也。」 《神仙傳》：「淮南王好道，白日昇天時，藥置庭中，雞犬舐之，盡得昇天，故雞鳴天上，犬吠雲中。」 王守溪詩：「不教名字落人間。」

贈淮撫沈公清遠黎城高濟謙仲偕曰：「《江南通志》：順治六年，裁去鳳撫，歸總漕，兼理巡撫事。王文奎，浙江人，順治二年任。沈文奎，即王文奎，複姓，順治十年再任。」

〔註11〕「■」，稿本、天圖本、讀秀本作空格。

秋風杖節賜金貂，高會嚴更響麗譙。去國丁年遼海月，還家甲第浙江潮。書生禮樂修玄雁，諸將弓刀掣皂雕。最是東南資轉餉，功成蕭相未央朝。起句與清遠相遇，三四是清遠往事，五六寫清遠近績也，結句稱願之意。○杖節，見《送杜弢武》。《漢書·谷永傳》：「戴金貂之飾。」《西都賦》：「衛以嚴更之署。」麗譙，見《樓聞晚角》。李少卿《答蘇武書》：「丁年奉使。」遼海，見《拙政園·序》。甲第，見《送杜弢武》。宋延清詩：「門對浙江潮。」書生，見《雪中遇獵》。《儀禮》：「大夫相見以雁。」諸將，見《讀史雜感》。弓刀，見《避亂》。杜詩：「皂雕寒始急。」《漢書·高帝紀》：「老弱罷轉餉。」又，《蕭何傳》：「夫漢與楚相守滎陽數年，軍無見糧。蕭何轉漕關中，給食不乏。」未央，見《遇南廂園叟》。

淮上贈嵇叔子《一統志》：「嵇宗孟，宇叔子，淮安山陽人。歷杭州守，歸舉博學鴻詞，辭疾。」

湖海相逢一俊英，風流中散舊家聲。琴因調古須防怨，詩為才多莫近名。濁酒如淮歌慷慨，蒼髯似戟論縱橫。慚余亦與山公札，抱病推遷累養生。通首從嵇字生情。五六是淮上叔子。結最用意。○《三國志·陳登傳》：「陳元龍，湖海之士，豪氣不除。」賈閬仙詩：「湖海相逢客恨多。」杜詩：「淮海維揚一俊人。」《晉書·嵇康傳》：「字叔夜。拜中散大夫。」家聲，見《贈文園公》。《康傳》：「初，康嘗遊乎洛西，暮宿華陽，引琴而彈。夜分，忽有客詣之，稱是古人，與康共談音律，辭致清辨。因索琴彈之，而為《廣陵散》，聲調絕倫，遂以授康。」耿湋詩：「綠琴聽古調。」《左傳·襄三十一年》：「不聞作威以防怨。」《晉書·孫登傳》：「嵇康又從之遊，登乃曰：『子才多識寡，難乎免於今之世矣。』」《莊子》：「為善無近名。」嵇叔夜詩：「古人有言，善莫近名。」《康傳》：「濁酒一杯。」《左傳·昭十二年》：「有酒如淮。」慷慨，見《又詠古》。《孔叢子》：「臣嘗行臨淄市，見屠商焉，身修八尺，鬚髯如戟。」縱橫，見《哭志衍》。《世說》：「山公將去選曹，欲舉嵇康，康與書告絕。」沈雲卿詩：「朝則抱病走。」陶詩：「日月推遷。」《康傳》：「乃著《養生論》。」

過宿遷極樂庵明日晤陸紫霞年兄話舊有感《一統志》：「宿遷縣在徐州府東一百里。」海寧陳模曰：「極樂庵在宿遷縣西北馬陵山後。」程迓亭曰：「陸紫霞名奮飛，崇禎辛未進士。」《宿遷縣志》：「陸奮飛，字狪霄。歷九江道，解組歸里。」話舊，見《遇劉雪舫》。

同時知己曲江遊，縱酒高歌玉腕驅。黃葉渾隨諸子散，白頭猶幸故

人留。雲堂下榻逢僧飯，雪夜聽鍾待客舟。如此沖寒緣底事，相逢無計訴離愁。前半首話舊，後半首有感結，結最用意。○《國史補》：「進士大宴於曲江亭子，謂之曲江會。」 杜詩：「白首放歌須縱酒。」陶詩：「抗音高歌。」杜有《玉腕騮》詩。 黃葉，見《維摩楓林絕勝》。 韓君平詩：「把酒故人留。」 陸務觀詩：「身是雲堂旦過僧。」沈休文詩：「賓至下塵榻。」高達夫詩：「僧飯屢過門。」 于鵠詩：「遙聽猴山半夜鐘。」陶詩：「誰言客舟遠。」 沖寒，見《別孚令》。元詩：「寧戚飯牛緣底事。」 杜牧之詩：「寧復緩離愁。」

白鹿湖陸墩詩 原注：在宿遷縣東，為紫霞年兄避兵處。 《一統志》：「白鹿湖在宿遷縣西南五十里。」《宿遷縣志》：「陸奮飛解組歸里，居白鹿湖之東柳洲。」

招提東望柳堤深，雁浦魚莊買棹尋。墩似謝公堪賭墅，湖如賀監早抽簪。雲遮老屋容君臥，月落空潭照此心。百頃荷花千尺水，夜涼兄弟好披襟。前半首寫景，後半首言情，穩勻之作。○《唐會要》：「官賜額為寺，私造者為招提蘭若。」《僧輝記》：「招提者，梵言拓鬪提奢，唐言四方僧物。但傳筆者訛拓為招，去鬪奢，留提字，即今十方主持寺院耳。」柳堤，見《鴛湖曲》。 《滕王閣序》：「雁陣驚寒，聲斷衡陽之浦。」魚莊，見《送杜弢武》。朱子詩：「買舟至西郭。」 李詩：「冶城訪遺跡，猶有謝公墩。」《一統志》：「謝公墩在上元縣北。」《江寧府志》：「金陵有兩謝公墩，在冶城北與永慶寺南者，乃謝安石所眺。若荊公宅之半山寺，所云謝公墩，乃謝玄所居，在舊內東長安門外銅井庵傍，所謂半山里者，荊公或誤以為太傅也。」賭墅，見《送沈繹堂》。 《唐書·賀知章傳》：「字季真。肅宗為太子，遷賓客，授秘書監。天寶初，請為道士，詔許之。又求周宮湖數頃為放生池，有招賜鏡湖剡川一曲。」子山《小園賦》：「廼又羨於抽簪。」 万俟雅言詞：「暮雲遮。」陳無己詩：「老屋無僧燕作家。」 空潭句，見《謁剖公》。 百頃，見《避亂》。《詩》：「隰有荷華。」李詩：「桃花潭水深千尺。」 孟詩：「松月生夜涼。」披襟，見《宮扇》。

自信

自信平生懶是真，底須辛苦踏春塵。每逢壚落愁戎馬，卻聽風濤話鬼神。濁酒一杯今夜醉，好花明日故園春。長安冠蓋知多少，頭白江湖放散人。詩成之後，拈首二字為題，如杜詩《能書》、《歷歷》之類，其原出於《毛詩》。三句追言明末時到處避兵。四句言風波相迫，又赴宣室之召也。五句旅況。六句鄉思。結句言長安多熱客，冀得放歸也。○杜詩：「近識峨嵋老，知余懶是真。」 又：「文章差底病。」韓詩：「有底忙時不肯來。」《字典》：「底，設疑之辭。」辛苦，見《遇劉雪

舫》。　墟落，見《茸城行》。戎馬，見《題志衍畫》。　杜詩：「春江不可渡，二月已風濤。」《史記·賈生傳》：「孝文帝問鬼神之本，賈生因具道所以然之狀。」　濁酒一杯，見《贈嵇叔子》。　元詩：「好花須是少年看。」盧允言詩：「似見故園春。」　冠蓋，見《送何省齋》。孟詩：「花落知多少。」　《唐書·陸龜蒙傳》：「自號江湖散人。」

新河夜泊

《一統志》：「新河在淮安府清河縣西北四十五里，黃河分流也。」杜牧之詩：「夜泊秦淮近酒家。」

百尺荒岡十里津，夜寒微雨濕荊榛。非關城郭炊煙少，自是河山戰鼓頻。倦客似歸因望樹，遠天如夢不逢人。扁舟蕭瑟知無計，獨倚篷窗暗愴神。起句點題，三四承上，用流水法。後半言情，是從泊字用意也。時漸近京，故情詞漸迫。○荒岡，見《下相懷古》補注。按：《一統志》，於家岡、九里岡皆在桃源縣黃河之濱，而新河與桃源接界，荒岡疑指此。　蘇叔黨詞：「夜寒江靜山銜斗。」潘安仁《閑居賦》：「微雨新晴，六合清朗。」荊榛，見《又詠古》其二。　陸務觀詩：「茅簷細雨濕炊煙。」　河山，見《閬州行》。戰鼓，見《東萊行》。　陸士衡詩：「余本倦遊客。」　王介甫詩：「楚天如夢水悠悠。」蘇詩：「玉笙哀怨不逢人。」　又：「篷窗高枕雨如繩。」

將至京師寄當事諸老

梅村《周安人墓誌》：「當世祖章皇帝之十載，詔舉遺佚，偉業與王楚先同徵。」此蓋將入都之作。當事，見《後東皋歌》。方岳（字巨山）詩：「北望未忘諸老在。」

柴門秋色草蕭蕭，幕府驚傳折簡招。敢向煙霞堅笑傲，卻貪耕鑿久逍遙。楊彪病後稱遺老，周黨歸來話聖朝。自是璽書修盛舉，此身只合伴漁樵。此首就初被徵而言，作自相商度之詞。用幕府字者，歸其事於諸老也。○柴門，見《避亂》。草蕭蕭，見《讚佛詩》。　幕府，見《讀西臺記》。《三國志·王凌傳》：「卿直折簡召我，我當敢不至耶？」　《唐書·田遊巖傳》：「泉石膏肓，煙霞錮疾。」笑傲，見《閬園》詩。《帝王世紀》：「鑿井而飲，耕田而食。」逍遙，見《避亂》。《後漢書·楊彪傳》：「魏文帝受禪，欲以彪為太尉，先遣吏示指。彪辭曰：『彪備漢三公，遭世傾亂，不能有所補益。髦年被病，豈可贊維新之朝？』固辭。」遺老，見《虎丘即事》。《後漢書·逸民傳》：「周黨，字伯況，太原廣武人也。勅身修志，州里稱其高。及光武引見，黨伏而不謁，自陳願守所志。」謝君直《卻聘書》：「某與太平草木，同沾〔註12〕聖朝之雨露。」　璽書，出《史記·李斯傳》。　漁樵，見《九峰草堂歌》。

〔註12〕「沾」，乙本誤作「沽」。

其二

莫嗟野老倦沉淪，領略青山未是貧。一自弓旌來退谷，苦將行李累衰親。田因買馬頻書券，屋為牽船少結鄰。今日巢由車下拜，淒涼詩卷乞閒身。此首就初戒塗而言野老閒身，首尾相應，而用莫字、嗟字起，車下拜止，俱歸到諸老甲裏。○野老，見《遇南廂園叟》。■〔註13〕沉淪，見《遇劉雪舫》。 陸務觀詩：「賴有春風能領略。」《逸詩》：「翹翹車乘，召我以弓。」《詩》：「子子干旌。」元次山詩：「隨我畬退谷。」 行李，見《送周子俶》。衰親，見《攀清湖》補注。程迓亭《婁東耆舊傳》：「順治中，當路有疑其獨高節全名者，強薦起之。兩親懼禍，及門戶，嚴裝促應徵。」《漢書·貢禹傳》：「陛下過意徵臣，臣賣田百畝，以供車馬。」 牽船，見《高郵道中》。吳子華詩：「東城去結鄰。」《宋史·鄭起傳》：「趙普笑謂人曰：『今日甚榮，得巢、由拜於馬首。』」 閒身，見《虎丘夜集圖》。

其三

匹馬天街對落暉，蕭條白髮悵誰依。北門待詔賓朋盛，東觀趨朝故舊稀。雪滿關河書未到，月斜宮闕雁還飛。赤松本是留侯志，早放商山四老歸。此預寫到京時情事。白髮無依，由於故舊漸稀也。況故舊亦有留侯之志者，何不放四皓歸山乎？用意更深一層。○匹馬，見《送穆苑先》。天街，見《洗象圖》。王無功詩：「山山惟落暉。」 北門待詔，見《凌煙圖》注。谷永謝王鳳書：「廁之賓朋之末。」 東觀，見《贈陸生》。楊處厚詩：「闒闒既趨朝。」 岑參詩：「門前雪滿無人跡。」關河，見《避亂》。 白詩：「月斜天未明。」《史記·留侯世家》：「願棄人間事，欲從赤松子游耳。」《一統志》：「留縣故城在徐州府沛縣東南。漢六年，封張良為留侯。」 又：「商山在陝西商州東。」《晉書·涼武昭王暠傳》：「情逍遙以遠寄，想四老之暉光。」四老，即四皓，見《二十五日》詩注。

其四

平生蹤跡盡緜天，世事浮名總棄捐。不召豈能逃聖代，無官敢即傲高眠。匹夫志在何難奪，君相恩深自見憐。記送鐵崖詩句好，白衣宣至白衣還。四皓難不仕漢，茹商山之芝，亦當知高帝之恩。三四句暗用其意。○蹤跡，見《遇劉雪舫》。《晉書·阮籍傳》：「遺落世事。」浮名，見《別孚令》。棄捐，見《贈

陸生》。　常建詩：「聖代多才俊。」　無官，見《訪文學博》。高眠，見《洞庭山館聽雨》。　按：第八句即宋潛溪《贈楊鐵崖》詩也。見《過鐵崖墓》。

吳慎思《題梅村集》有云：「宣去可能如老鐵，放歸未許戴黃冠。」沈歸愚師曰：「梅村為盛名所累，未能如鐵崖之放歸，由未能如鐵崖之陳詩也。」今按：梅村蓋陳詩於當事，而未陳於□□當寧耳。

讀友人舊題走馬詩於郵壁漫次其韻

玩此詩語意，友人為楊龍友，以第二首前四句定之也。第一首中四句，極肖南渡時事。而「十載鹽車悲道路」，指官江寧知縣，為御史詹兆恒所劾。「一朝天馬蹴風煙」，指起兵部，遷副使，擢巡撫之事。乙酉五月，駐京口，與大清兵隔江相持。初九日，大清兵乘霧潛濟迫岸，諸軍始知，倉皇列陣甘露寺，文聰走蘇州，故有「軍書已報韓擒虎，夜半新林早著鞭」之句也。二首足備詩史。

數卷殘編兩石弓，書生搖筆壯懷空。南朝子弟誇諸將，北固軍營畏阿童。江上化龍圖割據，國中指鹿詫成功。可憐曹霸丹青手，銜策無人付朔風。起二句有橫槊賦詩之槩。中四句寫時事，而不脫馬字。結到畫馬，點染之妙。○殘編，見《送周子俶》。《舊唐書·張靖宏傳》：「韋雍謂軍士曰：『天下無事，爾輩挽兩石弓，不如識一丁字。』」　書生，見《壽龔芝麓》。搖筆，見《送徐次桓》。韓詩：「風雲入壯懷。」　南朝、北固，見《韓蘄王墓》。諸將，見《讀史雜感》。　《晉書·五行志》：「孫皓天紀中，童謠曰：『阿童復阿童，銜刀遊渡江。不只岸上獸，但哭水中龍。』」　又：「大安中，童謠曰：『五馬浮渡江，一馬化為龍。』」陸士衡《辨亡論》：「遂割據山川，跨制荊吳。」　指鹿，見《讀史雜感》。　曹霸，見《送沈繹堂》。蘇詩：「何年顧陸丹青手。」　《禮記正義序》：「泛駕之馬，設銜策以驅之。」杜詩：「呼兒問朔風。」

其二

君是黃驄最少年，驊騮凋喪使人憐。當時只望勳名貴，後日誰知書畫傳。十載鹽車悲道路，一朝天馬蹴風煙。軍書已報韓擒虎，夜半新林早著鞭。龍友死難，得與大樽、正希諸公同傳，幸矣。本與士英姻契，而夙工畫，故三四及之也。起句及後半首亦以馬字點染時事。○《周書·裴果傳》：「先登陷陣，時號黃驄年少。」　杜詩：「忍使驊騮氣凋喪。」　勳名，見《東萊行》。　書畫傳，見《觀通天帖》。　賈生《弔屈原文》：「驥垂兩耳，服鹽車兮。」《史記·大宛傳》：「大宛多善馬，馬汗血，其先天馬子也。」楊烱詩：「風煙鳥路長。」　木蘭詩：「軍

書十二卷。」韓擒虎，見《玉京彈琴歌》。新林，見《讀史雜感》。《晉書‧劉琨傳》：「吾枕戈待旦，常恐祖生先吾著鞭。其意氣相期如此。」

過鄚州《一統志》：「任丘縣，本戰國燕鄚邑。唐景雲二年，於鄚縣置鄚州，並領任丘。」《畿輔通志》：「鄚州城在河間府任丘縣北三十里。」

　　馬滑霜蹄路又長，鴉鳴殘雪古城荒。河冰雨入車難過，野岸沙崩樹半僵。邢邵文章埋斷碣，公孫樓櫓付斜陽。只留村酒雞豚社，香火年年賽藥王。三四能狀難言之景，餘亦工整。○周美成詞：「馬滑霜濃，不如休去，直自少人行。」　李遐叔詩：「鴉鳴秋殿曉。」鄭守愚詩：「溝淺浮春岸雪殘。」劉滄（字蘊靈）詩：「衡門猶對古城荒。」　李詩：「曉雪河冰壯。」　杜詩：「側生野岸及江蒲。」又：「常苦沙崩損藥欄。」韓詩：「森森萬木野僵立。」　《北史‧邢邵傳》：「字子才，文章典麗，既贍且速。」《一統志》：「邢巒，鄚人。邵，巒族弟。」文履吉詩：「斷碣偃龍蛇。」《三國志‧公孫瓚傳》：「今吾樓櫓千重。」高澹人《扈從西巡日錄》引沈德符《野獲編》：「鄚州即公孫瓚所築，易京，東坡詩可攷。」《一統志》：「麴義壘在河間縣東北。漢末，袁紹令麴義攻公孫瓚，因築此壘。然非公孫之壘也。易京城在保定府雄縣西北。」《三國志》：「公孫瓚與袁紹戰，走易京，固守，為圍塹十重。於塹里築京，皆高五六丈，為樓其上。中塹為京，特高十丈，自居焉。」雄縣至任丘界二十里，故梅村連類用之耳。斜陽，見《白燕吟》。　村酒，見《送李友梅》。方萬里詩：「許追父老雞豚社。」　香火，見《謁三義廟》。《一統志》：「藥王廟在任丘縣鄚州城東北長桑君廟西，祀扁鵲。」高澹人《扈從西巡日錄》：「藥王廟專祀扁鵲，香火最盛，每年四月賀藥王生日。」《史記‧扁鵲傳》：「渤海鄚人。」

　　　　梅村有「滿身風雪宿任丘」之句，與此詩「殘雪古城荒」一時作也。　程迓亭《燕程日記》：「按：《史記》：扁鵲，鄚人也。徐廣以為當作鄭人，則意亦如《春秋》之攢韓、重丘，各國自有其地，而非河南之鄭州明矣。又，今世皆以藥王為扁鵲，故梅村《鄚州》詩亦有『香火年年賽藥王』句，非也。《續神仙傳》載藥王姓韋，名古道，號歸藏，西域天竺人。開元二十五年，入京師，紗中毳袍，杖履而行。腰繫葫蘆，數十廣。施藥餌，療人多效。帝召入宮，圖其形，賜號藥王。」

吳詩補注

卷十二

題鴛湖閨詠

石州螺黛按：樂府有《石州舞》。張如哉曰：「梅村又有『墨痕重點石家螺』之句。此石州恐亦是石家之訛，皆令非歌舞中人，作石州舞，非是。」**字幾行**寶群（字丹列）詩：「猶問傭書日幾行。」**留香**詳《讀史偶述》其七。**擣素**張端詩：「為擣清砧素。」**栗里歸隱**《南史・陶潛傳》：「其妻翟氏志趣亦同，能安苦節。夫耕於前，妻鋤於後云。」**同住**黃魯直詞：「若有人知春去處，喚取歸來同住。」**種田**《五代史・一行傳》：「鄭遨種田。」○**白下相逢吳綵鸞**程《箋》：「《詩話》：『吳巖子及卞元文與媛介甚相得。』此章專詠其事，時元文尚未適人，故有『壻來』句。」**致書**漢文帝賜趙佗書：「未嘗致書」。見《漢書・兩粵傳》。

補禊

搴《集韻》：「搴，援取也。」**故事**見《汲古閣歌》補注。**年來**《南齊書・謝朓傳》：「二百年來無此作也。」馬虞臣詩：「年來御溝柳。」

過朱買臣墓

何似杜詩：「飄飄何所似。」

送林衡者歸閩

南望出《左傳・襄二十六年》聲子語。

送文學博以蒼公招同住中峰寺

兵來見《遠路》補注。一峰見《讚佛詩》。

雪夜苑先齋中飲博達旦

雞聲溫飛卿詩：「雞聲茅店月。」

癸巳春日禊飲社集虎丘即事

茂先往事《晉書・王戎傳》：「嘗上巳禊洛。或問王濟曰：『昨遊有何言談？』濟曰：『張華善說史漢，裴頠論前言往行，袞袞可聽。王戎談子房、季札之問，超然玄著。』」家世《南史・王氏傳・總論》：「昔晉度江，王導卜其家世。」訪友見《贈苑先》補注。吹雨盧允言詩：「東風吹雨過青山。」春社《宋史・閭守恭傳》：「因春社會賓客。」

投贈督府馬公

推賢《書》：「推賢讓能。」

登上方橋有感

勢壓梅聖俞詩：「勢壓大江雄。」崩濤蘇詩：「亂雲脫壞如崩濤。」

臺城

事去家還在《晉書・王敦傳》：「今世事去矣。」按：此反用建文帝詩「乾坤有恨家何在」也。

國學

講院《南雍志》：「講院在英靈坊之東，與祭酒宅相連。」

觀象臺

東風用《十洲記》「東風入律，青雲於呂」也。簡儀郭守敬所造《元史・郭守敬傳》：「字若思，順德邢臺人。言司天渾儀，宋皇祐中汴京所造，不與此處天度相符。比量南北二極，約差四度。石表年深，亦復欹側。乃盡考其失而移置之。既又別圖高爽地，以木為重棚，創作簡儀、高表，用相比覆。為同知太史院事。」

玄武湖

西望詳《送李秀州》。

秣陵口號

十字街李有《金陵白楊十字巷》詩。張承吉詩：「長怨十字街。」

無題

天邊劉孝綽詩：「天邊生岸影。」到處見《遣悶》其二。錯認見《高涼司馬行》補注。贈別馬虞臣詩：「年來御溝柳，贈別雨霏霏。」心情撼張如哉曰：「白詩：『心情十分無九分。』《集覽》非是。」○藏鉤酒向劉郎賭孫啟詩：「霞杯醉喚劉郎賭。」

百草堂觀劇

卻話李義山詩：「卻話巴山夜雨時。」

送李秀州擢寧紹道李秀州，見五言律。

煙霞到處推仙吏蘇詩：「到處聚觀香案吏。」

題周櫟園祭墨詩

三紫崖吳暻元朗《贈王將軍紫厓》詩：「將軍竸病詩無敵，弟子丹青筆有神。」按：元朗，梅村子也。

贈陳定生

溪山罨畫好歸耕蘇詩：「罨畫溪山指後期。」歸耕，見《送周子俶》。卻話見前。

江樓別幼弟孚令程《箋》：「鎮江城樓曰芙蓉樓，在府城上西北隅。」

雲山見《哭志衍》。

揚州

一丘詳《偶成》其五。○漢家營杜詩：「張弓倚殘魄，不獨漢家營。」魂歸錦纜船《楚辭》：「魂兮歸來。」《開河記》：「煬帝幸江都，舳艫相繼，自大堤至淮口。錦帆過處，香聞十里。」白《隋堤柳》詩：「紫髯郎將護錦纜，青蛾御史直迷樓。」春十二張承吉詩：「傳唱宮中十二春。」

弔衛紫岫

江上月宋延清詩：「更憐江上月。」

贈淮撫沈公清遠

去國謝玄暉詩：「去國懷丘園。」還家見《呈李太虛》。元雁《春秋繁露》：「雁有行列，故以為贄。」《本草綱目》：「雁狀似鵝，亦有蒼白二色。今人以蒼者為野鵝，亦曰䳅鵝。漢唐書皆有五色雁云。」蕭相杜詩：「勢愜宗蕭相。」

過宿遷極樂菴明日晤陸紫霞年兄話舊有感

無計見《後東皋歌》。

新河夜泊

望樹詳《途中遇雪》。如夢《詩》：「視天夢夢。」崔魯詩：「濕雲如夢雨如塵。」愴神陸務觀詞：「尚棘暗銅駝，空愴神。」

將至京師寄當事諸老

秋色見《送純祜藩幕》補注。草蕭蕭杜牧之詩：「長洲苑外草蕭蕭。」前注非是。盛舉《元史·吳澄傳》：「為民祈福，甚盛舉也。」誰依《書》：「予將疇依。」宮闕見《雜感》。

讀友人舊題走馬詩於郵壁漫次其韻

軍營褚希明詩：「垂柳映軍營。」

過鄭州

霜蹄杜詩：「歸馬散霜蹄。」

吳詩集覽　卷十三上

黎城靳榮藩介人輯

七言律詩三之上

恭紀聖駕幸南海子遇雪大獵〔註1〕《畿輔通志》：「南海子在外城永定門外，物產充牣，為遊獵之地。元曰飛放泊。明永樂中擴其地，本朝因之。時命禁旅行圍，以肄武事。」　自此以後為梅村官本朝時詩。

　　君王羽獵近長安，龍雀刀鐶七寶鞍。立馬山川千騎擁，賜錢父老萬人看。原注：賑饑。霜林白鹿開金彈，春酒黃羊進玉盤。不向回中逢大雪，無因知道外邊寒。「近長安」三字最佳，見非遠地也。三回在大獵以前，五六在既獵以後。「回中」與「近長安」相應。○揚子雲有《羽獵賦》。《〈史記·司馬相如傳〉注》：「郭璞曰：『飛廉，龍雀也。刀為龍雀大鐶，號曰大夏龍雀。』」《天寶遺事》：「唐明皇在蜀，以七寶鞍賜張後，李泌請分賜將士。」　杜詩：「花邊立馬簇金鞍。」又：「千騎擁霓旌。」《南史·梁武帝紀》：「少長數千人，各齎錢二千。」　霜林，見《送孫令修》。《上林賦》：「轔白鹿，捷狡兔。」李義山詩：「不收金彈拋林外。」《詩》：「為此春酒。」黃羊，見《雪中遇獵》。玉盤，見《海戶曲》。　《後漢書·郡國志》：「右扶風有回城，名曰回中。」《一統志》：「回中宮在鳳翔府隴州西北百四十里。」　漢武帝《瓠子歌》：「不封禪兮安知外。」吳子華詩：「無人知道外邊寒。」

〔註1〕冀鼎孳《雪中駕幸南苑紀事和梅村宮坊》：
　　　玉几深宵惕晏安，甘泉密雪扈雕鞍。三驅金鼓熊羆震，七萃彤弧士女看。占歲
　　　白浮雲子椀，射生紅迸水晶盤。侍臣誰奏相如賦，多恐天衣五夜寒。

－803－

陸雲士曰：「旨原夏諺，調合唐音，有諷有規，最為得體。」教忠堂評：「頌揚中不失箴規，此惟唐人有之。」

聞撤織造誌喜《江南通志》：「蘇州織造，始於順治三年，兼督蘇杭。至十三年，歸併一局，遂止管蘇州織造事務。」子瞻《喜雨亭記》：「亭以雨名，誌喜也。」

春日柔桑士女歌，東南抒軸待如何。千金織綺花成市，萬歲迴文月滿梭。恩詔只今憐赤子，貢船從此罷黃河。尚方玉帛年來盛，早見西川濯錦多。前半首是織造，後半首是撤字。末二句頌中有規，詩家得身份處。○《詩》：「爰求柔桑。」 又：「小東大東，杼軸其空。」嘉禾張惟赤詩：「杼柚東南民力盡。」 織綺，見《織婦詞》。■〔註2〕韋端已詩：「花市香飄漠漠風。」 程迓亭曰：「陳悰《天啟宮詞》注：『新花樣有卍字迴文，取萬歲意。』」《鄴中記》：「織錦署在中尚方。」《〈文選·蜀都賦〉注》：「譙周《益州志》云：『成都織錦既成，濯於江水，其文分明，勝於初成。他水濯之，不如江水也。』」

上蹕駐南苑閱武行蒐禮召廷臣恭視賜宴行宮賦五七言律詩五七言絕句每體一首《左傳·隱五年》：「春蒐。」《穀梁傳》：「春曰田，秋曰蒐。」 高澹人《扈從西巡曰錄》：「南海子，春蒐冬狩，巡幸以講武事也。」

露臺吹角九天聞，射獵黃山散馬群。練甲曉懸千鏡日，翠旗晴轉一鞭雲。奇鷹出架雕弓動，集作「雕」，非。新兔登盤玉饌分。最是小臣慚獻賦，屬車叨奉羽林軍。仿初唐應制諸作。三四工鍊。○王詩：「漢主離宮接露臺。」吹角，見《松山哀》。《〈漢書·郊祀志〉注》：「九天者，謂中央鈞天、東方蒼天、東北旻天、北方玄天，西北幽天，西方皓天，西南朱天，南方炎天，東南陽天也。」 賈誼《論時政疏》：「夫射獵之娛。」黃山，見《海戶曲》。 《韓非子》：「秦得韓之都，而驅其練甲。」 《史記·李斯傳》：「建翠鳳之旗。」一鞭，見《臨淮老妓行》。 奇鷹，見《雪中遇獵》。唐太宗詩：「琱弓寫明月。」 陸務觀詩：「迎霜新兔美。」玉饌，見《膾殘》。 《漢書·揚雄傳》：「從上甘泉還，奏《甘泉賦》以諷。」 屬車，見《讚佛詩》注。羽林，見《雒陽行》。

送無錫堵伊令之官歷城《一統志》：「無錫縣在常州府東南九十里。」又：「濟南府歷城縣附郭。」《常州府志》：「順治丁亥進士堵廷棻，無錫人。歷城知縣。」

攬轡朱輪起壯圖，遺民喜得管夷吾。城荒戶少三男子，名重人看五

〔註2〕墨丁，讀秀本作空格。

大夫。畫就煙雲連泰岱，詩成書札滿江湖。茶經水傳平生事，第二泉如趵突無。三四工妙，以從歷城生情也。結有別趣，以其兼點無錫也。○《後漢書・范滂傳》：「登車攬轡，慨然有澄清天下之志。」《戰國策》：「乘朱輪華轂，馳驅燕、趙郊。」杜詩：「曹公屈壯圖。」　《晉書・溫嶠傳》：「及見王導，其談歡然，曰：『江左有管夷吾，吾復何慮！』」　城荒，見《曉寒吟眺》。《史記・蘇秦傳》：「臨淄之中七萬戶，臣竊度之，不下戶三男子。」　《三國志・呂布傳》：「元龍名重天下。」許觀《東齋記事》：「五大夫，蓋秦爵之第九級，如曹參賜爵七大夫，遷為五大夫是也。」按：此兼用秦皇封松事，詳《松化石》。　杜詩：「浮雲連海岱。」　《古詩》：「遺我一書札。」　茶經水傳，見《壽陸孟鳧》。　第二泉，詳《惠山二泉亭》。趵突，見《趵突泉》。

元夕〔註3〕

　諸王花萼奉宸遊，清路千門照夜驄。長信玉杯簪戴勝，昭陽銀燭擘箜篌。傳柑曲裏啼鶯到，爆竹光中戰馬收。卻憶征南人望月，金閨燈火別離愁。前半首極寫元夕之盛，五六平轉，結句藹然仁人之言。望月、燈火，不脫題面。○《明皇十七事》：「上性友愛，及即位，立樓於宮之西南垣，署曰華萼相輝。」王詩：「不是宸遊玩物華。」　《司馬相如傳》：「且夫清道而後行，中路而後馳。」《史記・孝武紀》：「作建章宮，廣為千門萬戶。」《明皇雜錄》：「上所乘馬，有玉花驄、照夜白。」　《漢書・百官表》：「長信少府，以太后所居宮為名也。」又，《文帝紀》：「十六年秋九月，得玉杯，刻曰人主延壽。」《山海經》：「崑崙之丘，有人戴勝，名曰西王母。」　昭陽，見《讚佛詩》。顧希馮《舞影賦》：「列銀燭兮蘭房。」《宋書・樂志》：「空侯，初名坎侯。漢武帝祠太一、后土，用樂，令樂人侯暉依琴作坎侯，言其坎坎應節奏也。侯者，因工人姓爾。後言空，訛也。」　蘇詩：「歸來一盞殘燈在，猶有傳柑遺細君。」注：侍飲樓上，則貴戚爭以黃柑遺近臣，謂之傳柑，聽攜以歸，蓋故事也。韋應物詩：「啼鶯相喚亦可聽。」　《荊楚歲時記》：「正月一日，雞鳴而起，先於庭前爆竹，以闢山臊惡鬼。」戰馬，見《雁門尚書行》。　征南，見《贈雪航》補注。李詩：「卷帷望月空長歎。」　按：謝玄暉詩：「既通金閨籍。」文通《別賦》：「金閨之諸彥。」皆指金馬門也。自唐以後，始借用為閨閣字。王少伯詩：「無那金閨萬里愁。」

〔註3〕龔鼎孳《和梅村上元紀事》：
　壁月天街過冶遊，九光絳樹五花驄。市樓垂手珠倭鬢，宮監排場玉坎篌。雪霽蓬萊銀箭迥，春回羽獵火城收。何人連袂歌於蔿，醹賜蒼生遍解愁。

讀魏石生懷古詩《畿輔通志》:「魏裔介,字石生,柏鄉人。順治丙戌進士,歷官吏部尚書、大學士。」魏石生《兼濟堂年譜》:「工科給事,又補吏科,陞兵都,擢憲副。」按:詩中有真諫議語,當在石生為給諫時作也。

　　長安雪後客心孤,畫省論文折簡呼。家近叢臺推意氣,山開全趙見平蕪。憂時危論書千卷,懷古高歌酒百壺。自是漢廷真諫議,蕭王陌上賦東都。從讀字起。三四,石生邑里。五六,懷古詩也。結到諫議,用意周到,然皆一氣貫注,不同泛砌。○皇甫茂政詩:「長安雪後見歸鴻。」心孤,見《攀清湖》。　畫省,見《弔衛紫岫》。折簡,見《寄當事諸老》。　李義山詩:「家近紅藥曲水濱。」叢臺,見《永和宮詞》。　盧允言詩:「春日眾山開。」高達夫詩:「全趙對平蕪。」　《漢書‧息夫躬傳》:「躬待詔,數危言高論。」　懷古,見《讀鄭世子傳》補注。《詩》:「清酒百壺。」　《史記‧田叔傳》:「漢廷臣無能出其右者。」《唐書‧蕭鈞傳》:「永徽中,累遷諫議大夫。帝曰:『真諫議也。』」　《後漢書‧光武帝紀》:「更始二年五月,遣侍御史持節立光武為蕭王。建武元年,光武命有司設壇場於鄗南千秋亭王成陌。」《注》:「其地在今趙州柏鄉縣。」《一統志》:「鄗縣故城在柏鄉縣北,俗名王莽城。」班孟堅有《東都賦》。

　　　　　魏石生和韻載《兼濟堂集》。

送永城吳令之任《一統志》:「永城縣在歸德府東南一百八十里。」高仲偕曰:「《河南通志》:『永城知縣吳熠,江南宜興人,貢士,順治十一年任。』」

　　春風驛樹早聞鶯,馬過梁園候吏迎。山縣尹來三月雨,人家兵後十年耕。鴉啼粉堞河依岸,草沒旗亭路入城。曾見官軍收賊壘,時清今已重儒生。三四名雋,餘亦雅令。○杜詩:「驛樹出城來。」　梁園,見《東皋歌》。《後漢書‧王霸傳》:「候吏果妄語也。」　杜詩:「山縣早休市。」虞伯生詩:「一徑綠陰三月雨。」《禮》:「九年畊,必有三年之食。」按:詩意蓋兼用《左傳‧哀九年》「越十年生聚,十年教訓」語。　秦少游詩:「落紅滿地乳鴉啼。」梁簡文帝詩:「平江含粉堞。」《一統志》:「舊黃河在歸德府境者有三。一在商丘縣北三十里,合賈魯河、沁河諸水,流入虞城縣北,又流入夏邑縣北,又流入永城縣東,入碭山界。又,小黃河在永城縣北二十里,上承白河,自夏邑縣流入。又東入江南宿州界,達淮。」　草沒,見《夜宿阜昌》。褚先生《三代世表》:「臣為郎時,與方士考功會旗亭下。」《注》:「旗亭,市樓也。」杜有《喜聞官軍已臨賊境》詩。　清時,見《贈馮訥生》。《史記‧叔孫通傳》:「諸弟子儒生隨臣久矣。」劉文房詩:「青袍今已誤儒生。」

送安慶朱司李之任

《大清一統志》:「安慶府,在安徽布政使司西南六百十五里。」《管子》:「皋陶為李。」《字典》:「司理,刑官,亦稱司李。」袁子才曰:「此為夏朔朱子作。夏朔,名建寅,崇禎癸酉舉於南京,與歷陽、合肥同年。」十年同榜,應指此。

到官春水畫橈輕,天柱峰高即郡城。百里殘黎半商賈,十年同榜盡公卿。雞豚塢壁山中稅,鼓角帆檣江上兵。亂後莫言無吏治,此方朱邑最知名。結句最佳。○范德機詩:「泝盡夷江未到官。」《別賦》:「春水綠波。」儲光羲詩:「為惜鴛鴦鳥,輕輕動畫橈。」《一統志》:「皖山在安慶府潛山縣西北。」《寰宇記》:「潛山在懷寧縣西北二十里,高三千七百丈,週二百五十里。山有三峰,一曰天柱山,一曰潛山,一曰皖山。道家以為第十四洞,名天柱司元之天。」同榜,見《過姜給事》。《後漢書·樊準傳》:「修理塢壁,威名大行。」又,《公孫瓚傳》:「鼓角鳴於地中。」帆檣,見《海溢》。《史記·酷吏傳·序》:「吏治蒸蒸,不至於奸。」《漢書·朱邑傳》:「字仲卿,廬江舒人。少時為舒桐鄉嗇夫,廉平不苛。遷北海太守,以治行第一,入為大司農。」

按:《邑傳》:「我故為桐鄉吏,其民愛我,必葬我桐鄉」云云。《一統志》:「朱邑墓在安慶府桐城縣西二十里。」《寰宇記》:「朱邑祠堂在桐城縣。」蓋桐城為春秋時桐國,漢置樅陽縣。今浙江嘉興府桐鄉縣,本漢由拳縣。《邑傳》所云,乃安慶之桐鄉,非浙之桐鄉也。梅村蓋合其地與姓用之。

送彥遠南還河渚〔註4〕

匹馬春風返故林,松杉書屋晝陰陰。猿愁客倦晨投果,鶴喜人歸夜聽琴。我有田廬難共隱,君今朋友獨何心。還家早便更名姓,只恐青山尚未深。此與五古《題河渚圖》同時作。「猿鳥不我與」,梅村曾以自詠。三四蓋翻用其意。結句從五六翻進一層,是自悲語,非相嘲語也。細翫自見。○李詩:「落花辭條羞故林。」松杉,見《後東皋歌》。書屋,見《題志衍畫》。王詩:「陰陰夏木囀黃鸝。」《晉書·潘岳傳》:「投之以果,遂滿車而歸。」皮襲美詩:「野猿偷果重窺戶。」王仲謀詩:「夜鶴聽琴依蕙帳。」田廬,見《啁周子俶》。何心,見《廢槃》。更名姓,見《避亂》。退之《上宰相書》:「彼惟恐入山之不深。」

五言:「登高見遺朝,頹垣竄鼬鼠。悲歌因臥病,歸心入春雨。」則彥遠蓋

〔註4〕龔鼎孳《彥遠返武林和梅村韻》:
冶葉繁條正滿林,金溝分手悵春陰。人歸海嶠軍嚴鼓,酒熟花溪婦奏琴。折柳易迷三月路,住山終負一年心。欲知微尚堅丘壑,田竇紛紜事已深。

逸民之流，睹前代陵墓而歸老者。而此詩又以入山未深危之，想見道義相勖處。然彥遠終老湖上，而梅村竟有入山未深之悔，人之遇合，亦曷可道哉！

江上盧允言詩：「更堪江上鼓鼙聲。」《杭州府志》：「順治十六年，海寇犯京口，王師勦海，遂營於江。」《精華錄訓纂》：「順治十六年六月，海寇鄭成功陷鎮江，知府戴可進等六員、副將高謙等十四員，皆失身從逆。鎮江在籍縉紳、吏部郎中張九徵、御史笪重光，當可進定謀迎賊時，慟哭力爭，不得。及城破，乃遯。」張如哉曰：「順治十四年，梅村已歸里矣。此詩編次在京時，與十六年鄭寇陷鎮江不合。蓋海賊屢犯鎮江，至己亥鎮江乃陷耳。此當是順治十三年總督郎廷佐捍寇時作，否則編次之誤也。」

鐵馬新林戰鼓休，十年軍府笑諮謀。但虞莊蹻爭南郡，不信孫恩到蔡洲。集作「州」，非。江過濡須誰築壘，潮通滬瀆原注：滬瀆在今上海。總安流。蘆花一夜西風起，兩點金焦萬里愁。此首與《七夕感事》詞意相似。○李襲吉《諭梁書》：「金戈鐵馬，蹂踐於明時。」新林，見《讀史雜感》。戰鼓，見《蘄王墓》。 軍府，見《彈琴歌》。《詩》：「周爰咨謀。」張如哉曰：「《宋書・百官志》：『晉元帝為鎮東大將軍及丞相，其參軍則有諮議參軍，晉江左初置，因軍諮祭酒也。』」 莊蹻，見《哭志衍》。《史記・秦本紀》：「秦昭襄王二十九年，大良造白起攻楚，取郢，為南郡。」《括地志》：「郢城在荊州江陵縣東北。」 孫恩，見《白洋河》。《廣輿記》：「蔡洲在江寧府西江中，劉宋高祖破盧循處。」 《吳志》：「建安十六年，權取秣陵為建業。聞曹公將來侵，作濡須塢。」《一統志》：「濡須塢在盧州府無為州東北五十里。」 又：「滬瀆在松江府上海縣東北，松紅下流也。」《晉書・孫恩傳》：「袁山松築滬瀆壘，沿海備恩。明年，恩轉寇滬瀆，害袁山松，仍浮海向京口，陷廣陵，復沿海遷南。劉裕亦尋海要截，復大破恩於滬瀆。」《楚辭》：「使江水兮安流。」 蘆花，見《送杜弢武》。《明史・五行志》：「一朝西風起。」 金焦，見《贈蒼雪》。萬里愁，見《圓圓曲》。

送顧茜來典試東粵梅村《顧母施太恭人壽序》：「吏部考功郎顧君茜來，天下精彊開濟駿雄闊達之君子也。舉進士，年才二十餘。起家廷評，銜天子之命，以取士於嶺表、五管，號稱得人。」《蘇州府志》：「吳縣顧贄茜來，順治六年己丑進士。」

客路梅花嶺外飄，江山才調蜀車招。石成文字兵須定，珠出風雷瘴自消。使者干〔註5〕旄開五管，諸生禮樂化三苗。馮君寄語征南將，誰勒炎天銅柱標。句句切典試東粵，結更所見者大，所謂「高處立，闊處行」也。 張

如哉曰：「按：由榔於丙戌稱監國，以肇慶府署為行宮。庚寅奔梧州，丙申遷雲南，己亥入緬甸。征南當指征由榔時。」又曰：「杜詩：『雲山兼五嶺，風壤帶三苗。』五六句本此。」○《南康記》：「庚嶺亦曰梅嶺。」見《歐王子彥》。《隋書・許善心傳》：「才調極高。」蜀車，見《南苑應制》。張如哉曰：「吳處厚《青箱雜記》：『廣南劉龑初開國，營構宮室，得石讖，有古篆十六，其文：人人有一，山山值牛，兔絲吞骨，蓋海承劉。解者曰：人人有一，大人也。山山，出也。值牛者，龑建漢國，歲在丑也。兔絲者，龑襲位，歲在卯也。吞骨者，滅諸弟也。越人以天水為蓋海，指皇朝國姓也。承劉者，言受劉氏降也。』按：《吳志》：『孫皓天璽元年，歷陽山石文理成字。』《舊唐書・五行志》：『貞觀十七年，涼州昌松縣有石，青質白文成字。太宗遣使祭之曰：天有成命，表瑞貞石，文字昭然，曆數惟承。』而此詩用劉龑為切。」《後漢書・孟嘗傳》：「遷合浦太守，郡不產穀實，而海出珠寶，與交址比境。先時宰守並多貪穢，詭人採求，不知紀極，珠遂漸徙於交址郡界。嘗到官，革易前敝，求民利病。曾未逾歲，去珠復還。」《一統志》：「蜑家自云：海中珠池，若城郭然，其中光怪，不可向邇，常有怪物護持。」按：「石成」句言奇文欣賞，「珠出」句言海無遺珠，皆用東粵故事，而以「兵須定」、「瘴自銷」映合時事也。「珠出風雷」，即怪物護持意。《詩》：「子子干〔註6〕旌。」《唐書・地理志》：「嶺南道五管：廣州，中都督府；桂州，下都督府；雍州，下都督府；容州，下都督府；安南，都督府。」諸生，見《題凌煙圖》。《書》：「分北三苗。」岑參詩：「憑君傳語報平安。」《後漢書・岑彭傳》：「遷征南大將軍。」孔文舉詩：「赫赫炎天路。」《居易錄》：「馬伏波銅柱，一在憑祥州思明府南界，一在欽州分茅嶺交趾東界。又於林邑北岸立三銅柱為海界，林邑南立五銅柱為山界。」杜詩：「迴首扶桑銅柱標。」《書》：「三危既宅，三苗丕敍。」《水經》：「三危山在敦煌縣南。」《一統志》：「三危山在安西廳沙州衛東南。」按：安西隸甘肅，而此詩用之於東粵者，《史記・吳起傳》「三苗氏，左洞庭，右彭蠡」，《一統志》「湖南岳州府，古為三苗國地，秦為長沙郡」，《通典》「長沙、衡陽，皆古三苗國」，湖南與廣東接壤，故梅村用之耳。「三苗丕敍」，在竄三苗於三危之後，非三苗之舊居也。

送李書雲蔡閬培典試西川

《揚州府志》：「李宗孔，字書雲，江都人。順治丁亥進士。由部郎授御史，改給事中，晉大理少卿。」程迂亭曰：「蔡閬培，名瓊枝。」

柳陌征衫錦帶鉤，詔書西去馬卿遊。棧縈秦嶺千盤細，水落巴江萬

里流。兵火才人羈旅合，山川奇字亂離搜。莫愁沃野猶難問，取得揚雄勝益州。首句是送字，次句典試西川，三四是西川途中所見，五六轉到典試，結句跟五六說下，亦有高瞻遠矚之象，與前首同妙。○盧昇之詩：「寒辭楊柳陌。」李平甫詩：「征衫八月風。」鮑詩：「錦帶佩吳鉤。」　第二句，見《送志衍入蜀》。　李詩：「芳樹籠秦棧。」《一統志》：「秦嶺在咸寧、藍田二縣。」蘇詩：「蜀道走千盤。」　杜詩：「水落魚龍夜。」《一統志》：「巴江源出陝西南鄭縣南之大巴嶺，南流入四川保寧府界。」左太沖詩：「濯足萬里流。」　兵火，見《遇南廂園叟》。羈旅，見《二十五日》詩。　奇字，見《行路難》。《三國志·諸葛亮傳》：「益州沃野千里。」《漢書·揚雄傳》：「字子雲，蜀郡成都人也。」益州，見《巫峽》。《晉書·習鑿齒傳》：「晉氏平吳，利在二陸。」按：第八句用其意。

> 《簪雲樓雜記》：「蜀試始辛卯，主司駐保寧，時士子二百餘，適有亭溪之警，當路亟欲竣事，二三場並日而就，解額七十二人。」按：順治八年，梅村尚未入都，即汪鈍翁《郝公墓誌》所謂「監省試於保寧」者也。此首在梅村官本朝時，當為順治十一年甲午，時全蜀尚有未靖，而劉文秀等大亂之後，應試者不皆土[註7]著之人，後四句可謂語妙。

送山東耿中丞青藜中丞，見《東皋草堂歌》。《山東通志》：「巡撫都御史耿焞，奉天人。順治十一年，由本布政使升任。」

> 三經持節領諸侯，好畤家風指顧收。岱頂磨崖看出日，海邊吹角對清秋。幕中壯士爭超距，稷下高賢共唱酬。北道主人東郡守，丹青剖策本營丘。多從山東著筆。○杜詩：「主恩前後三持節。」《漢書·王嘉傳》：「今之郡守重於古諸侯。」《後漢書·耿弇傳》：「建武二年，更封好畤侯。」家風，見《送杜弢武》。《東都賦》：「指顧倏忽。」　杜《望嶽》詩：「岱宗夫如何？」又：「會當臨絕頂。」磨崖，見《哭志衍》。看日出，詳《東萊行》。《一統志》：「山東東據海，自登州以南皆大海，自萊州以東則曰渤海。」吹角，見《松山哀》。清秋，見《贈家侍御》。　壯士，見《雁門尚書行》。《新序》：「楚丘先生年七十，見孟嘗君：『將使我投石而超距乎？臣已老矣。使吾止出辭以當諸侯，吾始壯也。』」　稷下，見《送施愚山》。《淮南子》：「高賢稱譽己。」李有忠詩：「詩惟互唱酬。」《後漢書·耿弇傳》：「光武指弇曰：『是我北道主人也。』」《漢書·地理志》：「東郡，秦置，縣二十。」　張如哉曰：「丹青，謂圖畫於雲臺也。」《釋名》：「策，書。教令於上，所以驅策於下也。」營丘，見《送詹司理》。

[註7]「土」，乙本誤作「士」。

送友人之淮安管餉《一統志》：「淮安府在江蘇布政使司西北七百五十里。」

　　高牙鼓角雁飛天，估舶千帆落照懸。使者自徵滄海粟，將軍輒費水衡錢。中原河患魚龍窟，江左官租粳稻年。聞道故鄉烽火急，淮南幾日下樓船。通首切定管餉，結句點明淮安。○潘安仁詩：「高牙乃建。」鼓角，見《送朱司李》。　周美成《汴都賦》：「官艘賈舶。」千帆，見《送遠圖》。梁簡文帝詩：「落照度空窗。」《赤壁賦》：「渺滄海之一粟。」《漢書·宣帝紀》：「以水衡錢為平陵，徙民起第宅。」《注》：「水衡，天子私藏。」　中原河患，詳《即事》第五首注。魚龍，見《送志衍入蜀》。　江左，見《揚州》。韓詩：「官租日輸納。」《蜀都賦》：「粳稻漠漠。」　戰鄉，見《贈吳雪航》。烽火，見《閬州行》。　淮南，見《過淮陰有感》。樓船，見《董山兒》。

送隴右道吳贊皇之任《甘肅通志》：「隴右道吳臣輔，直隸蠡縣人，順治十二年任。」《畿輔通志》：「崇禎癸未科進士吳臣輔，副使。」

　　笳鼓千人度隴頭，使君斜控紫驊騮。城高赤阪魚鹽塞，日落黃河鳥鼠秋。移檄北庭收屬國，閱兵西海取封侯。請傾百斛葡萄酒，玉笛關山緩帶遊。通首切定隴右。控騮、緩帶，起結相應。○笳鼓，見《送李秀州》。《三秦記》：「隴頭流水，鳴聲幽咽。」《古樂府》：「使君從南來，五馬立踟躕。」朱子《詩傳》：「止馬曰控。」紫騮，見《馬草行》。《一統志》：「慶山在漢中府城固縣北三十五里，峰頂有烽堠遺址，西南三里有赤土坡，其土色赭，周圍十五里，亦名赤阪。」又於榆林府引《漢書·地理志》：「上郡龜茲縣有鹽官。」《延綏志》：「有碎金驛馬湖峪鹽，在魚河堡，其鹽以人力煎熬而成。」又：「大鹽池，在衛西，接寧夏界。又有長鹽池、紅鹽池、西紅鹽池、鍋底池、狗池。」《一統志》：「黃河自西番經歸德所北，又東經河州，又東經蘭州，北至金縣，又北入鞏昌府靖遠縣界。鳥鼠山，在渭源縣西。」杜詩：「山空鳥鼠秋。」《史記·南越傳》：「尉佗移檄告橫浦、陽山、湟谿關，自立為南越武王。」杜詩：「月過北庭寒。」《漢書·宣帝紀》：「置金城屬國，以處降羌。」　閱兵，見《送李秀州》。《一統志》：「青海北至肅州安西鎮，王莽時始置西海郡，隋大業五年置西海、河源等郡。」《史記·衛將軍傳》：「官至封侯。」　百斛，見《葡萄》。葡萄酒，見《行路難》。　王少伯詩：「更吹羌笛關山月。」緩帶，見《送何省齋》。

　　　宋玉叔《道上見除目吳贊皇擢莊浪副憲吳由鞏昌守道調》：「璽書飛下古涼州，旌節還為出塞遊。見說使星如弱水，一生只解向西流。」

恭遇聖節次安丘劉相國韻《一統志》：「安丘縣在青州府城東南一百六十里。」
《山東通志》：「崇禎元年戊辰科進士劉正宗，安丘人，大學士。」安丘曹良夢弼曰：
「正宗，字憲石。順治間大學士。」

　　興慶樓前捧玉觴，金張岐薛儼分行。龍生大漠雲方起，河出崑崙日
正長。節過放燈開禁苑，春將射柳幸平陽。燕公上壽天顏喜，親定甘泉
賜宴章。似唐人應制詩。三四比賦更工。○《一統志》：「興慶宮在西安府咸寧縣東
南，唐南內也。」《東都賦》：「列金罍，班玉觴。」　金張，見《行路難》。元詩：
「百官隊仗避岐薛。」杜詩：「雲髻儼分行。」　王詩：「大漠孤煙直。」《易》：「雲從
龍。」《漢書·張騫傳·贊》：「禹本紀言河出崑崙，崑崙高二千五百里餘，日月相避，
隱為光明也。」《潛夫論》：「化國之日舒以長。」　《宋史·禮志》：「政和三年正月，
詔放燈五日。」禁苑，見《退谷歌》。　《金史·禮志》：「金因遼舊俗，以重五日行射
柳擊毬之戲。」《史記·外戚世家》：「王太后長女號曰平陽公主，武帝祓霸上，還過
主。」　《河南府志》：「張說，字道濟，洛陽人。封燕國公。」《史記·封禪書》：「天
子從封禪還，坐明堂，君臣更上壽。」杜詩：「天顏有喜近臣知。」　甘泉，見《送何
省齋》。《北史·韋師傳》：「於臥內賜宴。」按：唐人多侍宴應制詩。

朝日壇次韻。　《畿輔通志》：「朝日壇在朝陽門外，西向。每年春分祭，遇甲、丙、
戊、庚、壬年親祭，餘年遣大臣攝祭。」

　　曉日曈曨萬象鋪，六龍銜燭下平蕪。石壇爟火燔玄牡，露掌華漿飲
渴烏。不夜城傳宣夜漏，王宮朝奉竹宮符。即今東汜西崑處，盡入銅壺
倒景殊。詩與題稱，藻不妄抒。○楊大年詩：「初日曈曨豔屋梁。」萬象，見《攀清
湖》注。　《易》：「時乘六龍以御天。」《山海經》：「天不足西北，無陰陽，故有龍銜
燭以照天。」平蕪，見《西田》詩其三。　《漢書·郊祀志》：「石壇、仙人祠，瘞鸞路、
騂駒、寓龍馬。」按：《封禪書》：「通權火。」《索隱》：「權如字，一音爟。」《周禮》：
「有司爟。爟，火官。」　庾詩：「露掌定高雲。」杜詩：「味如甘露漿。」《後漢書·
張讓傳》：「作翻車渴烏，用灑南北郊路，以省百姓灑道之費。」《注》：「渴烏，為曲筒，
以氣飲水上也。」《齊地記》：「古有日夜出，見於東萊，故萊子立此城，以不夜為名。」
《晉書·天文志》：「古之談天者三家，蔡邕言宣夜，無師法。」《周禮·挈壺氏》：「世
主挈壺水以為漏。」　《禮記》：「王宮，祭日也。」《注》：「祭日壇曰王宮。」竹宮，
見《東萊行》。《天問》：「出自陽谷，次於濛汜。」陸士龍詩：「聲播東汜，響溢南雲。」
王無功詩：「心疑遊北極，望似陟西崑。」　銅壺，見《觀象臺》。倒景，見《海市》。

李退庵侍御奉使湖南從兵間探衡山洞壑諸勝歸省還吳詩以送之周
櫟園《結隣集》：「李敬，字聖一，一字退菴，江南江寧人。舊說：聖一，江南六合人，
順治丁亥進士，官刑部侍郎。」按：《一統志》：「聖一，六合人，授行人，擢御史，出
按湖廣，請免相稅，改折黃絹犒師。」此云侍御奉使湖南，蓋正當以御史按湖廣之時，
而身至行間犒師，故云「從兵間探勝」也。梅村以為吳洞庭人者，以別於湖南之洞庭，
而非以為吳縣人。至六合縣領於江寧府，故櫟園舉其府，舊說舉其縣耳。　兵間，見
《青門曲》。《一統志》：「衡山，在衡州府衡山縣西，五嶽之一也。」《後漢書·班固傳》：
「超洞壑，越峻崖。」

一官之楚復遊燕，歸去還乘笠澤船。戎馬千山尋洞壑，鶯花三月羨
神仙。路穿江底聞雞犬，家在湖中接水天。原注：侍御，吾吳洞庭人。不似
少陵長作客，祝融峰下住年年。首句自湖南覆命，次句還吳，三四兵間探勝，
五六還吳，結句對照，妙有別趣。○一官，見《哭志衍》。陳伯玉詩：「遊楚復遊燕。」
笠澤船，見《送何省齋》。　戎馬，見《題志衍書畫》。千山，見《雁門尚書行》。　丘
希範《與陳伯之書》：「暮春三月，江南草長。雜花生書，群鶯亂飛。」張道濟《洞庭》
詩：「聞道神仙不可接，心隨湖水共悠悠。」　路穿江底，見《林屋洞》。按：第五句
指穿山，第六句指太湖，並已見。少陵，見《贈杜退之》。杜詩：「湖南為客動經春。」
又：「南為祝融客。」《一統志》：「祝融峰在衡山縣西北，距嶽廟三十里，乃七十二峰
最高者。」來鵬詩：「為言憔悴過年年。」

退菴《讀〈水經注〉懷洞庭》詩：「坐倚巴丘俯洞庭，君山一十二峰青。不
聞修竹來仙吹，但有孤鴻送客舲。欲辨水天惟北斗，若當風雨即南溟。舊遊浩渺
如春夢，兀看酈元注水經。」王叔子和詩：「相思何處折芳馨，望斷黃陵舊日亭。
秋水依稀聞落葉，楚天髣髴見揚舲。洲邊子戌三春綠，樓外君山一帶青。太息雲
中君在否，不堪重問道元經。」王貽上和詩：「楚望經時入窅冥，岳陽樓上數峰
青。曾臨南極浮湘浦，坐對西風憶洞庭。斑竹想從春後長，落梅猶向笛中聽。新
詩吟能愁多少，腸斷當年帝子云。」汪苕文和詩：「曾持使節遠揚舲，落木層波
共杳冥。澤畔有人哀郢客，雲中何處降湘靈。雨過斑竹千叢綠，潮落芳蘭兩岸青。
回首舊遊今阻絕，不堪寂寞對遺經。」

得蒲州道嚴方公信卻寄蒲州道、嚴方公，並已見。

西風對酒夢魂勞，聞道蒲津著錦袍。山繞塞垣長阪峻，河分天地斷
崖高。登樓楚客看雲樹，隔岸秦人拜節旄。回首舊遊飛雁遠，書來嚴助

問枚皋。起結得信卻寄，中四切蒲州說。嚴助，指方公。枚皋，自比也。○劉希夷詩：「夢魂何翩翩。」《一統志》：「蒲津關，在永濟縣黃河西岸。」錦袍，見《贈馮總戎》。 司空文明詩：「煙蕪洞洞青山繞。」《晉書·石勒載記》：「東至於河，北至於塞垣。」《史記·司馬相如傳》：「登陂陀之長阪兮。」《一統志》：「蒲坂故城，在蒲州府城東南。」 司空文明詩：「河分岡勢斷。」陸魯望詩：「蒼翠無言空斷厓。」 按：方公，孝感人。而王仲宣所登樓在荊州，故以楚客為喻。王元禮詩：「結廬同楚客。」杜詩：「鄂渚分雲樹。」 釋處默詩：「隔岸越山多。」節旄，見《雜感》。《左傳·僖三十三年》：「及諸河，則在舟中矣。釋左驂，以公命贈孟明。孟明稽首曰：『三年將拜君賜。』」按：《一統志》：「蒲州府至陝西同州府朝邑界五里，南至陝西華州潼關縣界六十里。」《春秋·文十二年》：「晉人、秦人戰於河曲。」杜預《注》：「在河東蒲坂縣南。」第六句即拜賜事，而變化用之，疑有鬼工。 舊遊，見《虎丘夜集圖》。宋延清詩：「陽月南飛雁，傳聞自此回。」 《漢書·嚴助傳》：「會稽吳人。」又，《枚乘傳》：「皋亡至長安，自陳枚叔之子。」

送趙友沂下第南歸

友訴，詳《哭友沂》。《後漢書·獻帝紀》：「試儒生四十餘人，上第賜位郎中，次太子舍人，下第者罷之。」按：南歸，歸揚州府。

秋風匹馬試登臨，此日能無感慨心。趙氏只應完白璧，燕臺今已重黃金。鄉關兵火傷王粲，京國才名識杜欽。最是淮南遇搖落，相思千里暮雲深。首句赴試，次句下第。三四就下第說，點染有情。五六比也，漸引南歸意。結句點出南歸。○杜詩：「匹馬逐秋風。」 劉公幹詩：「感慨以長歎。」《史記·藺相如傳》：「臣願奉璧往使，城入趙而璧留秦。城不入，臣請完璧歸趙。」 黃金臺，見《夜宿阜昌》。 崔顥詩：「日暮鄉關何處是。」《三國志·王粲傳》：「字仲宣，山陽高平人也。」 鮑詩：「君王遲京國。」《漢書·杜延年傳》：「子緩嗣。緩六弟，惟中弟欽官不至，而最知名。」 《一統志·揚州府表》：「唐至德初，兼置淮南節度。」搖落，見《讚佛詩》。 黃魯直詩：「相思千里夕陽殘。」

懷王奉常煙客

把君詩卷問南鴻，憔悴看成六十翁。老去祇應添鬢雪，愁來那得愈頭風。田園蕪沒支筇懶，書畫蕭條隱几空。猶喜梅花開繞屋，臘醅初熟草堂中。因得詩而有懷，情詞並美。鬢雪、頭風，工對。○把君詩卷，見《別丁飛濤》。馬虞臣詩：「霜霰逐南鴻。」 杜詩：「老去悲秋強自寬。」又：「衰鬢千莖雪。」

《三國志注》：「《典略》曰：『陳琳作諸書及檄，草成，呈太祖。太祖先苦頭風，是日疾發，讀琳所作，翕然而起，曰：此愈我疾。』」　支笻，見《虎丘夜集圖》。　遶屋，見《攀清湖》。　陸務觀詩：「臘醅初見拆泥封。」

送友人從軍閩中從軍，見《行路難》。《史記·東越傳》：「秦以其地為閩中郡。」

　　客中書劍愴離群，貰酒新豐一送君。絕嶠烽煙看草檄，高齋風雨記論文。中宵清角猿啼月，百道飛泉馬入雲。詔諭諸侯同伐越，可知勞苦有終軍。起二句點明送，三句從軍閩中，四句追寫京師。用一記字，便成活句。五六從軍道中所聞所見。結句切定閩中，命意最佳。○書劍，見《弔衛紫岫》。離群，見《送繼起和尚》。　貰酒，見《海戶曲》。子山《春賦》：「入新豐而酒美。」《一統志》：「新豐故城在西安府臨潼縣東北。」按：梅村在京送人，故借用。　《爾雅·釋山》：「山銳而高曰嶠。」烽煙，見《宮扇》。李詩：「君草陳琳檄。」　高齋，見《汲古閣歌》。　中宵，見《支硎山齋聽雨》。《後漢書·劉昆傳》：「能彈雅琴，知清角之操。」郎君冑詩：「猿窺夜月啼。」　蘇詩：「但見兩崖蒼蒼暗絕谷，中有百道飛來泉。」李詩：「雲傍馬頭生。」《史記·韓長孺傳》：「閩越、東越相攻，安國及大行王恢將兵，未至越，越殺其王降。」勞苦，見《投贈馬公》。《漢書·終軍傳》：「字子雲，濟南人。擢諫議大夫。遣使南越，說其王，令入朝。軍自請，願受長纓，必羈南越王而致之闕下。」

其二

　　平生不識李輕車，被詔揮鞭白鼻騧。簫鼓濟江催洛木，旌旗沖雪冷梅花。胡床對客招虞寄，羽扇麾軍逐呂嘉。自是風流新制府，王孫何事苦思家。此首就所從之人而言，即王仲宣所謂「從軍有苦樂，但問所從誰」也。揮鞭、王孫，具指友人說。○《漢書·李廣傳》：「從弟李蔡，武帝元朔中為輕車將軍。」鮑詩：「始從張校尉，後逐李輕車。」　揮鞭，見《讚佛》詩。李詩：「銀鞍白鼻騧。」　簫鼓，見《圓圓曲》。杜詩：「濟江元自闊。」　馬虞臣詩：「馬頭沖雪度臨洮。」　胡床，見《楚兩生行》。《南史·虞寄傳》：「字次安，會稽餘姚人也。陳寶應據有閩中，得寄甚喜。及寶應潛有逆謀，寄微知其意，每陳逆順之理。寶應既擒，唯寄以先識免禍。除東中郎，建安王豁議加昭戎將軍。」《晉書·顧榮傳》：「廣陵相陳敏反，榮麾以羽扇，其眾潰散。」《晉書·地理志》：「漢武帝元鼎六年，討平呂嘉，以其地為南海、蒼梧、鬱林、合浦、日南、九真，交此七郡。」　制府，見《壽申青門》。《楚辭》：「王孫遊兮不歸，春草生兮萋萋。」思家，見《訪霍魯齋》。

張如哉曰：「五六皆一句中兩使事。胡床對客暗用庾亮事，而招虞寄則明用事切閩中；羽扇揮軍暗用顧榮事，而逐呂嘉則明用事切閩中。又，五句以虞寄比友人，六句則以顧榮比友人，對法參差變化。」 鈕玉樵《送湯素公從軍閩中》：「吳鉤雙帶錦裘新，佐府才名動八閩。路人故園仍作客，身緣薄宦尚依人。紅亭蒜嶺攜尊夕，翠幄榕城奏角晨。絕勝儒生披短褐，悠悠書篋老風塵。」

紀事《漢書·藝文志》：「右史記事。」《史記索隱》：「紀者，記也。」

鄠杜山南起直廬，從禽載筆有相如。秋風講武臨熊館，乙夜橫經勝石渠。七萃車徒堪討習，百家圖史可佃漁。上林獸簿何曾問，叩馬無煩諫獵書。此因從獵而紀事，即梅村之諫獵書也。末句從岑參「聖朝無闕事，自覺諫書稀」化出，與起二句相應。○鄠杜，見《退谷歌》。直廬，見《汲古閣歌》。 《易》：「即鹿無虞，以從禽也。」《禮》：「史載筆，士載言。」《漢書·揚雄傳》：「先是蜀有司馬相如，作賦甚麗。」 《禮》：「乃命將帥講武，習射御。」《〈漢書·揚雄傳〉注》：「師古曰：『長楊，宮名也，在盩厔縣，其中有射熊館。』」 《漢舊儀》：「晝漏盡，夜漏起，省中黃門持五夜。五夜者，甲夜、乙夜、丙夜、丁夜、戊夜。」《陳書·周宏正傳》：「橫經請益，有師資之敬焉。」石渠，見《凌煙閣》。 《穆天子傳》：「七萃之士生捕虎，元子蓄之。」《周禮·大司馬》：「中冬教大閱，乃陳車徒，如戰之制。」 《太史公自序》：「整齊百家言語。」《唐書·楊綰傳》：「左右圖史。」《易》：「作結繩而為網罟，以佃以漁，蓋取諸離。」《唐書·張鎬傳》：「視經史猶漁獵。」 《史記·張釋之傳》：「上問上林尉諸禽獸簿。」 又，《司馬相如傳》：「常從上至長楊獵，上疏諫之。」杜詩：「袖中諫獵書，叩馬久上陳。」

送汪均萬南歸按：《唐詩正》：「參訂姓氏：汪希汲，字均萬，蘇州府人。」

扁舟春草五湖寬，歸去酴醿架未殘。撥剌錦鱗初上箸，團枝珠實已堆盤。瘦瓢量水僧燒筍，拳石分泥客買蘭。四月山塘風景好，知君端不憶長安。大致與《送胡彥遠》相似。○《群芳譜》：「酴醿，藤〔註8〕身，灌生，青莖，多刺，盤作高架，二三月間爛熳可觀。本名荼蘼。一種色黃似酒，故加西字。」 溫飛卿詩：「金鱗撥刺跳晴空。」李詩：「漢口雙魚白錦鱗。」陳唐卿詩：「海鮮常入簁。」 楊誠齋詩：「青子團枝失紅簌。」■〔註9〕《北戶錄》：「古度樹實從木皮中出，如綴珠，

〔註8〕「藤」，乙本作「籐」。
〔註9〕墨丁，讀秀本作空格。

實大如櫻桃，紅即可食。」朱〔註10〕子《檳榔》詩：「雞心磊落看堆盤。」　　高季迪詩：「酒滿長生瘦木瓢。」黃魯直詩：「煨筍充盤春竹林。」　《群芳譜》：「養蘭於梅雨後，取溝內肥泥曝乾，羅細備用。」陸務觀詩：「陰陰簾幕燕分泥。」　山塘，見《玉京彈琴歌》。杜詩：「自是江南好風景。」　又：「未解憶長安。」

壽座師李太虛先生

放懷天地總浮鷗，客裏風光爛熳收。一斗濁醪還太白，二分明月屬揚州。錦箏士女觴飛夜，鐵笛關山劍舞秋。猶有壯心消未得，欲從何處訪丹丘。三四點染最工，以太虛時在揚州也。結句暗寓壽字。○溫飛卿詩：「自欲放懷猶未得。」杜詩：「飄飄何所似，天地一沙鷗。」陸務觀詩：「煙波萬里一浮鷗。」　元裕之詩：「風光爛熳借歡席。」　杜詩：「李白斗酒詩百篇。」濁醪，見《礬清湖》。　杜牧之詩：「明月滿揚州。」徐凝詩：「天下三分明月夜，二分無賴是揚州。」梅村《李太虛壽序》：「歐陽卜居潁上，先生亦僑寓維揚。」　楊廉夫詩：「十二飛鴻上錦箏。」觴飛，見《癸巳禊飲》。　鐵笛，見《避亂》。杜詩：「三年笛裏關山月。」劍舞，見《贈馮訥生》注。　曹孟德《樂府》：「壯心不已。」《藝苑卮言》：「楊用修在滇，攜妓縱飲。有規之者，用修答書云：『聊以耗壯心，遣餘年耳。』」　丹丘，見《海市》。

其二

好客從無二頃田，勝遊隨地記平泉。解衣白日消棋局，岸幘青山入釣船。故國風塵驚晚歲，天涯歌舞惜流年。篋中別有龍沙記，不許傍人喚謫仙。五六最工。壽字亦暗寫。○好客，見《壽申青門》。二頃田，見《贈陸生》。　白詩：「勝遊從此始。」平泉，見《雕橋莊歌》。　解衣，見《六真歌》。《楚辭》：「晉制犀比，費白日些。」李遠詩：「長日惟消一局棊。」　岸幘，見《送紀伯紫》。　杜詩：「一臥滄江驚歲晚。」　陸務觀詩：「試憑絲管餞流年。」　張子壽《扇賦》：「乃委棄於篋中。」龍沙，見《呈李太虛》。　杜詩：「號爾謫仙人。」

其三

讀易看山愛息機，閉門芳草雁還飛。江湖有夢爭南幸，滄海無家記北歸。煙水一竿思舊隱，兵戈十口出重圍。杜陵豈少安危志，老大飄零感布衣。三四真摯。結句暗寓壽字。○程子詩：「閒坐小窗讀周易。」看山，見《商倩郊居》。杜詩：「回首風塵甘息機。」　梅村《李太虛壽序》：「天子再召，用決大計，

〔註10〕「朱」，乙本誤作「宋」。

爭南遷，深當上旨，事不果行。」《明史‧李邦華傳》：「李自成陷山西，邦華密疏請帝固守京師，倣永樂朝故事，太子監國南都。居數日，未得命。又請定、永二王分封太平、興國二府，拱護西京。帝得疏，意動，繞殿行，且讀且歎，將行其言。會帝召對群臣，中允李明睿疏言南遷便，給事中光時亨以倡言洩密糾之。」《晉書‧王尼傳》：「有一子，無居宅，常歎曰：『滄海橫流，處處不安也。』」司空文明有《賊平後送人北歸》詩。　溫飛卿詩：「五湖煙水獨忘機。」岑參詩：「辜負一漁竿。」項子遷詩：「舊隱水邊村。」　兵戈，見《王石谷畫》。　杜詩：「十口隔風雪。」《史記‧項羽紀》：「圍之數重。」《李太虛壽序》：「先生流離嶺岨，浮海南還，家園烽火，禍亂再作，便以其身漂泊於江山風月之間。」　杜詩：「杜陵有布衣，老大意轉拙。」

其四

　　盧頂談經破碧苔，十年不到首重回。風清鍾鼓吳山出，雲黑帆檣楚雨來。痛飲長江看自注，異書絕壁訪應開。芒鞋歸去身差健，白鹿諸生掃講臺。三四清拔，結句亦帶壽字，首尾相應。○按：盧頂，盧山之頂也。王詩：「揚子談經處。」司空表聖《詩品》：「亂山高木，碧苔芳暉。」　杜詩：「西江首獨月。」　吳山，見《壽龔芝麓》。　杜詩：「波漂菰米沉雲黑。」帆檣，見《海溢》。蘇詩：「楚雨還昏雲夢澤。」《世說》：「王孝伯曰：『痛飲讀《離騷》，可稱名士。』」應碩《祝社文》：「有酒如江。」《說文》：「注，灌也。」張如哉曰：「注之江，本《孟子》。」　異書，見《汲古閣歌》中郎注。謝靈運《山居賦》：「凌絕壁而起岑。」　芒鞋，見《贈蒼雪》。　白鹿，見《呈李太虛》。《李太虛壽序》：「先生性彊直，為臺諫所中，隱居白鹿，講授生徒。」

　　按：《圖經》，九江府西挹武昌，東引皖口。三四句用之。

吳詩集覽　卷十三下

七言律詩三之下

寄房師周芮公先生並序

　　偉業以庚午受知於晉江周芮公師，進謁潤州官舍。維時上流無恙，京口晏然。吾師以陸生入雒之年，弟子亦終軍棄繻之歲。南徐月夜，北固江聲。揮塵論文，登樓置酒。笑譚甚適，賓從皆賢。此段序初謁芮公時。《太倉州志》：「崇禎三年庚午舉人吳偉業。」《明史·地理志》：「泉州府晉江倚。」《福建通志》：「周廷鑨，字芮公，晉江人，天啟乙丑進士。鎮江推官。擢吏部考功，稽勳文選員外，謫外歸。」《鎮江府志》：「廷鑨，天啟七年任。庚午，分校南闈，首拔吳偉業。癸酉，分校山東，所得多知名士，行取吏部文選司主管。」《一統志》：「鎮江府，隋開皇十五年置潤州。」官舍，見《送施愚山》。　《左傳·襄十四年》：「秦人毒涇上流。」　《水經注》：「京口，丹徒之西鄉也。」　《晉書·陸機傳》：「太康末，與弟雲俱入洛。」《南史·宋諸王傳》：「袁淑嘗詣彭城王義康，義康問其年，答曰：『鄧仲華拜袞之歲。』義康曰：『身不識也。』淑又曰：『陸機入洛之年。』」　終軍，見《送友人從軍》。《漢書·終軍傳》：「初，軍從濟南，當詣博士，步入關。關吏予軍繻。軍問以此何為，吏曰：『為復傳，還當以合符。』軍曰：『大丈夫西遊，終不復傳還。』棄繻而去。」　南徐，見《贈馮訥生》。　北固，見《閬園詩·序》。　揮塵，見《東皋歌》注。　王仲〔註1〕宣有《登樓賦》。《宋史·藝文志》：「《林下笑譚》一卷。」　賓

─────────────────

〔註 1〕「仲」，乙本誤作「伸」。

從，見《壽王子彥》。已而入主銓衡，地當清切。周旋禁近，提挈聲華。拜別河梁，十有八載。滄桑兵火，萬事都非。此序芮公內升吏部，適逢國變也。《晉書‧周顗傳》：「執掌銓衡。」 清切、禁近，見《送沈繹堂》。 《漢書‧張耳陳餘傳》：「以兩賢王左提右挈。」聲華，見《送何省齋》。 李少卿詩：「攜手上河梁，游子暮何之。」 滄桑，見《海戶曲》注。兵火，見《遇南廂園叟》。 杜詩：「歎息人間萬事非。」**偉業負耒躬耕，誓終沒齒。不謂推遷塵事，潦倒浮生。病苦窮愁，羈縻煎迫。師以同徵，獨得不至。方推周黨，共羨管寧。而家居窮海，身受重圍。羽檄時聞，音塵莫及。**此序梅村被召，芮公辭徵。而閩中適有兵變也。○躬畊，見《汲古閣歌》。 謝靈運詩：「逐物遂推遷。」陶詩：「閒居三十載，遂與塵事冥。」 潦倒，見《送何省齋》。浮生，見《二十五日》詩。 窮愁，見《礬清湖‧序》。 《漢書‧匈奴傳》：「羈縻不絕。」《古焦仲卿妻詩》：「漸見愁煎迫。」 《魏書‧高允傳》：「同徵之人，周殲殆盡。」 《漢書‧應曜傳》：「隱於淮揚山中，與四皓俱徵，曜獨不至，時人語曰：『商山四皓，不如淮揚一老。』」 周黨，見《寄當事諸老》。 管寧，見《閩園詩》其一。 《後漢書‧耿恭傳‧論》：「余初讀《蘇武傳》，感其茹毛窮海，不為大漢羞。」 重圍，見《壽李太虛》。 羽檄，見《雁門尚書》注。 儲光羲詩：「顧我闕音塵。」**雖然，江南近信，已泊樓船；京峴舊遊，皆非樂土。何必無諸臺上，始接烽煙；歐冶城邊，才開壁壘也。**此序江南被兵之事。蓋梅村時官京師，故於閩、吳俱作傳聞之詞。○樓船，見《董山兒》。 《一統志》：「京峴山在丹徒縣東五里。」 《詩》：「適彼樂土。」按：《一統志》：「順治七年，沿江多盜，海寇犯鎮江」，在梅村未赴召以前；「十六年，海寇陷鎮江」，在梅村南歸以後。朗廷佐，奉天人，順治十三年總督江南，捍海寇有功。此詩正當其時耳。 無諸臺，見《送林衡者》。 烽煙，見《宮扇》。 《一統志》：「冶山在福州府城東北隅，山西北有歐冶池，相傳歐冶子鑄劍之地。」又引《明統志》：「歐冶池在府城中，布政司治所。」 《漢書‧英布傳》：「深溝壁壘，分卒守徼乘塞。」**既知援師南下，山郡依然。鄭樵居第，可保圖書；楊僕軍營，惟聞箛吹。欣故人之杖屨，致遠道之郵筒。爰作短章，聊存微尚。抒平生於慷慨，寫盡日之羈愁。庶幾同經喪亂，識此襟情；雖隔山川，無殊會面云爾。**此序晉江兵罷，為芮公慰藉，而結到賦詩相寄也。○山郡，見《高涼司馬行》。 鄭樵居第，見《送林衡者》注。 圖書，見《松鼠》。 《史記‧酷吏傳》：「楊僕者，宜陽人也。南越反，拜為樓船將軍。」又，《東越傳》：「樓船將軍楊僕使使上書，願便引兵擊東越。」 箛吹，見《謁張石平》。 《禮》：「杖履祇敬之。」《漢書‧賈山傳》：「古

者養三老於大學，公卿奉杖，大夫進履。」　遠道，見《行路難》。釋貫休詩：「尺書裁
罷寄郵筒。」　顏延年詩：「頌酒雖短章。」謝靈運詩：「伊余秉微尚，拙訥謝浮名。」
慷慨，見《又詠古》。　羈愁，見《訪文學博》。《世說》：「許掾嘗詣簡文。襟情之詠，
乃是許之所長。」　《古詩》：「會面安可知。」

　　惆悵平生負所知，尺書難到雁來遲。桄榔月暗嚴城閉，鷓鴣風高畫
角悲。湖裏逢仙占昔夢，洞中遇叟看殘棋。脫身衰白干戈際，筍屐尋山
話後期。起句「惆悵平生負所知」與第四首結句「誤玷名賢啟事中」相為照應，是
四首中大章法也。三四言晉江被兵，是尺書難到之由。五六轉到脫身干戈。八句點出
寄詩。○惆悵，見《西田》詩。　尺書，見《送何省齋》。許仲晦詩：「鄉書無雁到家
遲。」　桄榔，見《哭志衍》。嚴城，見《石公山》。　鷓鴣，見《送林衡者歸閩》。杜
詩：「城闕秋生畫角衰。」　《一統志》：「九鯉湖在興化府仙遊縣東。北漢元狩間，何
氏兄弟九人煉丹於此，煉成，各乘一鯉仙去。」《詩》：「詢之占夢。」　《廣輿記》：「高
蓋山在福州府永福縣，道書第七福地。石門插天。有牧兒徐氏飯牛山椒，遇二人弈，
遺徐一棋子，叱令歸，遂精手談。往往與二人遇，得修煉訣，一日仙去。」《一統志》：
「高蓋山巨石如牆，道出其中，上有東西二石室對峙。」又云：「漢徐登，永福人。少
牧牛山嶺，遇異人，得仙術。」陸務觀詩：「客歸童子拾殘棋。」　脫身，見《避亂》。
衰白，見《送何省齋》。　筍屐，見《二十五日》詩。尋山，見《贈文園公》。周德卿
詩：「山川後期闊。」

其二

　　北府風流坐嘯清，蕭郎白帢愛將迎。蒜山望斷江干月，荔浦愁看海
上城。劉寄關河雖險塞，盧循樓艦正縱橫。莫嫌戰鼓鄉園急，瓜步年來
已用兵。起二句即《序》中「南徐北固」六句之意，下即《序》中「江南近信，已
泊樓船。何必無諸臺上，始接烽煙」之意。○北府，見《投贈馬督府》。《後漢書‧黨
錮傳‧敘》：「弘農成瑨但坐嘯。」　《梁書‧武帝紀》：「王儉謂何憲曰：『此蕭郎三十
內當作侍中。』」張如哉曰：「武帝，南蘭陵人。蘭陵即今鎮江，故以此比芮公，又以
三十內比芮公之年也。」《晉書‧五行志》：「魏武擬古皮弁，裁縑帛為白帢，以易舊
服。」將迎，見《攀清湖‧序》。　蒜山，見《畫中九友歌》。李義山詩：「望斷平時翠
輦過。」范彥龍詩：「江干遠樹浮。」　《漢書‧地理志》：「蒼梧郡荔浦有荔平關。」
《一統志》：「荔浦縣在廣西平樂府西少南七十五里。」王詩：「愁看北渚三湘遠。」程
迓亭曰：「時鄭成功寇掠兩廣、福建，故云。」　《南史‧宋武帝紀》：「諱裕，小字寄

奴，彭城縣綏輿里人。姓劉氏。晉氏東遷，移丹徒之京口里。」關河，見《避亂》。賈
誼《過秦論》：「繕津梁，據險塞。」《晉書・盧循傳》：「娶孫恩妹。及恩作亂，與循
通謀。恩亡，餘眾推循為主。劉裕討循至晉安，循窘，急泛海，舉眾寇南康、廬陵、
豫章諸郡，戎卒十萬，舳艫千計，逕至江寧。」樓艦，見《高郵道中》。 戰鼓，見《東
萊行》。孟詩：「書此示鄉園。」 瓜步，見《送周子俶》。

　　　　梅村自跋：「晉江黃東崖先生和予此詩，中一聯曰：『徵書鄭重眠食損，法曲
　　　淒涼涕淚橫。』知己之言，讀之感歎。」 梅村《傅石漪詩序》：「余蚤歲受知於
　　　溫陵周芮公先生，以吏部郎典選相國。東崖黃公時在左坊。兩公者同里同籍，有
　　　詩名。亂離分隔，余為詩以郵寄先生於閩中，先生偕相國和之，海內追數其交遊，
　　　而相與為傳誦。」《福建通志》：「黃景昉，字東崖，晉江人。天啟乙丑進士。
　　　入相。乞假歸。」《明史・黃景昉傳》：「國變後，家居十數年始卒。」

其三

　　但若盤桓便見收，詔書趣迫敢淹留。趣，趨玉切，音促。始知處士青門
裏，須傍仙人白石樓。晉室衣冠依嶺嶠，越王刀劍閉林丘。少微卻炤南
天遠，榕樹峰高隱故侯。前半首是師以同徵，後半首是獨得不至也。○盤桓，見
《贈家侍御》。收，見《老妓行》。《晉書・李密傳》：「郡縣逼迫，催臣上道。」淹留，
見《九友歌》。 青門，見《青門曲》。《南史・陳武帝紀》：「廣州言仙人見於羅浮山
寺小石樓。」 李詩：「晉代衣冠成古丘。」《方輿覽勝》：「晉江在晉江縣南。晉南
渡後，衣冠士族避地者，多沿江以居，故名。」《一統志》：「福建西抵江廣，北距嶺
嶠。」《拾遺紀》：「越王句踐使工人以白馬白牛祀昆吾之神，採金鑄之，以成八劍之
精。」《史記・淮陰侯傳》：「好帶刀劍。」杜詩：「石門斜日到林丘。」張如哉曰：「越
王，指東越王，非謂句踐也。刀劍，指甌冶池。」《〈漢書・李尋傳〉注》：「少微四
星在太微西，主處士儒學之官。」高達夫詩：「南天瘴癘和。」《榕城隨筆》：「閩中
多榕樹，幹既生枝，枝又生根，垂垂如流蘇，或本幹自相依附，若七八樹叢生者，多
至數十百條，合併為一。」《史記・蕭相國世家》：「召平者，故秦東陵侯。」

其四

　　白鶴青猿叫晚風，苦將身世訴飄蓬。千灘水惡盤渦險，九曲雲迷絕
磴空。廣武登臨狂阮籍，承明寂寞老揚雄。巨源舊日稱知己，誤玷名賢
啟事中。前半首是羈縻煎迫，後半首與第一首相應。○白鶴青猿，見《題河渚園》
注。 飄蓬，見《江樓別孚令》。 千灘，見《讀史雜感》。盤渦，見《短歌》。 《一

統志》：「武夷山綿亙百二十里，有三十六峰，三十七巖，溪流繚繞其間，分為九曲。」按：千灘、九曲，皆比也，不必指定某山某水。《唐書·薛元超傳》：「絕磴險塗。」《晉書·阮籍傳》：「登廣武戰場，曰：『時無英雄，使豎子成名。』」《漢書·揚雄傳》：「孝成時，召雄待詔承明之庭。」又，《解嘲》：「惟寂惟寞，守德之宅。」巨源啟事，見《鴛湖曲》。杜詩：「名玷薦賢中。」

即事　即事，見《讀史雜詩》。

夾城朝日漸颱風，玉樹青蔥起桂宮。原注：時乾清宮成。謁者北衙新掌節，原注：初設內監。郎官西府舊乘驄。原注：新選部郎為巡方。叔孫禮在終應復，蕭相功成固不同。百戰可憐諸將帥，幾人高會未央中。《即事》十首，蓋即十一卷《雜感》之類。此首連舉數事，而大氣包舉，筆力甚遒。○夾城，見《殿上行》。《漢書·翼奉傳》：「孝文時，未央宮獨有前殿、曲臺、漸臺、宣室、溫室、承明耳。」《大清一統志》：「中禁嚴密，凡乾清門以內，殿廷之制度，例弗敢載。」青蔥，見《行路難》其五。桂宮，見《彈琴歌》。《漢書·百官公卿表》：「謁者秩比六百石。」《注》：「謁，請也，白也。」《唐書·兵志》：「南衙，諸衛兵是也。北衙，禁軍也。」《周禮·掌節》：「掌守邦節而辨其用。」《後漢書·明帝紀》：「郎官上應列宿。」《唐書·藝文志》：「蕭淑《西府新文》十卷。」西府，疑即西臺。西臺，詳《題高澹遊畫》。《後漢書·桓典傳》：「為侍御史，常乘驄馬。」《晉書·百官志》：「尚書郎，西漢舊置四人，以分掌尚書。至魏青龍二年，凡二十五郎。」梁昇卿詩：「從來漢京盛，未若此巡方。」《史記·叔孫通傳》：「上既觀，使行禮曰：『吾能為此。』」蕭相，見《退谷歌》。百戰，見《楚兩生行》。高會，見《遇劉雪舫》。《一統志》：「未央宮在西安府長安縣西北。」

其二

六龍初幸晾鷹臺，千騎從官帳殿開。南苑車聲穿碧柳，西山馳道夾青槐。翻書夜半移燈召，教射樓頭走馬來。聞道上林親試士，即今誰是長卿才。此紀陪從技射之事。○六龍，見《朝日壇》。晾鷹臺，見《海戶曲》。千騎，見《雒陽行》。從官，見《讚佛詩》。帳殿，見《海戶曲》。南苑，見《海戶曲》注。李君虞詩：「碧柳青青塞馬多。」西山，見《遇劉雪舫》。岑參詩：「青槐夾馳道。」范致能詩：「眼明無用且翻書。」李義山詩：「自攜明月移燈疾。」《戰國策》：「此可教射也已。」王仲初詩：「騎馬行人長遠過，恐防天子在樓頭。」上林，見《永和宮詞》。黃文江詩：「丹詔宣來試士初。」《司馬相如傳》：「字長卿。」

其三

　　元僚白髮領槐廳，風度須看似九齡。疏乞江湖陳老病，詔傳容貌寫丹青。原注：曹村相公乞休，不允，畫其像賜之。從遊西苑花初放，侍宴南臺酒半醒。最是御書房下過，賜茶清燕共談經。此首紀金文通之恩遇也。《蘇州府志》：「金之俊，吳江人。順治十五年為中和殿大學士，歷加太傅，改內秘書院大學士。康熙元年致仕。」○元僚，見《題凌煙圖》。《續翰林志》：「學士院第三廳有一巨槐，素號槐廳，居此閣者，往往入相。」《唐書‧張九齡傳》：「字子壽，韶州曲江人。遷中書令。帝每用人，必曰：『風度能若九齡乎？』」《漢書‧杜周傳》：「杜延年為御史大夫，視事三歲，以老病乞骸骨，天子憂之。」杜詩：「丹青憶舊臣。」曹村，見《虎丘祖席》。漢高帝詔：「有能從我遊者，吾能尊顯之。」《一統志》：「明初，燕王府建於元之皇城舊址，即今之西苑也。瓊華島在西苑太液池上，太液池在西苑中。」《唐書‧順帝紀》：「侍宴魚藻宮。」《金鼇退食筆記》：「瀛臺舊為南臺，明李文達賢《賜遊西苑記》云：『南臺林木陰森，過橋而南，有殿曰昭和，門外有亭臨岸，沙歐水禽，如在鏡中。』本朝順治年間，別建宮室，為避暑之處。」蘇檢詩：「樓上清風酒半醒。」《南都賦》：「御房穆以華麗。」周子充詩：「勅史傳宣從賜茶。」《漢書‧劉向傳》：「願賜清燕之間，指圖陳狀。」談經，見《壽李太虛》。

其四

　　列卿嚴譴赴三韓，賈酒悲歌行路難。妻子幾隨關外去，都人爭擁路旁看。樂浪有吏崔亭伯，遼海無家管幼安。盡說日南多瘴癘，如君絕域是流官。此首悲陳彥升之遠謫也。見《詠拙政園山茶花》，詳《贈遼左故人》。結二句作慰藉之詞，蓋彥升北徙，故以日南作對照耳。○《魏志‧國淵傳》：「居列卿。」宋延清詩：「逐臣北地承嚴譴。」三韓，見《凌煙圖序》。賈酒，見《海戶曲》。悲歌，見《臨江參軍》。行路難，見《行路難》。《一統志》：「山海關，本居渝關地也，在永平府盧龍縣東一百八十里。」按：《通典》作「臨渝關」，今為臨渝縣。岑參詩：「都人夾道看。」又：「當使路旁看。」《雲谷雜記》：「司馬溫公元豐末來京師，都人競觀，即以相公目之。左右擁塞，馬至不能行。」《一統志》：「漢時所置遼東、樂浪、玄菟三郡，多屬今奉天府治之東南及朝鮮界內地。」《後漢書‧崔駰傳》：「字亭伯，涿郡安平人。竇憲出擊匈奴，駰為主簿。憲不能容，出為長岑長，遂不之官而歸。」《漢書‧地理志》：「樂浪郡縣長岑。」遼海，見《山茶花‧序》。管幼安，

見《閬園》詩其一注。　《後漢書‧公孫瓚傳》：「日南多瘴氣。」《南史‧任昉傳》：「寄命瘴癘之地。」　絕域，見《行路難》。

按：梅村《女屆誌》：「司農再相未一歲，用言者謫居瀋陽，取最少子從，其二在南，獨留直方京師。已而相國召入京為宿衛，再以他事下請室，家人咸被繫，全家徙遼左，用流人法。」此詩首云列卿，蓋去司農未久也，與《贈遼左故人》之三公異。「妻子幾隨關外去」，則未隨關外去也，與《贈遼左故人》之「盡室可憐逢將吏」異。絕域流官，則未用流人法也，與《贈遼左故人》之「垂死絕塞」異。而「都人爭擁」，暗祝賜環，詩蓋作於彥升初謫瀋陽時耳。

其五

黃河東注出潼關，本濟漕渠竟北還。淮水獨流空到海，原注：淮水為黃河所逼，始於清口濟漕河去，則淮竟入海，此清江閘所以涸也。汴堤橫齧不逢山。天心豈為投圭璧，民力何堪棄草菅。瓠子未成淇竹盡，龍門遠掛白雲間。原注：金龍口決，用柳梢作土牛塞河，功竟不就。悼兩河民力之盡也。　此梅村河渠書也，與風雲月露之詞不同。○《一統志》：「黃河自同州朝邑縣流入華陰縣東北，合渭水，又經潼關縣北，折而東，入河南閿鄉界。」《詩》：「豐水東注。」　《史記‧河渠書》：「悉發卒數萬人穿漕渠，三歲而通。」《明史‧河渠志》：「永樂九年，會通河已開，黃河與之合，漕道大通。」　《一統志》：「黃河自汴梁至徐，經邳、宿、桃源、三義鎮入口，由毛家溝抵清河縣後，謂之大清口。會淮流過漁溝，達安東縣界，下雲梯關入海，謂之老黃河。明嘉靖初，三義口塞，南從清河縣前，亦與淮合，謂之小清口。」又：「清江浦在淮安府山陽縣西北三十里，古運道自郡城東北入淮。宋轉運使喬維岳開此，直達清口。明永樂初，陳瑄重濬置閘。」　又：「隋堤，一名汴堤，隋大業元年築，西通濟水，南達淮、泗，幾千餘里，亦名三里堤，以去開封府城三里也。」《說文》：「齧，噬也。」　《書》：「克享天心。」《漢書‧王尊傳》：「遷東郡太守，運亨通，河水盛溢，泛浸瓠子金堤。尊親執圭璧，使巫策祝，請以身填金堤，因止宿，廬居堤上，而水波稍卻。」　《漢書‧賈誼傳》：「若刈草菅然。」　《綱目質實》：「瓠子河，今謂之瓠子口，在大名府開州城西南二十五里。」淇竹，見《龍腹竹歌》。　王之渙詩：「黃河遠上白雲間。」《一統志》：「順治九年，河決封丘大王廟口，從長垣趨東昌，北入海。十一年，決口塞。」按：《明史‧河渠志》皆作封丘。金龍口，蓋金龍，即大王廟口。龍門即金龍口。此詩所詠，蓋十一年以前事。按：《一統志》：「淮安府境，當黃、淮交會之位，又為運道咽喉，黃強淮弱，沖決非常。聖祖仁皇帝首闢海口，以導黃注海，

次闢清口，閉六壩，築高堰，以障淮敵黃，由是黃淮水均，兩河底績。淮南百萬生靈咸登衽席。」梅村蓋未及見之耳。

其六

西山盜賊尚縱橫，白晝畿南枹鼓鳴。誰道盡提龍武將，翻教遠過闉闍城軍。需苦給嫖姚騎，節制難逢僕射營。斥堠但嚴三輔靖，願消兵甲罷長征。此首即梅村刑法志也。前四句憂近盜，後四句思名將，有不勤遠略之意。張如哉曰：「『豈謂盡煩回紇馬，翻然遠救朔方兵。』三四句法仿之。」○杜詩：「西山寇盜莫相侵。」又：「群盜尚縱橫。」 賈誼《陳政事疏》：「白晝大都之中。」《後漢書·董宣傳》：「為洛陽令，搏擊豪強，莫不震慄，京師歌之曰：『枹鼓不鳴董少平。』」按：《禮運》：「蕢桴而土鼓。」與枹同。 杜詩：「龍武新軍深駐輦。」 闉闍城，見《虎丘夜集圖》。《十六國春秋·南京錄》：「課農桑以供軍需。」《漢書·霍去病傳》：「再從大將軍受詔，予壯士，為票姚校尉。」按：票字，詩家多作「嫖」。蕭子顯詩：「夫婿仕嫖姚。」 《荀子》：「桓、文之節制，不可以敵湯、武之仁義。」杜詩：「僕射如父兄。」《漢書·李廣傳》：「然亦遠斥候，未嘗遇害。」候，一作堠。三輔，見《退谷歌》。

杜詩：「肯銷金甲事春農。」王少伯詩：「萬里長征人未還。」《通鑑綱目》：「上召郭子儀還京師，以李光弼代之。光弼治軍嚴整，始至，號令一施，士卒壁壘旌旟精彩皆變。是時朔方將士樂子儀之寬，憚光弼之嚴。」按：《綱目》，肅宗至德二載，貶子儀為左僕射。而此詩第六句似指光弼，俟考。

其七

新傳使者出皇都，十道飛車算國租。故事已除將作監，他年須尚執金吾。主持朝論垂魚袋，料理軍書下虎符。始信蕭曹務休息，太平良策未全無。此首即梅村食貨志也。結句與第六首同妙。○皇都，見《宮扇》。《通典》：「貞觀初，並省州縣，始於山河形便，分為十道：一曰關內道，二曰河南道，三曰河東道，四曰河北道，五曰山南道，六曰隴右道，七曰淮南道，八曰江南道，九曰劍南道，十曰嶺南道。」蘇詩：「我欲乘飛車。」國租，見《蘆州行》。《漢書·蘇武傳》：「明習故事。」《唐書·百官志》：「將作監二人，少監二人，掌土木工匠之政。」《後漢書·陰皇后紀》：「仕宦當作執金吾。」《漢書·儒林傳》：「董仲舒能持論。」崔澄瀾《野燎賦》：「方望會於朝論。」《舊唐書·輿服志》：「咸亨三年五月，五品以上賜新

魚帒，並飾以銀。垂拱二年五月，諸州都督刺令並准京宦帶魚帒。」《晉書‧王徽之傳》：「桓沖曰：『卿在府日久，比當相料理。』」軍書，見《次走馬》詩。《漢書‧高五王傳》：「王欲發兵，非有漢虎符驗也。」　蕭曹，見《功臣廟》。《史記‧曹相國世家‧贊》：「百姓離秦之酷後，參與休息無為，故天下俱稱其美矣。」　杜淹《文中子世家》：「見隋文帝，因奏太平十有二策。」《唐書‧薛登傳》：「收實用之良策。」

其八

柳營江上羽書傳，白馬三郎被酒眠。無意漫提歐冶劍，有心長放呂嘉船。金錢北去緣求印，鐵券南來再控弦。廟算只今勤遠略，伏波橫海已經年。此首即梅村兵志也。說附後。○《一統志》：「九龍江一名龍溪，自龍巖州漳平縣流入漳州府龍溪縣界，其下流一名柳營江。」羽書，見《與友人譚遺事》。《五代史‧閩世家》：「王審知狀貌雄偉，常乘白馬軍車，號白馬三郎。」《史記‧高祖紀》：「高祖被酒，夜經澤中。」　《吳越春秋》：「干將者，吳人也，與歐冶子同師，俱能為劍。」　呂嘉，見《送人從軍》。　《史記‧平準書》：「農工商交易之路通，而龜貝金錢刀布之幣興焉。」求印，見《揚州》。　《漢書‧高祖紀》：「丹書鐵契，金匱石室。」《隋書‧李穆傳》：「賜以鐵券，恕其十死。」《漢書‧婁敬傳》：「控弦四十萬騎。」　《孫子》：「兵未戰而廟算勝者，得算多也。」　《左傳‧僖九年》：「齊侯不務德而勤遠略。」　張正言詩：「伏波橫海舊登壇。」宋延清詩：「少別已經年。」

　　此首刺【鄭芝龍■■】〔註2〕也。柳營江，點出閩南地。第二句寫其跋涉。三四隨第二句說，是狡詐之壯。五六是狡黠之情，引出結句。結則言近旨遠，含蓄不露，極合風人之旨。【詳補注。■■■■■■■■■■■■■■■■■■■■■■■■■■■■■■】〔註3〕梅村在順治間立朝時，【■■■■■■】〔註4〕逆藩之氣燄方盛。乃《圓圓曲》、《雜感》之其四、其五於吳逆不少假借，而《滇池鐃吹》第一首預知有吳逆之變。此首【備寫鄭芝龍之事】〔註5〕，其防徵杜漸之意，纏綿悱惻，寓於言外。【■■■■■■■】〔註6〕論梅村詩者，當以此等為上乘，不徒擅長於筆墨間也。

〔註2〕【　】內文字，稿本、天圖本、讀秀本作「逆藩耿精忠」。
〔註3〕【　】內文字，稿本、天圖本、讀秀本作「按：梅村於康熙十年卒，而耿逆之叛在十三年三月，然其潛蓄逆謀，必有露於機先者」。
〔註4〕【　】內文字，稿本、天圖本、讀秀本作「已能先見如此。其時」。
〔註5〕【　】內文字，稿本、天圖本、讀秀本作「預知有耿逆之變」。
〔註6〕【　】內文字，稿本、天圖本、讀秀本作「至歿後而所言皆驗」。

其九

秋盡黃陵對落暉，長沙西去不能歸。甘寧舊壘潮初落，陶侃新營樹
幾圍。五嶺烽煙城郭改，三湘徵調吏人稀。老臣裹革平生志，往事傷心
尚鐵衣。時楚、粵未靖，故有此作。○賈閬仙詩：「聯句逢秋盡。」黃陵廟，見《贈
吳雪航》。落暉，見《寄當事》其三。　《通典》：「有萬里沙祠，故曰長沙。」《湖廣通
志》：「洪承疇，泉州人。順治癸巳督師，經異五省，駐長沙，便宜行事。」《三國志·
甘寧傳》：「字興霸，巴郡臨江人也。」《一統志》：「甘寧故壘在長沙府益陽縣南一里。」
潮落，見《贈吳錦雯》。　《晉書·陶侃傳》：「斬蘇峻，旋江陵，封長沙郡公。尋以
江陵偏遠，移鎮巴陵。斬郭默，旋巴陵，因鎮武昌。又嘗課諸營種柳，都尉夏拖盜
官柳，植之於己門。侃後見駐車，間曰：『此是武昌西門前柳，何因盜來此種？』拖
惶怖謝罪。」張如哉曰：「兼用桓溫『樹猶如此，人何以堪』意。」許棠詩：「庵樹想
成圍。」《史記·淮南王安傳》：「使尉佗踰五嶺，攻百越。」《廣州記》：「大庾、始
安、臨賀、桂陽、揭陽為五嶺。」烽煙，見《宮扇》。按：城郭改，暗用丁令威歌：
「城郭雖是人民非。」　三湘，見《哭志衍》。徵調，見《雜感》。王詩：「省中啼鳥
吏人稀。」《後漢書·馬援傳》：「男兒當效死於邊野，以馬革裹屍還葬耳。」《木
蘭歌》：「寒光歸鐵衣。」

　　此首刺洪亨九，當與《松山哀》、《訪文學博》參看。《訪文學博》云：「盡道
長沙軍，已得滇池王。」此云：「長沙西去不能歸。」若為洪作，原心之論者，
結句反以裹革許之，正是斧鉞之筆也。梅村《夜宿阜昌》有「流涕辭伐燕」語，
當非泛設。

其十

巴山千丈擘雲根，節使征西入劍門。蜀相軍營猶石壁，漢高原廟自
江村。原注：駐兵南鄭，分闖閬州，兩地皆有高祖廟。全家故國空從難，異姓真
王獨拜恩。回首十年成敗事，笛聲哀怨起黃昏。此詩紀吳逆入蜀之事也。《圓
圓曲》：「專征簫鼓向秦川，金牛道上車千乘。斜谷雲深起畫樓，散關月落開妝鏡。」
與詩中「異姓真王獨拜恩」合；「全家白骨成灰土」，與詩中「全家故國空從難」合。
而《觚賸》載其由秦入蜀，迄於秉鉞滇雲，垂疏洱海，又與「節使征西入劍門」合。
當與《圓圓曲》及《雜感》第四首、五首參看。○《一統志》：「大巴山在保寧府南江
縣北二百里，一名巴嶺山。小巴山在南江縣東北，此山之南即古巴國。其嶺上多雲霧，
盛夏猶有積雲。」杜詩：「晴雲如擘絮。」雲根，見《石公山》。　岑參詩：「節使橫行

西出師。」按：吳逆封平西王，故用征西字。《一統志》：「劍門關在保寧府劍州東北。」
即劍閣道也。　杜有《蜀相》詩。諸葛孔明《黃陵廟記》：「於大江重複石壁間，有神
像影現焉。」《一統志》：「督軍壇在漢中府沔縣東南，其旁有八陣圖。」《元和志》：「八
陣圖在西縣東南十里，諸葛亮壘門，以石為圖。」又，「諸葛寨在南江縣西一百里，高
五十餘丈，可容萬人，四壁峻拔，惟一面有鳥道可上，其頂有泉，四時不竭。」《一
統志》：「漢中府南鄭縣附郭。」《輿地紀勝》：「漢高帝廟在關中縣南十里西偃山下。」
《一統志》：「漢高祖祠在南鄭縣南漢水濱。」原廟，見《鍾山》。江村，見《攀清湖》。
按：汪鈍翁《定州郝公墓誌》：「吳三桂等入川，奉詔統東西兩路兵，駐剳川南，以圖
進取，俱為賊所敗。」原注之駐兵，分闒，即東西兩路之兵也。　退之《楊燕奇碑》：
「感泣辭親，從難於秦。」《漢書》有《異姓諸侯王表》。《史記·淮陰侯傳》：「即為真
正耳。」《北史·王晞傳》：「拜恩私室。」　李詩：「哀怨起騷人。」

長安雜詠

　　玉泉秋散鼎湖龍，世廟玄都閟御容。絳節久銷金灶火，青詞長護石
壇松。運移梅福身難去，道向麻姑使未逢。重過竹宮聞夜祭，徐無仙客
話乾封。前四句就明世宗說，五六兼以自寓。「重過竹宮」，點出時事，蓋因聞夜祭
而追話前事耳。○《一統志》：「玉泉山在宛平縣西北二十五里，山前有御圖，玉泉出
山下，味甘而冽，一名噴雪。」鼎湖，見《圓圓曲》。　《明史·世宗紀》：「諱厚熜，
廟號世宗。」又，《陶仲文傳》：「帝自號太上大羅天仙紫極長生聖智昭靈統元證應玉虛
總掌五雷太真人玄都境萬壽帝君。」杜詩：「配極玄都閟。」《宋史·禮志》：「神御殿，
古原廟也，以奉安先朝之御容。」　絳節，見《讚佛詩》。江詩：「方駿參同契，金灶
煉神丹。」　李肇《翰林志》：「凡道觀薦青詞文，用青藤紙朱字，謂之青詞。」胡仔
詩：「紫雲常護玉壇松。」石壇，見《朝日壇》。　運移梅福，見《讀西臺記》。　麻姑，
見《閬園·序》。　竹宮，見《東萊行》。《史記·封禪書》：「於是五利常夜祠其家，欲
以下神。」　徐无鬼，見《蘇門高士圖》。乾封，見《東萊行》。

其二

　　石門秋聳妙高臺，慈聖金輪寺榜開。龍苑樹荒香界壞，鹿園花盡塔
鈴哀。燈傳初地中峰變，經過流沙萬里來。代有異人為教出，鳩摩天付
不凡材。前四句詠有明之佛剎，後四句指時事，與其一相似。○杜詩：「石門日色異。」
《一統志》：「妙高臺在丹徒縣金山上，宋僧了元建。」按：此詩不必指丹徒之臺，蓋

用比體。《明史・后妃傳》：「孝定李太后，神宗生母也，上尊號曰慈聖后。太后顧好佛，京師內外多置梵刹，動費鉅萬。」《首楞嚴經》：「彼金寶者，明覺立堅，故有金輪，保持國土。」按：寺榜，寺門之額也。《世說》：「韋仲將能書，魏明帝起殿，欲安榜，使仲將登梯題之。」 韓詩：「城闕連雲草樹荒。」沈雲卿詩：「香界繫北渚，花龕隱南巒。」《阿含經》：「一時，佛遊婆奇瘦，在鼉山怖林鹿野園中。」庾詩：「夏餘花欲盡。」《晉書・佛圖澄傳》：「天靜無風，而塔上一鈴獨鳴。」 劉孝綽詩：「談謔有名僧，慧義似傳燈。」《法苑珠林》：「十地頌：如竹破初節，餘節速能破。得初地真智，諸地疾當得。」王詩：「分野中峰變。」 第六句，見《禮蒼公塔》。《漢書・公孫弘等傳・贊》：「異人並出。」 鳩摩，見《讚佛詩》。《隋書・經籍志》：「胡僧至長安者數十輩，惟鳩摩羅什才德最優。」杜詩：「金睄王爪不凡才。」

　　　　程迓亭曰：「此詠大慈壽寺而及木陳忞公也。」按：《浙江通志》：「道忞，字木陳，潮陽林氏子。甫冠，棄弟子員，為天童密雲悟和尚法嗣。順治巳亥，徵至京，住齋宮萬壽殿，結冬開堂，勅封宏覺禪師。」

其三

　　鼓角鳴鞭下建章，平明獵火照咸陽。黃山走馬開新埒，青海求鷹出大荒。奉轡射生新宿衛，帶刀行炙舊名王。侍臣獻賦思遺事，指點先朝說豹房。此首詠羽獵之盛也。頌不忘規。○鼓角，見《送朱司李》。《宋史・儀衛志》：「鳴鞭，內侍二人執之，鞭鞘用紅絲而漬以蠟，行幸則前驅而鳴之。」《漢書・武帝紀》：「大武元年，起建章宮。」《一統志》：「建章宮在長安縣西。」 白詩：「平明拂劍朝天去。」太白《大獵賦》：「獵火燃兮千山紅。」《一統志》：「咸陽故城在今咸陽縣東。」 黃山，見《海戶曲》。《晉書・王濟傳》：「買地為馬埒，編錢滿之，時人謂之金溝。」謝玄暉詩：「舊埒新塍分。」 青海，見《贈雪航》。《異名記》：「登州海岸有鳥如鵲，自高麗飛渡海岸，名海東青。」《山海經》：「大荒之中，有山名曰大荒之山。」《上林賦》：「叔孫奉轡，衛公驂乘。」《金史・郭蝦蟆傳》：「世為保甲射生手。」《子虛賦》：「臣，楚國之鄙人也，幸得宿衛十有餘年。」《隋書・儀衛志》：「周武帝時，百官居燕會，並帶刀開座。」《南史・王琨傳》：「顏師伯傳酒行炙，皆悉內妓。」《漢書・終軍傳》：「越地及匈奴名王，有率眾來降者。」 杜詩：「侍臣緩步歸。」青瑣獻賦，見《南苑閱武應制》。遺事，見《琵琶行》。 指點兒、龍腹竹歌、豹房，見《洗象圖》。

其四

百戰關山馬槊高，恥將階級鬥蕭曹。兩河子弟能談劍，一矢君王已賜袍。此日大家親較武，他時年少定分茅。功成老將無人識，看取征南帶血刀。此首詠老將也。○百戰，見《楚兩生行》。關山，見《琵琶行》。馬槊，見《哭志衍》。《後漢書·邊讓傳》：「階級名位，亦宜超然。」蕭曹，見《功臣廟》。兩河，見《遊亂》。按：《莊子》有《說劍》篇。《左傳·成十六年》：「王召養由基，與之兩矢，使射呂錡，以一矢覆命。」《唐書·傅遊藝傳》：「起一歲，賜袍，自青及紫，人謂四時仕宦。」大家，見《永和宮詞》。揚子雲《長楊賦》：「簡力狡獸，校武票禽。」《晉書·八王傳·贊》：「分茅錫瑞，道光恒典。」老將，見《遇南廂園叟》。征南，見《贈雪舫》補注。張思廉《神絃曲》：「頑蛟尚染刀鐶血。」

哭蒼雪法師 按：蒼雪示寂在順治十三年閏五月二十二日。

憶昔穿雲到上方，飛泉夾路筍輿忙。孤峰半榻霜顛白，清磬一聲山葉黃。得道好窮詩正變，觀心難遣世興亡。汰公塔在今同傳，無著天親共影堂。原注：汰如住華山，與師為法侶，最相得。滅度已十六載矣。從初見蒼雪起，三四贊蒼雪，五句抽出能詩，六句適逢易世，結句以汰如伴說，悠然意遠。○穿雲，見《壽鶴如》。上方，見《支硎聽雨》。飛泉，見《送人從軍》。張景陽詩：「楸梓夾路。」筍輿，見《二十五日》詩。孤峰，見《謁剖公》。真山民詩：「來分半榻涼。」劉克莊詩：「白布裙襦雪滿顛。」清磬，見《宿福源精舍》。杜詩：「吟詩秋葉黃。」《後漢書·費長房傳》：「子幾得道。」朱子《詩傳》：「舊說二南為正風，十三國為變風。雅者，正也。其篇本有大小之殊，而先儒說又各有正變之別。」戴景屏詩：「隱几自觀心。」《汰如塔銘》：「汰如法師遺言，建塔於中峰。」同傳，詳《六言偶成》。無著天親，見《贈蒼雪》。影堂，見《禮蒼公塔》。

　　《池北偶談》：「南來蒼雪法師居吳之中峰，嘗夜誦《楞嚴》，月明如水，忽語侍者：『庭心有萬曆大錢一枚，可往檢取。』視之，果然。師貫穿教典，尤以詩名，嘗有句云：『斜枝不礙經行路，落葉全埋入定身。』」

其二

說法中峰語句真，滄桑閱盡剩閒身。宗風實處都成教，慧業通來不礙塵。白社老應空世相，青山我自哭詩人。縱教落得江南夢，萬樹梅花孰比鄰。此詩從前首五六推闡而出，結到無鄰，用意深切。○說法，見《禮蒼公塔》。

中峰，見《贈蒼雪》。滄桑，見《海戶曲》注。閒身，見《虎丘夜集圖》。　宗風慧業，見《禮蒼公塔》。　《列子》：「雲霧不硋其視。」《集韻》：「硋，同礙。」　白杜，見《後東皋歌》。《圓覺經》：「三摩提以幻化為相，即假觀。奢摩陀以寂靜為相，即空觀。」　蘇詩：「青山是處可藏骨。」詩人，見《園次罷官》。《詩》：「洽比其鄰。」

　　此兩首各自成章，而合看亦成章法。蓋上方與影堂相映，此本首之章法也。然穿雲、筍輿都從自己說，而江南、梅花又從自己結。一憶前遊，一計後來，亦有無心映合之趣。至其一從詩說到時世，其二從時世說到詩，各極其妙，有風雨離合之奇。　結句言己總得歸江南，而梅村中絕少詩友，也是極贊蒼雪處。

送友人出塞

上書有意不忘君，竄逐還將諫草焚。聖主起居當日慎，小臣忠愛本風聞。玉關信斷機中錦，金谷園空畫裏雲。塞馬一聲親舊哭，焉支少婦欲從軍。 上四出塞，寫出戀闕之情，語有斟酌；下四送友，寫其別家之苦，語極沉痛。○上書，見《臨江參軍》。劉更生《上災異封事》：「念忠臣雖在畎畝，猶不忘君，惓惓之義也。」　李詩：「竄逐我因誰。」《南史‧謝弘微傳》：「每獻贊及陳事，必手書焚草，莫之知。」　王子淵有《聖主得賢臣頌》。《後漢書‧章帝紀》：「刺探起居。」《堯戒》：「戰戰慄慄，日慎一日。」　《禮》：「小臣廉。」《池北偶談》：「陳衍云：『風聞二字，出《漢書‧尉陀傳》。』」　玉關，見《贈家侍御》。皇甫冉詩：「機中錦字論長恨。」　金谷，見《老妓行》。　庾詩：「塞馬暗嘶群。」嵇叔夜《絕交書》：「時時與親舊敘離闊，陳說平生。」　焉支，見《詠山茶花》。按：少婦，字出《史記‧滑稽傳》。從軍，見《行路難》。

　　七八句義，似亦於陳彥升為近。然梅村《女檇厝誌》只云「司農再相未一歲，用言者謫居瀋陽」而已。此詩前四句乃建言被謫者，小臣忠愛，亦與司農再相不合，則非送彥昇明矣。俟考。　按：梅村集中以出塞著於篇者，陳彥升、吳漢槎、陸子元、孫赤崖皆是也。彥升以大臣謫，餘多以科場謫，皆與此詩「小臣忠愛本風聞」不合。　《國朝詩別裁集》：「季開生，字天中，江南泰興人。順治己丑進士，官給事中。《尚陽堡即事口號》：『五雲長繞舊皇畿，萬里孤臣寄翠微。極塞有山皆北向，重邊無水不西歸。難鳴夢訝參朝晚，鳥哺心傷進膳違。寧惜甇甇沙雁影，陽回未得入關飛。』」嚴沆（字子餐）《懷季天中遼左》云：「萬里遼城問謫居，躬耕遼海意何如。龍沙更作投湘賦，鳳闕長懸諫獵書。鴨綠流澌春水下，醫閭積雪暮寒餘。柳條漸識陽和近，未必君王雨露疏。」繆慧還（字子長）《憶

-832-

遼左故人》:「生歸何地更逢君，蘭忌當門自昔云。東雒少年無賈誼，制科風漢獨劉蕡。蕃釐種徒瓊花絕，遼海魂啼杜宇聞。篋裏故人封事藳，雨窗檢點淚紛紛。」並與此詩合。梅村所送，其天中歟？曹爾堪（字子顧）《弔季天中給諫沒於遼左》云:「攖鱗奏草動宸居，海內爭傳痛哭書。衼乳竟虛頭白後，葵丹空照汗青餘。三春漠漠關雲黯，千里茫茫塞草疏。蛻骨龍荒何日返，只憐化鶴到淮徐。」

即事 張如哉曰:「《即事》十首，《長安雜詠》四首，未必一時所作，亦未必皆在京所作。如曹村相公以順治十五年入相，時梅村早歸里矣。編詩者以其俱詠京中事，故總編次於此。卷中《即事》一首，殆亦續作而補編也。」

　　擊鼓迎神太乙壇，越巫吐火舞珊珊。露臺月上調絲管，禁苑霜凋挾彈丸。赤驥似龍徠萬里，白鷹如雪致三韓。柏梁焚後宜春起，只有西山作舊看。此首亦包舉數事，筆力遒厚。○《詩》:「坎其擊鼓。」盧子行詩:「西珀協律，南鬯迎神。」《史記‧武帝紀》:「亳人謬忌奏祠泰一方。其後人有上書言:『古者天子三年一用太牢具祠神三:一天，一地，一泰一。』天子許之，令太祝領祠之於忌泰一壇上，如其方。」《史記‧封禪書》:「乃令越巫立越祝祠。」《晉書‧夏統傳》:「從父敬寧祠先人，迎女巫章丹、陳珠二人。甲夜之初，撞鐘擊鼓，間以繫竹，丹、珠乃拔刀破舌，吞刀吐火。」宋玉《神女賦》:「拂墀聲之珊珊。」　露臺，見《南苑應制》。絲管，見《老妓行》。　禁苑，見《退谷歌》。顧逋翁詩:「霜凋樹吹斷。」《韓詩外傳》:「黃雀方欲食螳螂，不知童子挾彈丸在下，迎而欲彈之。」《列子》:「周穆王右驂赤驥而左白㮰。」杜詩:「赤驥頓長纓，非無萬里姿。」張如哉曰:「『似龍徠萬里』，用《史記‧天馬歌》:『天馬徠，龍之媒。』又用《蒲梢天馬歌》:『天馬徠兮從西極，經萬里兮歸有德。』」　白鷹，見《海戶曲》注。三韓，見《凌煙閣圖‧序》。《漢書‧郊祀志》:「柏梁災，粵巫勇之曰:『越俗有火災，復起屋，必以大，用勝服之。』於是作建章宮。」宜春，見《退谷歌》。　西山，見《遇劉雪舫》。

送同官出牧 《左傳‧文七年》:「同官為僚。」何仲言詩:「八朝耿長劍，出牧盛層麾。」按:魏環極《寒松堂集》有《乙未年諸公外轉》詩，當與此同時作也。乙未為順治十二年。

　　露掌明河玉漏寒，侍中出宰據征鞍。君王此日親除吏，臣子何心道換官。壯士驪山秋送戍，豪家渭曲夜探丸。扶風馮翊皆難治，努力諸公奏最看。前半首是同官出牧，後半首多用秦中地名，就出牧上寫出送字意。○庾詩:「露掌定高雲。」宋延清詩:「明河可望不可親。」《宋史‧樂志》:「良夜永，玉漏正

遲遲。」《《漢書・百官表》注》：「應劭曰：『入侍天子，故曰侍中。』」《後漢書・明帝紀》：「出宰百里。」杜必簡詩：「艱險促征鞍。」《史記・武安侯傳》：「上乃曰：『君除吏已盡未？吾亦欲除吏。』」《晉書・荀勗傳》：「自中書監除尚書令，人賀之，勗曰：『奪我鳳凰池，諸君何賀耶？』」按：第四句暗用之。換官，本《漢書・薛宣傳》：「宣奏粟邑令尹賞與潁陽令薛恭換縣，而兩縣皆治。」《史記・高祖記》：「高祖以亭長為縣送徒酈山，徒中壯士願從者十餘人。」又，《黥布傳》：「布已論輸麗山，麗山之徒數十萬人，布皆與其徒長豪傑交通。」朱子《詩傳》：「戍，屯兵以守也。」豪家，見《圓圓曲》。王詩：「渭水自縈秦塞曲。」探丸，見《行路難》。《漢書・百官表》：「漢武帝太初元年，左內史更名左馮翊，主爵中尉更名右扶風。」《一統志・陝西表》：「乾州鳳翔府、隴州、邠州，漢左馮翊。同州府耀州、商州，漢右扶風。」《史記・汲黯傳》：「右內史界部中多貴人宗室，難治，請徙黯為右內史。」按：《漢書・地理志》：「武帝建元六年，置左右內史。」則右內史蓋即中尉，後改為右扶風者。努力，見《送周子儵》。《漢書・尹翁歸傳》：「以高第入守右扶風，常為三輔最。」蘇廷碩詩：「還當奏最掖垣來。」

寄周子儵中州中州，見《送子儵青琱》。

聞道周郎數酒悲，中原極目更依誰。雲遮二室關山在，河奪三門風雨移。銅狄紀年何代恨，石經傳字幾人知。狂歌落日登臨罷，殘醉歸來信馬遲。按：梅村《送子儵青琱赴河南學使者幕》，則子儵有所依也。而此云「酒悲」，與「置酒龍門夜」不同；云「依誰」，與「得依張壯武」不同。「關山在」，「風雨移」，「何代恨」，「幾人知」，俱非壯遊之意。或子儵有所不合，故梅村云然與？○周郎，見《圓圓曲》。白詩：「誰料平生狂酒客，如今變作酒悲人。」中原，見《贈蒼雪》。極目，見《蕩子行》。白詩：「望闕雲遮眼。」《一統志》引韋昭曰：「嵩高有太室、少室之山，山有石至，故名。」關山，見《呈李太虛》。《陝州志》：「黃河中流有砥柱山，一名三門山。山有三門，禹鑿以通河，南曰鬼門，中曰神門，北曰人門。舟楫不通，唯人門可通筏木。」風雨奪，見《二十五日》詩。銅狄，見《雒陽行》。《左傳・襄三十年》：「臣，小人也，不知紀年。」石經，見《送子儵青琱》注。元詩：「甘蔗消殘醉。」岑參詩：「薄暮垂鞭信馬歸。」

懷古兼弔侯朝宗原注：朝宗，歸德人。貽書約終隱不出。余為世所逼，有負夙諾，故及之。懷古，見《讀鄭世子傳》補注。按：朝宗書載《壯悔堂集》中，今不錄。

河洛風煙萬里昏，百年心事向夷門。氣傾市俠收奇用，策動宮娥報

舊恩。多見攝衣稱上客，幾人刎頸送王孫。死生總負侯嬴諾，欲滴椒漿淚滿樽。首二句虛籠全題，三四句正寫懷古，五六句於懷古中轉注起下，七八句點醒弔字，又回應第二句也。〇《史記・封禪書》:「三代之君，皆在河洛之間。」崔顥詩:「風煙萬里愁。」　薛陶臣詩:「百年心事付東流。」《史記・信陵君傳》:「魏有隱士曰侯嬴，年七十，家貧，為大梁夷門監者。公子置酒大會賓客。坐定，公子從車騎，虛左，自迎侯生。侯生謂公子曰:『臣有客在市屠中，願枉車騎過之。』公子引車入市，侯生下見其客朱亥，俾倪故久立。侯生視公子色終不變，乃謝客就車。至家，公子引侯生坐上坐。魏安釐王二十年，秦昭王已破趙長平軍，又進兵圍邯鄲。魏王使將軍晉鄙將十萬眾救趙，實持兩端以觀望。公子患之，數請魏王。魏王畏秦，終不聽公子。侯生乃屏人間語曰:『嬴聞晉鄙之兵符常在王臥內，而如姬最幸，力能竊之。嬴聞如姬父為人所殺，公子使客斬其仇頭，敬進如姬。誠一開口請如姬，如姬必許諾，則得虎符奪晉鄙軍，北救趙而西卻秦，此五霸之伐也。』公子從其計。侯生曰:『臣客屠者朱亥可與俱。此人力士，晉鄙聽，大善；不聽，可使擊之。』公子過謝侯生，侯生曰:『臣宜從，老不能。請數公子行日，以至晉鄙軍之日，北鄉自剄，以送公子。』公子與侯生決，至軍，侯生果北鄉自剄。」　又，《季布傳》:「為氣任俠，有名於楚。」　宮娥，見《圓圓曲》。《漢書・丙吉傳》:「以吉舊恩尤重。」　《史記・漢高祖紀》:「沛公起，攝衣謝食其，延上坐。」上客，見《行路難》。　《史記・張耳陳餘傳》:「兩人相與為刎頸交。」王孫，見《洛陽行》。　椒漿，見《登封烈婦》。

按：此詩以侯生為主。第二句點出夷門。第三句詠朱亥，而以氣傾字收入侯生甲里。第四句詠如姬，而以策動字收入侯生甲里；五、六句就侯生作感慨，而刎頸字已引出死生字，見朋舊雖多，而能如侯生之死不負諾者少也。然侯生能不負諾而已，則負諾於侯生，是以為之滴淚也。侯生為誰？嬴也，又朝宗也，皆夷門也。因負諾而淚滿，此百年之心事也。懷字弔字，是一是二，羅浮風雨，縹緲離合，筆底有化工矣。

送曹秋岳以少司農遷廣東左轄《廣東通志》:「布政司左布政使曹溶，順治十三年任。」

江東才子漢平陽，身歷三臺拜侍郎。五管清秋懸使節，一作「秋清」。**百蠻風靜據胡床。珠官作貢通滄海，象郡休兵奉朔方。早晚酇侯能薦達，鋒車好促舍人裝。**從曹秋岳少司農起，三四廣東左轄，五六左轄功成，結句祝其賜環也。〇《晉書・王坦之傳》:「江東獨步王文度。」才子，見《功臣圖歌》。《漢書・

功臣表》:「平陽懿侯曹參。」《後漢書・蔡邕傳》:「補侍御史,又遷侍書御史,遷尚書,三日之間,周歷三臺。」杜詩:「登臨憶侍郎。」　五管,見《送顧蒨來》。清秋,見《送耿中丞》。《〈周禮・掌節〉注》:「使節,使鄉大夫聘於天子諸侯,行道所執之信也。」張如哉曰:「『清秋』當是『秋清』,對下『風靜』。」　百蠻,見《送杜弢武》。徐鼎臣詩:「今朝池口風波靜。」胡床,見《楚兩生行》。《一統志》:「珠官廢縣在廉州府合浦縣南。」《書》:「任土作貢。」《漢書・食貨志》:「彭吳穿穢貊、朝鮮,置滄海郡。」《一統志》:「廣西慶遠府,秦象郡地。」休兵,見《鼇》。《詩》:「天子命我,城彼朔方。」《漢書・蕭何傳》:「上以何功最盛,先封為酇侯。何病,上親自臨視,因問曰:『君即百歲後,誰可代君?曹參何如?』何頓首曰:『帝得之矣。』」薦達,見《送王唯夏北行》。《晉書・輿服志》:「追鋒之名,蓋上取其迅速也。」《漢書・曹參傳》:「蕭何薨,參聞之,告舍人趣治行,吾且入相。居無何,使者果召參。」師古曰:「舍人,猶家人也。趣讀曰促,謂速也。治行,謂修行治裝也。」

其二

秋風匹馬尉佗城,銅鼓西來正苦兵。萬里虞翻空遠宦,十年楊僕自專征。山連鳥道天應盡,日落蠻江浪未平。此去好看宣室召,漢皇前席問蒼生。此首從苦兵用意,正字、空字、自字、天應盡、浪未平、好看字,俱能運實於虛。結句與前首意同。○秋風匹馬,見《送趙友沂》。《一統志》:「番禺故城,今廣州府南海縣治。」《漢書・地理志》:「南海郡治番禺縣,尉佗都。」《廣東通志》:「趙佗城在南海縣治東,秦任囂所築,佗益廣之。」　銅鼓,見《壽陸孟鳧》。虞翻,見《閬園・序》。遠宦,見《短歌》。　楊僕,見《寄芮公・序》。專征,見《夜宿皐昌》。　鳥道,見《閬州行》。高達夫詩:「嶺外長天盡。」　劉夢得詩:「十見蠻江白芷生。」羊士諤詩:「津柳江楓白浪平。」《三輔黃圖》:「宣室,未央前殿正室也。」《史記・賈生傳》:「孝文帝方受釐,坐宣室,因感鬼神事而問鬼神之本,賈生因具道所以然之狀。至夜半,文帝前席。」按:李義山詩:「宣室求賢訪逐臣,賈生才調更無倫。可憐夜半虛前席,不問蒼生問鬼神。」此反用之。

其三

銅柱天南起暮笳,蒼山不斷火雲遮。羅浮客到花為夢,庾嶺書來雁是家。五月蠻村供白越,千年仙竈訪丹砂。炎州百口堪同住,莫遣閒愁感鬢華。此首囑其隨遇而安,是道義相期處。○銅柱,見《送顧蒨來》。劉文房詩:「暮笳吹塞月。」　儲光羲詩:「雨雪浮蒼山。」火雲,見《遇南廂園叟》。　第三句,

見《送龔孝升》。　庾嶺，見《歟王子彥》。　蘇詩：「爛煮葵羹斟桂醑，風流可惜在蠻村。」《〈後漢書‧馬后紀〉注》：「白越，越布。」　王子安《淨惠寺碑》：「山童采葛，入丹竈而忘歸。」丹砂，見《送周子俶》。　劉文房詩：「炎州百口住。」　李義山詩：「莫遣佳期更後期。」杜彥之詩：「有底閒愁得到心。」梁簡文帝詩：「釵落鬢華空。」

其四

懸瀑丹崖萬仞流，越王臺上月輪秋。江湖家在堪回首，京國人多獨倚樓。海外文章龍變化，日南風俗鳥軥輈。知君此地登臨罷，追憶平生話少游。此首代秋岳設想。五六足稱高唱。〇韓詩：「懸瀑垂天紳。」丹崖，見《歸雲洞》。萬仞，見《臨江恭軍》。按：左太沖詩：「振衣千仞岡，濯足萬里流。」此合用之。《一統志》：「越秀山在番禺縣北，城跨其上，聳拔二十餘丈，上有越王臺故址。山一名越王山。」李詩：「峨眉山月半輪秋。」　京國，見《送趙友沂》。杜詩：「行藏獨倚樓。」《苕溪漁隱叢話》：「東坡自南遷以後詩，全類子美夔州以後詩，正所謂老而嚴者也。子由云：『東坡謫居儋耳，獨喜為詩，精練華妙，不見老人衰憊之氣。』魯直亦云：『東坡嶺外文字，讀之使人耳目聰明，如清風自外來也。』」《楚辭》：「蛟龍隱其文章。」張平子《西京賦》：「若神龍之變化。」　日南，見《闈州行》。《唐本草》：「鷦鴣生江南。鳴云：軥輈格磔。」　子山《思舊銘》：「追憶平生，宛然心目。」《後漢書‧馬援傳》：「援平交址，從容謂官屬曰：『吾從弟少游，嘗哀吾慷慨多大志，曰：士生一世，但取衣食裁足，致求盈餘，但自若耳。當吾在浪泊、西里間，虜未滅之時，下潦上霧，毒氣薰蒸，仰視飛鳶，跕跕墮水中，臥念少游平生時語，何可得也。』」

送楊猶龍學士按察山西 《篋衍集》：「楊思聖，字猶龍，直隸鉅鹿人。」《國朝詩制裁集》：「猶龍，順治丙戌進士。著有《且亭集》。」《山西通志》：「按察使楊思聖，順治年任。」

碧山學士起嚴裝，新把牙旌下太行。玉麈開尊從將吏，銀毫判牒喜文章。三關日落凝笳吹，千騎風流出射堂。憶賜錦袍天上暖，西遊早拂雁門霜。首句學士，次句按察山西，三四從按察點入學士，後半首學士、按察合說。〇杜詩：「碧山學士焚銀魚。」按：《嘉興府志》：「黃葵陽有碧山學士寬碩堂，又名其居曰碧山居，名其集曰《碧山集》。」則碧山蓋學士之美稱。《後漢書‧清河王慶傳》：「常夜分嚴裝。」　張平子《東京賦》：「牙旗繽紛。」薛綜《注》：「牙旗者，將軍之旌竿，上以象牙飾之。」太行，見《又詠古》。　玉麈，見《後東皋歌》注。開尊，見《後東皋歌》。將吏，見《贈家侍御》。　陸務觀詩：「銀毫地綠茶膏潤。」《韻增》：

「官府移文謂之牒。」退之《送浮屠文暢序》:「喜文章。」 三關,見《代州》。笳吹,見《謁張石平》。 千騎,見《雕橋莊歌》。子山《春賦》:「分朋入射堂。」 《筆談》:「宋銀司臺兼門下封駁,乃給事中之職,初冬獨賜翠毛錦袍。」天上,見《題凌煙圖》。 《史記‧范睢傳》:「王稽問:『魏有賢人可與俱西遊者乎?』」雁門,見《雁門尚書行》。

其二

一天涼影散鳴珂,落木平沙雁度河。北地詩名三輔少,西風客思五原多。紫貂被酒雲中火,鐵笛迎秋塞上歌。回首禁城從獵處,千山殘雪滿滹沱。此首多從山西說,不脫學士意。○柳道傳詩:「舉頭涼影動。」徐孝穆詩:「飛蓋響鳴珂。」 按:琴曲有《平沙落雁》。 盧昇之詩:「五營屯北地。」三輔,見《退谷歌》。張如哉曰:「明李夢陽,北地人,與何景明齊名,世稱何李。此借比楊猶龍。猶龍,北人,在畿內,故云三輔少。」 謝玄暉詩:「客思眇難裁。」《漢書‧武帝紀》:「元朔二年,置五原郡。」《地理志》:「五原郡治九原縣。」《一統志》:「忻州九原故城,後漢僑置縣於此。」又:「外藩蒙古九原故城,在吳喇忒旗北,漢朔方之東北,雲中之西,今套北黃河東流處也。五原故城,在故九原城西。」 歐陽永叔詩:「紫貂裘暖朔風驚。」被酒,見《即事》第八首。雲中,見《雁門尚書行》。盧允言詩:「野戍雲藏火。」 鐵笛,見《避亂》。《月令》:「孟秋之月,以迎秋犧西郊。」陳伯玉詩:「長謠塞上風。」 杜詩:「禁城春色曉蒼蒼。」從獵,見《讚佛詩》。 千山,見《贈願雲師》。殘雪,見《過鄭州》。滹沱,見《讀西臺記》。

送王藉茅學士按察浙江《浙江通志》:「提刑按察使王無咎,字藉茅,河南孟津人。順治十三年任。」《河南府志》:「王無咎丙戌會魁,歷侍讀學士、江南右布政使。」

始興門第故人稀,才子傳家典北扉。畫省日移花更發,御溝春過柳成圍。江湖宦跡飄蓬轉,嵩少鄉心旅雁飛。重到冶城開戰地,豈堪還問舊烏衣。起從王字點入學士。三四學士按察也。五句是按察浙江。六句是藉茅故里,仍用王字作結。按:才子傳家,冶城開戰,與其二之江左故吏、王家書畫,藉茅蓋王覺斯鐸之子也。鐸於南渡時已官尚書,故兩首結句多用歎息語耳。○始興,見《觀通天帖》。李嘉祐詩:「轉覺故人稀。」《夢溪筆談》:「學士院北扉者,為其在浴堂之南,便於應召。」 畫省,見《弔衛紫岫》。顧渠清曰:「移字暗用花磚入直意。」 唐試帖有《御溝新柳》詩。柳十圍、已成圍,並見《西田和韻》。 飄蓬,見《江樓別孚令》。《宋史‧張宗晦傳》:「嵩、少、伊、瀍,天下佳處。」按:嵩、少,謂嵩山、少室山

全也。鄉心，見《送何省齋》。何仲言詩：「霜洲渡旅雁。」　杜牧之詩：「重到笙歌分散地。」《一統志》：「冶城在上元縣西。」按：開戟，猶列戟也，見《壽冀芝麓》注。烏衣，見《白燕吟》。

其二

訟堂閒嘯聽流鶯，十載東南憶避兵。江左湖山多故吏，王家書畫豈虛名。從容簿領詩還就，料理煙霞政自成。欲過會稽尋禊事，斷碑春草曲池平。前首從學士起，此首從按浙起。避兵二字，妙有含蓄。○訟堂，見《贈楊仲延》。釋清鞏詩：「閒嘯兩三聲。」按：詩意亦用成瑨坐嘯，見《寄芮公》注。流鶯，見《鴛湖曲》。　避兵，見《東萊行》。　江左，見《送子俶青珝》。《漢書·尹翁歸傳》：「田延年為河東太守，悉召故吏五六十人。」　王家書畫，見《觀通天帖》。《史記·平原君傳》：「以虛名得君，君必勿聽也。」　簿領，見《送沈繹堂》。　料理，見《即事》其七。煙霞，見《讀西臺記》。　《蘭亭序》：「會於會稽山陰之蘭亭，修禊事也。」　斷碑，見《東萊行》。春草，見《老妓行》。《桓子新論》：「雍門周曰：『高臺既以傾，曲池既以平。』」

　　　　魏環極《送同年王藉茅復補涼州分憲》詩：「江東雲物等閒過，又看征車渡渭河。一代風流詞賦老，頻年閱歷苦辛多。防秋漢使瞻鴻雁，入欵番人貢橐駝。不負生成今日事，玉門長嘯記恩波。」

送當湖馬觀揚備兵岢嵐《一統志》：「當湖在嘉興府平湖縣東門外。岢嵐州在太原府西北三百二十里。」《山西通志》：「岢嵐兵備道馬燁曾，浙江平湖人。進士。順治十三年任。」

絕塞驅車出定羌，洗兵空磧散牛羊。黃河盡處無征戰，紫燕飛時敢望鄉。獨客登臨傷廢壘，前人心力困危疆。君恩不遣邊臣苦，高臥荒城對夕陽。多從岢嵐落想。○駱賓王詩：「交河浮絕塞。」驅車，見《下相懷古》。《一統志》：「定羌廢縣在河州東南。宋熙寧七年，改河諾城為定羌城。元升為縣。元末廢。」按：河州今屬甘肅蘭州府，馬或由蘭州遷岢嵐兵備與？俟考。　洗兵，見《送志衍》。王詩：「暮雲空磧時駈馬。」　《一統志》：「黃河在興縣西五十里。自保德州南流入，又南入汾州府臨縣界，西岸為陝西界。」常建詩：「天涯盡處無征戰。」　顧逋翁詩：「紫燕西飛欲寄書。」岑文本詩：「暫緩望鄉情。」　廢壘，見《遇南廂園叟》。　心力，見《礬清湖·序》。按：此句應指山西巡撫蔡戀德。《公羊傳》：「邊垂之臣。」　王詩：「荒城臨古渡。」夕陽，見《西田》詩。

送王孝源備兵山西《山西通志》：「雁平兵修道王天眷，山東濟寧州人。進士。順治十三年仕。」

　　秋盡黃河氣欲收，千山雪色照并州。雕盤落木蒼崖壯，馬蹴層冰斷澗流。父老壺關迎節使，將軍廣武恥封侯。雍容賓佐資譚笑，吹笛城南月夜樓。多從山西落想。結句暗用劉越石清嘯事。○《一統志》：「山西西薄於河，自陝西榆林東北折而南經廢東勝州，又南經大同、太原、汾州、平陽四府，至蒲州府西南。折南，東入河南懷慶府界。」　千山，見《贈願雲師》。并州，見《鐵獅歌》。　陸務觀詩：「百金戰袍雕鶻盤。」按：詩意謂盤族之盤，如沈休文「蛟螭盤其下」之類。蒼崖，見《臨江參軍》。　杜詩：「交河幾蹴層冰裂。」《水經注》：「斷澗為城。」　壺關老，見《送郭宮贊》。節使，見《即事》其十。　廣武，見《贈馮訥生》。張如哉曰：「按：《史記・劉敬傳》：『高祖械繫敬廣武，至平城。匈奴圍帝白登，七日然後得解。帝至廣武，赦敬，曰：不用公言，以困平城。迺封敬為關內侯。敬因勸帝與匈奴和親，妻以長公主。』廣武句翻用此事。恥字，借用淮陰侯羞與絳灌伍。」　雍容，見《送施愚山》。《宋史・太祖紀》：「舉堪為賓佐，令錄者各一人。」譚笑，見《遇南廂園叟》。　吹笛，見《琵琶行》。

送同年江右朱遂初憲副固原《江西通志》：「崇禎四年辛未進士朱徽，進賢人。國朝固原副使。」《一統志》：「固原州，在平涼府西北一百七十里。」

　　銜杯落日指雕鞍，渭北燕南兩地看。士馬河湟征戰罷，弟兄關塞別離難。荒祠黑水龍湫暗，絕阪丹崖鳥道盤。錯認故京還咫尺，幾人遷客近長安。首句是送字，次句略點固原，三句固原，四句同年，五六指既到固原以後，結句即兩地看之意，妙有別趣。○劉伯倫《酒德頌》：「銜杯漱醪。」李詩：「花月醉雕鞍。」　杜詩：「渭北春天樹。」燕南，見《過鄭州》注。　《後漢書・鄭太傳》：「今資之士馬。」河湟，見《贈吳雪舫》。征戰，見《送馬觀揚》。　關塞，見《舊劍》。杜詩：「人世別離難。」　荒祠，見《遊送西灣》。《書》：「黑水西河惟雍州。」《一統志》：「黑水在固原州北，朝那湫在固原州西南。」《史記・封禪書》：「湫淵祠朝那。」《明統志》：「湫有二。一在縣東十五里，一在縣西北三十里，土人謂之東海、西海。」按：固原州，明洪武初降為開成縣。《固原州志》：「西海北岸有廟，舊傳祭龍神潤澤侯處。東海東岸有廟。」《一統志》：「隴山在平涼府華亭縣西、秦州青水縣東，與鳳翔府隴州接界，一名隴阪。」《辛氏三秦記》：「其阪九廻，不知高幾許，欲上者七日乃得越。」丹崖，見《歸雲洞》。鳥道，見《閬州行》。　《後漢書・杜篤傳》：「表裏山河，先帝舊京。」咫尺，見《送何省齋》。　遷客，見《琵琶行》。

其二

　　清秋柳陌響朱輪，帳下班聲到近臣。萬里河源通大夏，七盤山勢控新秦。北庭將在黃驄老，西海僧來白象馴。最喜安邊真節使，君恩深處少風塵。起結皆送字意。中四句就固原說。三四山川，五六人物也。○清秋，見《贈家侍御》。柳陌，見《送李書雲》。朱輪，見《送堵伊令》。　帳下，見《臨江參軍》。《左傳・襄十八年》：「聽班、馬之聲。」　河源，見《雜感》第三首。《史記・大宛傳》：「張騫從月氏至大夏，鹽澤潛行地下，其南則河源出焉。」《通志》：「大六盤山在固原州西南七十里。山路險仄，曲折峻阻，盤旋而上，古謂之絡盤道。」按：六盤，於固原為切。若七盤山在西安府藍田縣南，七盤嶺在四川保寧府廣元縣，與陝西寧羌州接界，即《閬州行》之金牛盤、七阪是也，去固原差遠矣。《漢書・食貨志》：「徙貧民於關中以西，及充朔方以南新秦中，七十餘萬口。」《唐書・地理志》：「靈州新秦縣，開元二年置。」　杜詩：「月過北庭寒，故老思飛將。」黃驄，見《次走馬》詩。《史記・大宛傳》：「于寘之西，則水皆西流注西海，其東水東流注鹽澤。」陳敬宗詩：「青猊白象三千界。」《漢書・趙充國傳》：「選擇良吏，拊循和輯，此全師保勝安邊之冊。」杜詩：「稍喜臨邊王相國。」節使，見《即事》其十。　風塵，見《壽龔芝麓》。

其三

　　白草原頭驛路微，十年蹤跡是耶非。月明函谷朝雞遠，木落蕭關塞馬肥。便道江城鄉思急，故人京洛諫書稀。一官漂泊知何恨，老大匡山未拂衣。此首是遂初意中語。「是耶非」、「知何恨」，起結相應。中四句是往固原時，道中所見，意中所思。○王少伯詩：「白草原頭望京師。」《一統志》：「白草原在臨洮府金縣南二十里。」岑參詩：「西原驛路掛城頭。」　李夫人歌：「是耶？非耶？」《史記・孟嘗君傳》：「夜半至函谷關。關法：雞鳴而出客。」《一統志》：「秦函關在漢弘農縣，即今陝州靈寶縣界。武帝元鼎三年，徙於新安縣界。」王介甫詞：「欹眠似聽朝雞早。」　蕭關，見《玉京墓》。塞馬，見《送友人出塞》。杜詩：「秋高馬肥健。」《漢書・郅都傳》：「便道之官，得以便宜從事。」李詩：「江城五月落梅花。」白詩：「鄉思急於弦。」　張正言詩：「故人京洛滿。」岑參詩：「自覺諫書稀。」　杜詩：「何恨倚山木。」　又：「老大徒傷未拂衣。」《一統志》：「廬山一名匡山。」見《贈蒼雪》。

其四

　　長將詩酒付奚囊，程迓亭曰：「酒應作句。」此去征途被急裝。苜蓿金鞍調白馬，梅花鐵笛奏青羌。涼州水草軍營盛，漢代亭臺獵火荒。往事

功名歸衛霍，書生垂老玉門霜。詩酒、書生，起結相應。中四句就固原說。其三老大，此首垂老，與其一錯認俱有遷謫意。〇柳道傳詩：「正為先生行役苦，故留皺玉薦奚囊。」 征途，見《送黃子羽》。《漢書・趙充國傳》：「將軍急裝，因天時誅不義。」 杜詩：「宛馬總肥秦苜蓿。」王少伯詩：「白馬金鞍從武皇。」 梅花鐵笛，見《過鐵崖墓》。青羌，見《贈家侍御》。 《一統志》：「涼州府在甘肅布政使司西北五百六十里。漢武帝開置武威郡，魏文帝分置涼州。」《十道志》：「焉支山美水草。」軍營，見《寄芮公・序》。 獵火，見《長安雜詠》。 駱賓王詩：「俄聞衛霍有功勳。」按：衛青、霍去病也。 書生，見《壽冀芝麓》。垂老，見《短歌》。玉門，見《行路難》。張如哉曰：「末句用《班超傳》。書生即布衣諸生，垂老即今日七十，玉門即生入玉門關意。」

吳詩補注

卷十三

恭紀聖駕幸南海子大獵

賜錢《宋史・英宗紀》:「治平元年十一月,各賜錢二千。」此借用。

上駐驊南苑閱武行蒐禮召廷臣恭視賜宴行宮賦七言律詩五七言絕句每體一首應制《晉書・樂志》:「皇之輔,若閱武。」

散馬群王仲初詩:「不向蕃渾奪馬群。」曉懸千鏡日缺。

送永城吳令之任

聞鶯元詩:「醉聞花氣睡聞鶯。」兵後見《遠路》補注。

送彥遠南還河渚

客倦陸士衡詩:「予本倦遊客。」人歸薛元卿詩:「人歸落雁後。」共隱見《苑先南還》。

江上

築壘《晉書・石苞傳》:「乃築壘過水以自固。」

送顧蒨來典試東粵

石成文字程迓亭曰:「《觚賸》:『粵東兵將於粵秀山築壘濬濠,得石刻云:挖破

老龍傷粵秀，八風吹箭入佗城。種柳昔年曾有恨，看花今日豈無情。殘花已自知零落，折柳何須問廢興。可憐野鬼黃沙磧，直待劉終班馬鳴。』詩蓋指此事，非止《青箱雜記》」也。

送李書雲蔡聞培典試西川 《江南通志》：「蔡瓊枝，無錫人。順治己丑進士。仕至給事中。」

　　馬卿 張如哉曰：「截用馬卿字，始於薛元卿《老氏碑》『尚寢馬卿之書，未允梁松之奏。』」○沈休文《七賢論》：「屬馬氏執國誅鉏勝己」，是以馬代司馬也。杜詩：「多病馬卿無日起。」**兵火才人羈旅合** 按：《元史‧百官志》：「至正十九年，中書左丞成遵建言：宋自景祐以來百五十年，雖無兵禍，常設寓試名額，以待四方遊士。今淮南、河南、山東、四川、遼陽等處及江南各省所屬州縣避兵士民會集京師，如依前代故事，別設流寓鄉試之科，令避兵士民就試，許在京官員及請俸掾譯史人等繫其鄉里親戚者結罪保舉。」則保寧之試非刱也。

送山東耿中丞青藜

　　出日 按：兼用《書》「寅賓出日」。

恭遇聖節次安丘劉相國韻 《宋史‧禮志》：「嘉禮聖節。」《山左詩鈔》：「正宗，字可宗，又字憲石。章皇帝賜字中軒。」

　　春將射柳 顏子山《三月三日華林園馬射賦序》：「乃命群臣陳大射之禮，雖行祓禊之飲，即同春蒐之儀。」張如哉曰：「射柳用《戰國策》『楚有養由基者，善射。去柳葉者百步而射之，百發百中』。前注引《金史》，非是。」

朝日壇

　　朝奉 《宋史‧職官志》：「諸朝請朝散、朝奉大夫，從六品。」

李退菴侍御奉使湖南歸省還吳詩以送之 朱慶餘詩：「歸省及花時。」

　　接水天 李義山詩：「百尺樓臺水接天。」

懷王奉常煙客

　　愁來 梅聖俞詩：「楚酷因我破愁來。」**蕪沒** 見《過蘄王墓》。

送友人從軍閩中

客中見《贈穆大苑先補》注。**百道飛泉**沈雲卿詩:「竹裏泉聲百道飛。」○**平生不識李輕車**蘇詩:「平生不識高將軍。」**被詔**詳《讀史偶述》其二十七。**何事苦思家**張子野詞:「恨人何事苦離家。」

程《箋》:「順治十一年,鄭成功掠取漳泉,又寇台州、寧波。時總督李率泰畏葸無功,以定遠大將軍庶子玉代之,故曰『不識李輕車』而『被詔揮鞭』也。姚啟聖開第於漳州,曰修來館,以官爵銀幣餌來歸者。漳、泉間人率稱啟聖能懷遠,故曰『招虞寄』。成功始遁兩島,繼以臺灣為巢穴,故曰『逐呂嘉』也。」

壽座師李太虛先生

猶有壯心消未得張如哉曰:「范傳正《李太白墓誌》:『放浪於宇宙間,意欲耗壯心而遣餘年。』《萩苑巵言》楊用修語本此。」○李遠,字求古。**一竿**見《送純祜藩幕》。**長江**《晉書·孫綽傳》:「實賴萬里長江,畫而守之。」

寄房師周芮公先生

近信溫飛卿詩:「自恨青樓無近信。」**軍營**見《次走馬詩》。**盡日**《漢書·桓榮傳》:「盡日乃罷。」**月暗**元有《月暗》詩。**風高**見《泊漢口》補注。**盤桓**張如哉曰:「李令伯《陳情表》:『豈敢盤桓,有所希冀。』注宜引此,方與趑趄句合。」**見收**《後漢書·華佗傳》:「適值見收。」前注非是。**晚風**李詩:「輕舟颺晚風。」**狂阮籍**王子安《滕王閣序》:「阮籍猖狂。」**老揚雄**楊德祖《與臨淄侯牋》:「修家子雲,老不曉事。」

即事

玉樹《晉書·謝玄傳》:「如芝蘭玉樹,欲使生於庭階耳。」**新選部郎為巡方**程《箋》:「韓詩(字聖秋)《救奄奏疏敘》云:『乙未秋九月,上御內苑,親擇亞卿而下、臺諫以上賢而才者,出為方岳憲長,凡四十許人,而給諫救奄與焉。』」**車聲**孟東野詩:「麟轔車聲輾冰玉。」○**乞江湖**杜詩:「樸直乞江湖。」**流官**李獻吉詩:「蠻方故啟流官路。」**北還**《魏書·道武紀》:「車駕將北還。」此借用。**橫齧**按:「齧」應作「齧」。《唐書·張柬之傳》:「會漢水漲齧城郭。」**民力**見《蘆洲行》。**瓠子未成淇竹盡**《史記·河渠書》:「自瓠子決後二十餘歲,因以數不登,天子乃使發卒數萬人塞瓠子決。是時薪柴少,而下淇園之竹以為楗。天子既臨河決,悼功之不成。」**其八**○程《箋》:「此章言海氛未靖,乃指鄭成功,耿逆未有萌芽也。貝勒之誘鄭芝龍降也,

曰：『今我鑄閩浙總督印，無所授，以待將軍。』故曰『北去緣求印』。順治九年十一月，遣人入海招撫鄭成功，成功不受命，故曰『鐵券南來再控弦』也。」**求印**《漢書·匈奴傳》：「必求故印。」○許棠，字文化。○**征西**杜詩：「漢將獨征西。」**分閫**杜詩：「帝念深分閫。」**異姓真王**陸務觀詩：「異姓真王功第一。」

長安雜詠

玄都程《箋》：「李蓘《嘉靖宮詞》：『小車飛曳向玄都。』自 [註 1] 注：玄都，殿名也。《蕪史》：『殿之東北曰象一宮，范金為像，尺許，乃世廟玄修玉容也。』」**重過**杜有《重過何將軍山林》詩。**秋簪**《埤雅》：「蓋龍從簪，故精於目也。」**龍苑**程迓亭曰：「《指月錄》：『十三祖迦毘摩羅尊者至西印度城北大山，有石窟，一老人素服而出，曰：山中有大樹，蔭覆五百大龍，其樹王名龍樹，常為龍眾說法。祖詣彼，龍樹出迎，默念曰：此師得決定性明道眼否？祖曰：汝雖心語，我已意知。龍樹悔謝，祖即與度脫，是謂十四祖。』此詩三四句，言寺已荒廢耳。」○按：《洛陽伽藍記》：「崇虛寺在城西，即漢深龍園。」

送友人出塞

忠愛見《贈文園公》。**玉關信斷**劉允濟詩：「玉關芳信斷，蘭閨錦字新。」

送同官出牧

換官《宋史·職官志》：「換官尚右。」

懷古兼弔侯朝宗

河洛風煙萬里昏杜詩：「坐見幽州騎，長驅河洛昏。」謝玄暉詩：「黃沙萬里昏。」

送曹秋岳以少司農遷廣東左轄

早晚李頎詩：「早晚薦雄文似者。」○**苦兵**見《呈李太虛》其六。

送楊猶龍學士按察山西

塞上歌見《贈馮訥生》。

送王藉茅學士按察浙江 施愚山《過王藉茅內翰觀覺斯宗伯墨蹟》詩有云「羲獻書無敵，談遷史並存」，則藉茅，覺斯子也。

門第詳《滿江紅・壽孫本芝》。宦蹟見《送何蓉菴》。《廣韻》：「蹟同跡。」政成《〈詩・豳風〉疏》：「其政教之成，則為豳雅。」

送王孝源脩兵山西

雪色徐孝穆詩：「雪色故年殘。」

送朱遂初憲副固原

奚囊見《香海問詩》注。

吳詩集覽　卷十四上

黎城靳榮藩介人輯

七言律詩四之上

七夕感事或云為孔女四貞作。

　　天上人間總玉京，今年牛女倍分明。畫圖紅粉深宮恨，砧杵金閨瘴
海情。南國綠珠辭故主，北邙黃鳥送傾城。憑君試問雕陵鵲，一種銀河
風浪生。此首言離別之感，貴賤咸同也。未詳所指。○白詩：「天上人間會相見。」
《枕中書》：「元都玉京七寶山，周回九萬里，在大羅天之上。」　隋煬帝詩：「牛女
尚分明。」　杜詩：「畫圖省識春風面。」紅粉，見《送李雲田》。深宮，見《讚佛
詩》。　《古子夜秋歌》：「萬結砧杵勞。」金閨，見《元夕》。韓詩：「今日相逢瘴海
頭。」　曹詩：「南國有佳人。」綠珠，見《老妓行》。杜詩：「敢為故林主。」　北邙，
見《送子叔青琱》。《左傳·文六年》：「奉以子車氏之三子為殉，皆國之良也。國人哀
之，為之賦《黃鳥》。」傾城，見《永和宮詞》。　曹夢微詩：「馮君莫話封侯事。」《莊
子》：「莊周遊乎雕陵之樊，覩一異鵲自南方來者，翼廣七尺，目大運寸，感周乙之顙
而集於栗林。」庚子慎詩：「倩語雕陵鵲，填河未可飛。」　銀河，見《青門曲》。杜
詩：「牛女年年渡，何曾風浪生。」

和楊鐵崖天寶遺事詩按：顧仲瑛有《天寶宮詞十二首寓感》。《草堂雅集》本作
《唐宮詞》，次鐵崖先生《無題韻十首》。

　　漢主秋宵宴上林，延年供奉漏沉沉。給來妙服裁文錦，賞就新聲賜
餅金。鶬鶊風微清笛迴，蒲萄月落畫弦深。明朝曼倩思言事，日午君王

駕未臨。此兩首可補《唐宮詞》，義取諷諫。○王詩：「漢主離宮接露臺。」韋端己詩：「金屋兮秋宵。」上林，見《讚佛詩》。　延年，見《哭志衍》。供奉，見《王郎曲》。令狐谷士詩：「仙漏更沉沉。」　宋玉《神女賦》：「極服妙采照萬方。」《漢書・貨殖傳》：「富者土木被文錦。」　新聲，見《楚兩生行・序》。韓致光詩：「不知侍女簾幕外，賺取君王幾餅金。」　鵁鶄，見《殿上行》。杜詩：「宮殿風微燕雀高。」傅綷《笛賦》：「聽清笛之寥亮。」　崔顥詩：「棠梨宮中燕初至，蒲萄館裏花正開。」李長吉詩：「畫弦素管聲淺繁。」　曼倩，見《讚佛詩》注。《後漢書・明帝紀》：「其言事者，靡有所諱。」　司空表聖詩：「春晴日午前。」按：《長恨歌》：「春宵苦短日高起，從此君王不早朝。」末句用其意。

其二

　　複道笙歌幾處通，博山香嫋綺疏中。檀槽豈出龜茲伎，龜茲音邱慈。玉笛非關于闐工。浩唱扇低槐市月，緩聲衫動石頭風。霓裳本是人間曲，天上吹來便不同。與前首同意結句蘊藉之甚。○《史記・秦始皇紀》：「複道甬道相連。」笙歌，見《青門曲》。　博山，見《行路難》。《揮麈後錄》：「臺上爐香嫋翠煙。」《後漢書・梁冀傳》：「窗牖皆綺結疏青瑣。」　檀槽龜茲，見《琵琶行》。《集異記》：「明皇與葉法善遊月官〔註1〕回，過路州城上，以玉笛奏曲，旬餘，潞州奏八月望夜有天樂臨城。」《漢書・西域傳》：「河有兩源，一出蔥嶺，一出于闐。」《梁書・于闐國傳》：「有水出玉，名曰玉河。」　浩唱，見《礬清湖》。李義山詩：「賺得羊車來，低扇遮黃子。」槐市，見《行路難》。《古樂府》有《前緩聲歌》。　霓裳，見《永和宮詞》。　杜詩：「此曲祇應天上有。」杜子野詩：「纔有梅花便不同。」

　　　《西清詩話》云：「歐陽公《歸田錄》論王建《霓裳詞》：『弟子部中留一色，聽風聽水作霓裳。』以不曉聽風聽水為恨。余嘗觀唐人《西域記》，云：『龜茲國王與臣庶和樂者，於大山間聽風水之聲，均節成音，後翻入中國，如伊州、涼州、甘州，皆龜茲至也。』」此說近之，但不及霓裳耳。鄭嵎《津陽門》詩注：「葉法善引明皇入月宮，聞樂歸，笛寫其半，會西涼府楊敬遠進婆羅門曲，聲調脗合，按之便韻，乃合二者製《霓裳羽衣曲》。則知霓裳亦來自西。」或云：《蔡寬夫詩話》云：「唐有兩霓裳曲，開成初，尉遲璋嘗仿古作《霓裳羽衣曲》以獻，詔以曲名賜貢院為題。此自一曲也。」　按：黃東崖《和答梅村》有云：「法曲淒涼涕淚橫。」此二首似有所感而故次於此。

〔註1〕「官」，《集異記》作「宮」。

送少司空傅夢禎還嵩山按：《河南府志》：「傅景星，登封人。崇禎丁丑進士。歷任都察院左副都御史。」或曾任工部侍郎，而志佚之，又不載其字與？俟考。嵩山，見《送沈繹堂》。

　　高臥千峰鎖暮霞，洛城春盡自飛花。銅仙露冷宮門草，玉女臺荒洞口沙。被褐盧鴻仍拜詔，賜金疏受早還家。西巡擬上登封頌，抱犢山莊候翠華。杜子美遊龍門奉先寺，而起句云「已從招提遊」，便省卻半篇文字。此送傅司空還山，而直從「高臥千峰」起，亦省卻許多情話矣。從半首是以司空還山者。洛城、登封，點染嵩山。○高臥，見《退谷歌》。千峰，見《西田》詩。江詩：「崦嵫生暮霞。」　李詩：「散入春風滿洛城。」孟詩：「林臥愁春盡。」飛花，見《銀泉山》。　李長吉《金銅仙人辭漢歌·序》：「魏明帝青龍元年八月，詔官官牽車西取孝武捧露盤仙人，欲立置前殿。宮官既拆盤，仙人臨載，乃潸然泣下。」按：歌內有「空將漢月出宮門」之句。杜詩：「露浥蓮房墜粉紅。」按：《河南府志》：「太室山有天門、石樓、玉女牖，其山二十四峰，有玉人峰、玉女峰」，而不載玉女臺。《一統志》：「集仙臺在登封縣東北。」亦不載玉女臺也。《嵩高山記》：「山北有玉女三臺，漢武於此見三仙女，故名。」張漢《河南府續志》：「登封玉女臺，見《水經注》，則非牖與峰及集仙臺矣。漢武事近傅會，故《一統志》不書耳。」《寰宇記》：「緱氏有八風溪，溪水南流，岸有沙，細潤可以澡濯。隋代常進後宮，雜以香藥，曰玉女沙。」按：緱氏山在河南偃師縣南，與詩意不合。詩當指玉女臺外之沙耳。　《家語》：「子路曰：『有人於此，被褐而懷玉，何如？』」《唐書·盧鴻傳》：「字顥然。盧嵩山。開元初，徵拜諫議大夫，固辭還山，賜隱居服。」　《漢書·疏廣傳》：「兄子受，字公子，父子並為師傅。俱移病，上以其年篤老，皆許之，加賜黃金二十斤。」　按：崔亭伯有西巡頌。《史記·武帝紀》：「遂東幸緱氏，禮中嶽太室，從官在同下，聞若有言萬歲云。於是以三百戶封太室奉祠，命曰崇高邑。」《一統志》：「崇高故城，今登封縣治。」崇，古崇字。　王詩：「上山頭兮。」抱犢出莊，見《雕橋莊歌》。《上林賦》：「建翠華之旗。」

夜宿蒙陰《一統志》：「蒙陰縣在沂州府西北二百里。」　自此首以下皆梅村南歸時作。

　　客行杖策魯城邊，訪俗春風百里天。蒙嶺出泉茶辨性，龜田加火穀占年。野蠶養就都成繭，村酒沽來不費錢。我亦山東狂李白，倦遊好覓主家眠。三四工巧絕倫。客行、倦遊，起結相應。○杖策，字出《後漢書·鄧禹傳》。左太沖詩：「策杖招隱士。」《左傳·哀十七年》：「公會齊侯於蒙。」《注》：「蒙在東莞

蒙陰縣西，故蒙陰城也。」《一統志》：「蒙陰故城，春秋魯蒙邑。」　袁伯長詩：「訪俗感素心。」《一統志》：「蒙出在蒙陰縣南。」《易》：「山下出泉，蒙。」《水經注》：「蒙水出蒙山之陰。」《一統志》：「蒙頂茶出費縣蒙山巔，其花如茶壯，土人取而制之，其味清香異他茶。」《春秋・定十年》：「齊人來歸鄆、讙、龜陰田。」《一統志》：「蒙山高峰數處，俗以在西者為龜蒙，中央者為雲蒙，在東者為東蒙，其實一山，未嘗中斷。龜山自在新泰縣境，其北有沃壤，所謂龜陰之田也。」《晉書・食貨志》：「往者東南草創人稀，故得火田之利。」柳子厚詩：「雞骨占年拜水神。」《後漢書・光武帝紀》：「野蠶成繭，被於山阜。」《一統志》：「蒙陰縣出繭紬。」　村酒，見《送李友梅》。　杜詩：「汝與山東李白好。」　《史記・司馬相如傳》：「長卿故倦遊。」杜詩：「李白斗酒詩百篇，長安市上酒家眠。」

　　或曰：《舊唐書》：「白，山東人。父為任城尉，因家焉。」錢希逸《南部新書》亦同。元徵之作《杜工部墓誌》亦云：「山東人李白。」蓋白隱於徂徠，時人皆以山東稱之，故杜詩亦曰山東李白。曾鞏以舊史書為誤，非也。按：梅村《送施愚山》詩云「李白遊山東」，可以息諸家聚訟。楊升庵據李陽冰、魏顥序，欲以為東山李白，亦好奇之過與？

郯城曉發《一統志》：「郯城縣在沂州府北一百二十里。」

匹馬孤城望眼愁，雞聲喔喔曉煙收。魯山將斷雲不斷，沂水欲流沙未流。野戍淒涼經喪亂，殘民零落困誅求。他鄉已過故鄉遠，屈指歸期二月頭。三四工絕，結句入妙。○蘇詩：「望眼盡從飛鳥遠。」　喔喔，見《九峰草堂歌》。盧允言詩：「曉煙浮雪野。」《一統志》：「魯山在蒙陰縣北一百六十里。」　又：「沂水源出蒙陰縣北，南流經沂水縣西。」　庾詩：「野戍孤煙起。」　殘民，見《高郵道中》。誅求，見《遇南廂園叟》。　屈指，見《松鼠》補注。李詩：「何日是歸期。」

　　前首云「訪俗春風百里天」，此首云「屈指歸期二月頭」，可以考見梅村南歸之月日。張如哉曰：「《遇南廂園叟》云『四月到金陵』，此云『歸期二月頭』，蓋梅村赴召在癸巳四月，南歸在丁酉二月，《礬清湖詩序》所云『比三載得歸』也。」

聞台州警《一統志》：「台州府在浙江布政使司東南五百七十七里。」《明史・魯王檀傳》：「肅王壽鏞薨，子以派嗣。崇禎十二年，大清兵克兗州，被執，死。弟以海轉徙台州，張國維等迎居於紹興。」又，《張國維傳》：「南都覆踰月，潞王監國於杭州，不數日出降。閏六月，國維朝魯王於台州，請王監國，即日移駐紹興。順治三年五月，諸軍乏餉，潰，王走台州航海。」按：此詩次於宿蒙陰、發郯城之後，距以海航海之

日遠矣。《一統志》：「順治十四年，海寇陷城，黃巖知縣劉登科不屈，賊縛投三江水中。」詩蓋作於此時與？

　　高灘響急峭帆收，橘柚人煙對鬱洲。天際燕飛黃石嶺，雲中犬吠赤城樓。投戈將士逍遙臥，橫笛漁翁縹緲愁。聞說天台跲萬丈，可容長嘯碧峰頭。將臺洲警三字合寫，故能入妙。○楊誠齋詩：「前頭不怕過高灘。」峭帆，見《贈穆苑先》。　李詩：「人煙寒橘柚。」鬱州，見《老妓行》。　按：天際燕飛，暗用張燕事，見《哭志衍》注。《一統志》：「玉峴山在台州府臨海縣東一百七里，舊名黃石。」《北齊書・樊遜傳》：「淮南成道，犬吠雲中。」赤城，見《壽王鑑明》。《洞天福地記》：「第六赤城洞，周回三百里，名上玉清平之天，在台州唐興縣。」　投戈，見《送友人往真定》。《後漢書・光武紀》：「於是大饗將士。」逍遙，見《避亂》。　杜詩：「橫笛短簫悲遠天。」漁翁，見《題代笠》。縹緲，見《讚佛詩》。　陶通明《真誥》：「天台山高一萬八千丈。」《後漢書・向栩傳》：「不好言語，而好長嘯。」陸敬輿詩：「全勝老碧峰。」

其二

　　野哭山深叫杜鵑，閬風臺畔羽書傳。軍捫絕磴松根火，士接飛流馬上泉。雁積稻粱池萬頃，猿知擊刺劍千年。桃花好種今誰種，從此人間少洞天。與前首同一筆法，而新警過之。○野哭，見《揚州》。李文山詩：「落日深山哭杜鵑。」《一統志》：「閬風臺在台州府寧海縣北五十里。」羽書，見《與友人譚遺事》。　絕磴，見《寄周芮公》。常建詩：「傍依枯松根。」《遊天台山賦》：「瀑布飛流以界道。」《一統志》：「瀑布山，在天台縣西四十里。」　杜詩：「君看隨陽雁，各有稻粱謀。」按：雁宕山在溫州府東清縣東九十里樂清縣，與仙居、黃巖縣界。《吳越春秋》：「袁公問於處女：『吾聞子善劍，願一見之。』女曰：『妾不敢有所隱，惟女試之。』袁公則飛上樹，變為白猿。」《史記・日者傳》：「齊張仲、曲成侯，以善擊刺學用劍，立名天下。」　《唐人本事詩》：「胡麻好種無人種。」張如哉曰：「桃花，用劉、阮事。」　《茅君內傳》：「大天之內，有地之洞天三十六所，乃真仙所居。」《廣輿記》：「天台山，舊稱金庭洞天。」

其三

　　天門中斷接危梁，玉館金庭跡渺茫。石鼓響來開峭壁，干將飛去出滄浪。仙家疊是何年築，刺史丹無不死方。亂後有人還採藥，越王餘算禹餘糧。與前兩首同妙。○《一統志》：「天門山在寧海縣北六十里。」李詩：「天

門中斷楚江開。」朱子《詩傳》:「石絕水曰梁。」 唐中宗詩:「金門披玉館。」金庭,見前首。宋邕《天台》詩:「霞重嵐深路渺茫。」 《一統志》:「石鼓山,在臨海縣東一百五里,山上有石似鼓,兵興則鳴。」陳後主詩:「峭壁聳春林。」 高季迪《劍池》詩:「干將欲飛去,巖石裂蒼礦。」滄浪,見《礬清湖》。按:《吳越春秋》:「湛盧之劍,惡闔閭之無道也,乃去而水行如楚。楚昭王臥而寤,得湛盧之劍於床。」《拾遺記》:「湛盧之劍,飛入於楚。」《一統志》:「台州,春秋為越地,後屬楚。」而海在台州府東,故合而翻用之耳。 《臨海記》:「黃巖山上有石驛,三面壁立,俗傳仙人王方平居此,號王公客堂。」陸士衡《辨亡論》:「築壘遵渚。」 《新唐書‧皇甫鎛傳》:「薦方士柳泌為長年藥。泌本楊仁晝也,習方伎,自云能致藥為不死者。因言天台山,靈仙所舍,多異草,願官天台,求採之。起待步,拜天台刺史。驅吏民採藥山谷間,鞭笞苛急。歲餘無所獲,懼,詐窮遁去。」李詩:「幸遇王子喬,口傳不死方。」 採藥,見《送何省齋》。 《異苑》:「越王餘算生南海水中,如竹算子,長尺許,白者如骨,黑者如角。古云越王曾於舟中作籌,有餘者棄之水而生。」《博〔註2〕物志》:「海上有草焉,名簁。其實食之,如大麥,七月稔熟,名曰自然穀。或曰禹餘糧。」《述異記》:「今藥中有禹餘糧者,世傳昔禹治水,棄其所餘糧於江中,生為藥也。」

其四

三江木落海天西,華頂風高聽鼓鼙。瀑布洗兵青嶂險,石橋通馬白雲齊。途窮鄭老身何竄,春去劉郎路總迷。最是孤城蕭瑟甚,斷虹殘雨子規啼。亦用合寫法。蓋「瀑布」下忽有「洗兵」字,「石橋」下忽有「通馬」字,皆不經人道過者。後半亦工。○《一統志》引《台州府志》:「天台關嶺、仙居永安二溪至縣西合流,名曰三江,環郡城之西南而東流入海。」按:此則三江在海之西也。柳子厚詩:「海天愁思正茫茫。」 《一統志》:「華頂峰在天台縣東北六十里,天台第八重最高處。」鼓鼙,見《遇劉雪舫》。 《一統志》:「石橋山在天台縣北五十里,兩山並峙,連亙百里。上有石樑懸架兩崖間。雙澗合流於橋下,橋勢峭峻,泄為瀑布,下臨萬仞。孫興公賦:『跨穹窿之懸磴,臨萬丈之絕冥。』謂此。」洗兵,見《送志衍》。沈休文詩:「峻嶒起青嶂。」 按:通馬,如《桃花源記》「初極狹,纔通人」之通。劉文房詩:「孤城上與白雲齊。」 途窮,見《贈李雲田》。《唐書‧鄭虔傳》:「滎陽人安祿山反,劫授水部郎中,因稱風緩,求攝市令,潛以密章達靈武。賊平,貶台州司

〔註2〕「博」,乙本誤作「搏」。

戶參軍事。」杜詩:「鄭老身仍竄,台州信始傳。」　《幽明錄》:「漢永平五年,剡縣劉晨、阮肇共入天台,迷不得返,得山上數桃,啖之,遂不饑。下山,一大溪邊二女姿質妙絕,因要還家,留半年。既出,親舊零落,訊問得七世孫。」許仲晦詩:「若指求仙路,劉郎與阮郎。」《一統志》:「劉阮洞在天台縣西北二十里。」　蕭瑟,見《臨江參軍》。　斷虹殘雨,見《西田和韻》。沈雲卿詩:「清夜子規啼。」

贈遼左故人程迓亭《鑿帨卮談》:「遼左故人之為陳之遴。」舊說為海寧陳彥升相公作。時相公盡室遣戍,故作激楚聲贈之。按:彥升事見《詠山茶花寄懷陳直方》及《即事》第四首。《晉書・庾翼傳》:「江南將不異遼左矣。」

　　詔書切責罷三公,千里驅車向大東。曾募流移耕塞下,豈遷豪傑實關中。桑麻亭障行人斷,松杏山河戰骨空。此去累臣聞鬼哭,可無杯酒酹西風。首二句點題。三四襯托遼左。五六赴遼左途中所見。「累臣」與「罷三公」相應,卻跟五六說下。○《漢書・王嘉傳》:「因以切責公卿。」《後漢書・李固傳》:「切責三公。」　驅車,見《下相懷古》。《詩》:「遂荒大東。」　《漢書・晁錯傳》:「上從其言,募民徙塞下。」流移,見《松山哀》。　《史記・劉敬傳》:「臣願陛下徙齊諸田,楚昭、屈、景,燕、趙、韓、魏後,及豪傑名家居〔註3〕關中。」　陳嵩伯詩:「磧地桑麻種不生。」《史記・秦始皇紀》:「中築亭障。」　松山,見《松山哀》。《一統志》:「杏山,在錦州府錦縣西南四十里。大凌河、小凌河,在錦縣東。」戰骨,見《蟋蟀盆歌》。　《左傳・僖三十三年》:「知罃曰:『以君之靈,纍臣得歸骨於晉。』」鬼哭,見《閬州行》。　曹孟德《祭橋太尉文》:「徂逝之後,路有經由,不以斗酒只雞過相沃酹。」

其二

　　短轅一哭暮雲低,雪窖冰天路慘悽。青史幾年朝玉馬,白頭何日放金雞。燕支塞遠春難到,木葉山高鳥亂啼。百口總行君莫歎,免教少婦憶遼西。聲情並到,氣格俱佳。彥升全家徙遼左,故末二語及之。○按:短轅犢車,出《晉書・王導傳》。杜詩:「親明盡一哭。」庾詩云:「雲低馬上人。」《宋史・朱弁傳》:「歎馬角之未生,魂銷雪窖;攀龍髯而莫逮,淚灑冰天。」劉公幹詩:「冰霜正慘悽。」　青史,見《遣悶》。陳伯玉詩:「昔日殷王子,玉馬已朝周。」　金雞,見《讚佛詩》。　燕支,見《詠山茶花》。岑參《發臨洮》詩:「春風不曾到。」　木葉山,

〔註3〕「居」,乙本誤作「屈」。

見《吾谷行》。杜彥之詩:「三春鳥亂啼。」 百口,見《避亂》。 少婦,見《送友人出塞》。金昌緒詩:「啼時驚妾夢,不得到遼西。」

其三

潦倒南冠顧影慚,殘生得失懺瞿曇。君恩未許誇前席,世路誰能脫左驂。雁去雁來空塞北,花開花落自江南。可憐庾信多才思,關隴鄉心已不堪。此首專指彥升說,有一氣渾成之妙。○潦倒,見《送何省齋》。南冠,見《琵琶行》。謝玄暉詩:「顧影慚騂服。」 杜詩:「多少殘生事。」《遼史‧禮志》:「悉達太子者,西域淨梵王子,姓瞿曇氏,名釋迦牟尼。以其覺姓,稱之曰佛。」《釋迦方志》:「淨飯遠祖,捨國修行,受瞿曇姓,故佛號瞿曇。」 前席,見《送曹秋岳》。 世路,見《呈李太虛》。《史記‧管晏傳》:「越石父賢,在縲紲中。晏子出,遭之途,解左驂贖之。」 杜牧之詩:「薊北雁初去。」《禮》:「仲秋之月,鴻雁來。」 曹孟德《樂府》:「鴻雁出塞北。」 獨孤至之詩:「不堪花落花開處,況是江南江北人。」《周書‧庾信傳》:「信雖位望通顯,常有鄉關之思,乃作《哀江南賦》以致意云。」李義山詩:「可憐庾信尋荒菊。」《南史‧褚裕之傳》:「好學有才思。」 關隴,見《送杜弢武》。鄉心,見《送何省齋》。

其四

浮生蹤跡總茫然,兩拜中書再徙邊。盡有溫湯堪療疾,恰逢靈藥可延年。垂來文鼠裝綿暖,射得寒魚入饌鮮。只少江南好春色,孤山梅樹罨溪船。此首亦指彥升說,若為慰藉者,而其悲更深。○浮生,見《二十五日》詩。蹤跡,見《遇劉雪舫》。《唐書‧百官志》:「中書省,中書令二人,掌佐天子執大政,而總判省事。」《後漢書‧安帝紀》:「坐徙邊者,各歸本郡。」按:梅村《女權厝誌》:「司農再相,謫居潘[註4]陽,再徙遼左。」《魏書‧陸麗傳》:「和平六年,麗療疾於代郡溫泉。」按:《一統志》:昌平州有溫泉二,湯泉一;遵化州有湯泉一。 李義山詩:「姮娥應悔偷靈藥。」《一統志》:「盛京土產人參,吉林、烏喇皆有之。」《本草》:「人蓡,一名神草,久服身輕延年。」 王邱《授裴敦復中書舍人制》:「或學辨文鼠,或詞握靈蛇。」裝綿,見《曉發》。 李詩:「連弩射海魚。」入饌,見《鱉》。 詞名有《江南好》。《一統志》:「孤山,在杭州府錢塘縣西二里。舊多梅。」罨溪,見《贈陳定生》。

〔註 4〕「潘」,乙本誤作「藩」。

其五

路出西河望八城，保宮老母淚縱橫。重圍屢困孤身在，垂死翻悲絕塞行。盡室可憐逢將吏，生兒真悔作公卿。蕭蕭夜半玄菟月，鶴唳歸來夢不成。舊說此章專為其太夫人作。「生兒真悔作公卿」，與潘黃門母同感。○《一統志》：「遼河在奉天府西一百里。」按：《一統志》：「奉天府關隘有撫順城，在承德縣東。東京城在遼陽州東北。牛莊城在海城縣西。熊岳城在蓋平縣西南。岫巖城在蓋平縣東。打牲烏喇城在吉林烏喇北。阿爾楚哈城在白都訥東北。二姓城在阿爾楚哈城東二百餘里。」八城，蓋指此。　《漢書・蘇武傳》：「加以老母系保宮。」師古曰：「《百官公卿表》云：『少府屬官有居室。』太元初年，更名保宮。」淚縱橫，見《送沈友聖》。重圍，見《壽龔芝麓》。　垂死，見《松鼠》。絕塞，見《送馬觀揚》。　盡室，見《送何省齋》。將吏，見《贈家侍御》。　蘇詩：「但願我兒愚且蠢，無災無害到公卿。」按：此反用之。　玄菟，見《松山哀》。　鶴唳，見《茸城行》注。按：歸來，用丁令威事。溫飛卿詩：「冰簟銀床夢不成。」

按：彥升夫人徐，亦能詩，有《送方太夫人西還》詩，蓋從彥陞於塞外作也。

其六

齊女門前萬里臺，傷心砧杵北風哀。一官誤汝高門累，半子憐渠快婿才。失母況經關塞別，從夫只好夢魂來。摩挲老眼千行淚，望斷寒雲凍不開。此首專為直方夫婦而作。梅村《女誌》：「中丞初以婚請，予難之曰：『物禁太盛，陳氏世顯貴，庸我耦乎？』」故曰「一官誤汝高門累」。十有一歲，而母郁淑人卒。故曰「失母況經關塞別」。子婦不在遣中，相國命將幼穉歸，故曰「從夫只好夢魂來」。相國子孝廉容永，字直方，所謂「半子憐渠快婿才」也。用意懇到。○齊女門，見《詠山茶花》。《蘇州府志》：「望齊門，東北門也。」　砧杵，見《七夕感事》。　一官，見《哭志衍》。《三國志・賈詡傳》：「男女嫁娶，不結高門。」《唐書・回鶻傳》：「今婿，半子也。」杜詩：「世亂憐渠小。」《北史・劉延明傳》：「吾有一女，欲覓一快女婿。」　失母，見《課女》。關塞，見《舊劍》。《儀禮》：「婦人有三從之義，既嫁從夫。」孟詩：「相思那得夢魂來。」　摩挲，見《行路難》其六。老眼，見《宮扇》。庾詩：「獨下千行淚，開君萬里書。」　李義山詩：「高秋望斷正長吟。」寒雲，見《遇劉雪舫》。

春日小園即席次白林九明府韻小園，見《閬園‧序》。《鎮洋縣志》：「白登明，字林九，奉天人。由柘城知縣升太倉知州。」

小築疏籬占綠灣，釣竿斜出草堂間。柳因見日頻舒眼，花為迎風早破顏。地是廉泉連讓，水人如退谷遇香山。新詩片石留題在，采蕨烹葵數往還。似晚唐南宋人語。○小築疏籬，見《園居》。宋本詩：「百尺吳船漾綠灣。」　釣竿，見《攀清湖》。　元詩：「柳眼渾開盡。」　張景陽《七命》：「喬樹迎風。」李詩：「林吐破顏花。」　廉讓，見《贈陳青雷》。　退谷，見《寄當事諸老》其二。《舊唐書‧白居易傳》：「與香山僧如滿結香火社，自稱香山居士。」《朝野僉載》：「溫子昇作韓陵山寺碑，庾信曰：『惟有韓陵一片石可共語。』」　《詩》：「言采其蕨。」又：「七月烹葵及菽。」往還，見《雪中遇獵》。

題畫

芍藥

花到春深爛漫紅，香來士女踏歌中。風知相謔吹芳蒂，露恨將離浥粉叢。漬酒穩教顏色異，調羹誤許姓名同。內家彩筆新成頌，肯讓玄暉句自工。三四最工。○爛熳，見《海戶曲》。魏文帝詩：「清風細雨雜香來。」張文潛詩：「連臂踏歌村市晚。」《詩》：「伊其相謔，贈之以勺藥。」《字典》：「蒂，同蔕。」《〈西京賦〉注》：「蔕，果鼻也。」　《韓詩外傳》：「芍藥，離草也。」《古今注》：「古人相贈以芍藥，相招以文無。文無，一名當歸、芍藥，一名將離故也。」黃文江詩：「開園見粉叢。」　漬酒，見《過蕲王墓》。《群芳譜》：「芍藥漬以黃酒，淡紅者悉成深紅。」　司馬長卿《子虛賦》：「芍藥之和具而後御之。」《注》：「芍藥音酌略，調和也。」李陽冰《太白詩序》：「御手調羹以食之。」按：梁簡文帝《七勵》：「離紅之膾，芍藥之羹。」而梅村亦有「食羹調芍藥」之句，則不止姓名同也。　內家，見《西泠閨詠》。杜詩：「彩筆昔曾干氣象。」按：晉傅統妻有《芍藥頌》。《南史‧謝朓傳》：「字玄暉。」謝玄暉詩：「紅藥當階翻。」

石榴見五律。

碧雲剪剪月鉤鉤，狼藉珊瑚露未收。絳樹憑闌看獨笑，綠衣傳火照梳頭。深房莫倚含苞固，多子還憐齲齒羞。種得菖蒲堪漬酒，劉郎花底拜紅侯。題畫六首，皆詠物詩，別無寓言，故以工穩為主。○韓致光詩：「側側輕寒剪剪風。」梁簡文帝詩：「浮雲似帳月如鉤。」　狼藉，見《松鼠》。潘安仁《河陽庭前安石榴賦》：「若珊瑚之映綠水。」　絳樹，見《圓圓曲》。憑闌，見《送何省齋》。

孟東野詩：「昔為同根客，今為獨笑人。」《詩》：「綠兮衣兮。」《莊子》：「火傳也，不知其盡也。」杜牧之詩：「似火山榴映小山。」梁元帝詩：「銀釭影梳頭。」　潘正叔《安石榴賦》：「千房同蔕。」朱子《詩傳》：「苞中而未拆也。」《北史‧魏收傳》：「齊安德王延宗納李祖牧女為妃，妃母宋氏薦二石榴於帝。收曰：『以石榴房多子，母欲子孫眾多也。』」齲齒，見《石榴》。　菖蒲，見《西田》詩。漬酒，見《蘄王墓》。按：齊民月令於五月五日，以菖蒲屑和酒飲之。此詩蓋以五月為榴花盛時，故以菖蒲紀之耳。　又，按：《史記‧惠景間侯者年表》：紅侯富，楚元王子侯也。《漢書‧楚元王傳》：休侯富免，後封紅侯。而《孝平恩澤侯表》有紅休侯劉歆。富與歆皆劉姓也。《拾遺記》：「吳王以潘夫人遊昭宣之臺，得火齊指環，即掛石榴枝上，因起臺，名曰環榴臺。時有諫者曰：『吳蜀爭雄，還劉之名，將為妖矣。』乃翻其名曰榴環臺。」梅村以榴通劉，蓋本於《拾遺記》，而攢簇《史》、《漢》用之耳。榴花多紅，故云紅侯，亦如《毛穎傳》之滑稽也。或曰：劉攽謂紅休之紅音降，師古疑紅字當為絳。更有指為虹縣者。然《春秋‧昭公八年》：「蒐於紅。」杜預《注》：「蕭縣西有紅亭。」《一統志》：「紅亭在徐州府蕭縣西南」，而於虹縣不書紅，則即周春秋地名可矣。劉郎，用李長吉「茂陵劉郎秋風客」。

洛陽花《群芳譜》：「石竹草品，纖細而青翠，一云千瓣者，名洛陽花草，花中佳品也。」

綠窗昨夜長輕莎，玉作欄杆錦覆窠。丹纈好描秦氏粉，墨痕重點石家螺。剪同翠羽來金谷，織並紅羅出絳河。千種洛陽名卉在，不知須讓此花多。結有別趣。○蘇詩：「綠窗朱戶春晝閉。」謝玄暉詩：「輕莎方霡靡。」　杜牧之詩：「晴舞玉欄干。」司空表聖詩：「錦窠不是尋常錦。」　白詩：「紅纈誰家合羅袴。」《古今注》：「蕭史與秦穆公鍊飛雪丹，第一轉與美玉塗之，今水銀膩粉是也。」李義山詩：「重傅秦臺粉。」　蘇詩：「每到先看醉墨痕。」杜牧之詩：「石家錦幛依然在。」《洛神賦》：「或拾翠羽金谷。」見《老妓行》。《西都賦》：「紅羅颯纚。」《廣志》：「天河，亦曰止絳河。」　《洛陽花木記》：「牡丹：千葉黃花十種，千葉紅花三十四種，千葉紫花十種，千葉緋花一種，千葉白花四種，多葉紅花三十二種，多葉紫花十四種，多葉黃花三種。芍藥：千葉黃花十六種，千葉紫花六種，千葉白花二種，千葉緋花二種。雜花八十二品：桃三十種，梅六種，杏十六種，梨二十七種，櫻桃十一種，石榴九種，林擒九種，木瓜五種，柰十種，刺花三十七種，草花八十九種，水花十九種，蔓花六種。」蔡君謨詩：「名卉參差十數窠。」　陸魯望詩：「不知原是此花身。」

茉莉《本草綱目》：「嵇含《草木狀》作『末利』。《洛陽花木記》作『抹厲』，佛經作『抹利』，王龜齡作『沒利』，洪景廬作『末麗』。蓋抹利本胡語，無正字，隨人會意而已。韋君呼為狎客，張叔敏呼為遠客。」楊慎《丹鉛錄》云：「《晉書》：『都人簪奈花。』即今末利花也。」

剪雪裁冰莫浪猜，玉人纖手摘將來。新泉浸後香恒滿，細縷穿成蕊半開。愛玩晚涼宜小立，護持隔歲為親栽。一枝點染東風裏，好與新妝報鏡臺。中四語將養花之法摹寫入妙。○樓槃詠梅詞：「剪雪裁冰，有人嫌太清。」 玉人，見《永和宮詞》。《古詩》：「纖纖出素手。」劉孝威詩：「當由美人摘，詎止春風吹。」 朱慶餘詩：「一派新泉日午時。」《群芳譜》：「每晚採茉莉花，取井花水半杯，用物架花其上，離水一二分，厚紙密封。次日花既可簪，以水點茶，清香撲鼻，甚妙。」 謝玄暉詩：「細縷竟無織。」《群芳譜》：「于念東曰：『茉莉自夏首至秋杪皆花，開必薄暮半放，冉冉作奇香。』」 杜詩：「晚涼看洗馬。」王介甫詩：「小立佇幽香。」 護持，見《雁門尚書行》。《群芳譜》：「收藏茉莉，霜時移北房檐下，見日不見霜。大寒移入暖處，圍以草薦。十月入窖中，枝頭入地尺許，封蓋嚴密，不透風氣為佳。春分朝南開一孔通氣，立夏后方可出窖。」方雄飛詩：「寒光隔歲燈。」 點染，見《攀清湖》。 新糚，見《鴛湖閨詠》。梁武陵王蕭紀（字世詢）詩：「屏風隱鏡臺。」《南方草木狀》：「佛書稱末利亦曰鬘，華言堪以飾鬘也。」

芙蓉《群芳譜》：「芙蓉有二種：出於水者，謂之草芙蓉；出於陸者，謂之木芙蓉。」此詠草芙蓉也。

細雨橫塘白鷺拳，竊紅婀娜向風前。千絲衣薄荷同製，三醉顏酡柳共眠。水殿曉涼妝徙倚，玉河春淺共遷延。涉江好把芳名認，錯讀陳王賦一篇。三四襯托入妙。○杜詩：「細雨魚兒出。」橫塘，見《圓圓曲》。白鷺，見《天王寺看牡丹》。雍國鈞《詠鷺》詩：「一足獨拳寒雨裏。」 《轉注古音略》：「竊即古淺字。九扈中，竊丹，淺赤也。」按：《左傳·昭十七年》：「九扈為九農正。」杜《注》：「扈有九種，棘扈竊丹。」程迓亭曰：「竊即淺字。」晏叔原詩：「幾翻分破淺深紅。」婀娜，見《王郎曲》。 千絲，見《無題》。《楚辭》：「製芰荷以為衣兮，蘽芙蓉以為裳。」 《群芳譜》：「王敬美曰：『芙蓉特宜水際，有曰三醉者，一日間凡三換色。』」《楚辭》：「朱顏酡些。」《三輔故事》：「漢苑中有柳，狀如人形，號曰人柳，一日三眠三起。」 王少伯詩：「芙蓉不及美人糚，水殿風來珠翠香。」李長吉詩：「曉涼暮涼樹如蓋。」徙倚，見《西田》詩。 《真誥》：「晨遊太素宮，控轡觀玉河。」白詩：「可憐春淺遊人少。」遷延，見《琴河感舊》。 按：《涉江》，《楚辭》篇名。《古詩》：「涉

江採芙蓉。」　陳思王《雒神賦》:「迫而察之,灼若芙渠出綠波。」溫飛卿詩:「悔讀南華第二篇。」

菊花

夜深銀燭最分明,翠葉金鈿認小名。故著黃絁貪入道,卻翹紫袖擅傾城。生來豔質何消瘦,移近高人恰老成。幾度看花花耐久,可知花亦是多情。讀此詩,愈覺《西田賞菊》之工,其格殊也。○夜深銀燭,見《西田賞菊》注。《漢書‧司馬相如傳》:「揚翠葉,杬紫莖。」徐孝穆《玉臺新詠序》:「反插金鈿,橫抽寶樹。」陸魯望有《小名錄》,王銍有《侍兒小名錄》。　黃絁入道,見《彈琴歌》。《西京雜記》:「戚夫人能為翹袖折之舞。」許仲晦詩:「綠蔓蔭穠紫袖低。」　豔質,見《西田賞菊》。《會真記》詩:「自從消瘦減容光。」　高人,見《簡姜明府》。老成,見《癸巳禊飲》。　耐久,見《題祭墨》詩。　溫飛卿詩:「花若有情應悵望。」

繭虎〔註5〕李孔集曰:「《荊楚歲時記》:『五月五日,以艾為虎形,或剪綵為小虎,帖

〔註 5〕（清）褚人獲《堅瓠八集》卷一《物幻詩》（清康熙十九年刻本）:
　　吳梅村先生有《物幻八詩》,詠《繭虎》云:「南山五目鏡奩開,彩索春蔥縛軼材。奇物巧從蠶館製,內家親見豹房來。越巫辟惡鏤金勝,漢將擒生畫玉臺。最是繭絲添虎翼,難將續命訴牛哀。」　《茄牛》云:「擊鼓喧闐笑未休,泥車瓦狗出同游。生成豈比東隣犢,觳觫何來孺子牛。老圃盤飱誇特殺,太牢滋味入常羞。看他諸葛貪遊戲,苦閱兒曹巧運籌。」　《鶖鶴》云:「丁令歸來寄素書,羽毛零落待何如。雲霄豈有餔糟計,飲啄寧關逐臭餘。雪比撒鹽推勁翮,蛾旋封垤附專車。秦皇跨鶴思仙去,死骨何因葬鮑魚。」　《蟬猴》云:「仙蛻誰傳不死方,最高枝處憶同行。移將吸露迎風意,做就輕軀細骨妝。薄鬢影如逢越女,斷腸聲豈怨齊王。內家近作通侯相,賜出貂蟬傲粉郎。」　《蘆筆》云:「採箬編蒲課筆耕,織簾居士擅書名。掃來魯壁枯難用,焚就秦灰製不成。飛白夜窗花入夢,草玄秋閣雁銜橫。中山本是盧郎宅,錯認移封號管城。」　《橘燈》云:「掩映蘭膏葉底尋,玉盤纖手出無心。花開槐市枝枝火,霜滿江潭樹樹金。繡佛傳燈珠錯落,洞仙爭奕漏深沉。饒他丁緩施工巧,不及生成在上林。」　《桃核船》云:「漢家水戰習昆明,曼倩偷來下瀨橫。三士漫成齊相計,五湖好載越妹行。桑田核種千年久,河渚槎浮一葉輕。從此武陵漁問渡,胡麻飯裏掉歌聲。」　《蓮蓬人》云:「獨立平生重此翁,反裝雙袖倚東風。殘身顛倒憑誰戲,亂服龘疎恥便工。共結苦心諸子散,早捊香粉美人空。莫嫌到老絲難斷,總在污泥不染中。」先生八詩,隨物肖形,麗而不纖,入已膾炙人口。近於友人處復得前題八詠,亦巢先生所作,今錄於左:「故事良辰詎可達,巧裝新樣出閨闈。剪將筐上飛蛾蛻,製就釵頭猛虎威。縷縷絲皆同豹飾,斑斑文遍綴蠶衣。形摹毒勢真能肖,縛艾徒傳拂尸扉。」　「置尾裝頭老特成,戲牽几案作春耕。耳因露潤真能濕,色自天生卻類騂。棄入高廚如觳觫,蒸為清供即犧牲。夜來鼪鼠防侵食,乾蒂猶看兩角橫。」　「俄將枯質化胎仙,雙

翅翩翩自儼然。血肉盡除惟有骨，塵氣未脫尚留羶。巧裝貴擬軒車上，近玩卑從耳目前。七筯棄餘真像出，薛公圖畫不須傳。」 「出土凌高蛻殼新，山公形態擬來真。轉九智更能升木，齊女名應喚楚人。噪柳竟成啼峽狀，緣藤全失吸風神。危機幸免螳螂，猶作驚方抱樹身。」 「折取汀蘆搦管宜，戲將揮灑效臨池。雁銜好作天邊字，蟲蝕曾題葉上詩。獵向中山當渚上，退為高塚是霜時。斷簾敗筆皆堪用，藩溷還教置不遺。」 「大顆勻圓選最良，明燈巧製照閨房。摘來園叟千頭盛，造出佳人十指香。燃火赤皮同映日，添膏朱實類含漿。綴珠剪綵懸花菓，何似天成不待裝。」 「規模渺少體仍全，刻木依稀古聖傳。擇取豈留天上種，造來疑泛水中仙。絕勝縮地寰瀛竹，堪擬隨波太乙蓮。安得時時多載酒，奇珍妙手製青田。」 「手劈房空未棄捐，人形制就態翩然。精魂豈轉三生石，胎孕真從九品蓮。紺色衣疑裁縠縷，清香身似染爐煙。長裙曳地腰肢束，有恨無情自可憐。」

（清）方孝標《鈍齋詩選》卷十七《戲為八詠》（清鈔本）：

吳中人多和八詠詩，不知誰倡也，亦戲為之。

蓮蓬人

老翁曾賦涉江詩，緘口能遵墜粉時。線挈兒童成揖讓，衣裁游子具威儀。香疑荀令還沾露，面比何郎可畫眉。近在濂溪風月裏，芳華深歛集裳垂。

核桃船

紫文疑自武皇留，刻作瑤池一葉浮。積石種同雲母至，坳堂水泛露華秋。漁人入洞初迷路，杜老升堂暫駐遊。對此恍如槎上坐，尋源直欲學三偷。

橘燈

江陵千樹本璇星，散作蘭膏照紫廷。淮海包為螢苑貢，雕囊舟自洞庭經。赤皮不夜珠如彈，青錫常懸月滿汀。攜向西京傳蠟炬，恐因化枳瘦光熒。

蟊鶴

霜鱗應並雪衣廻，遺鯁將同委羽猜。渡海難成凌漢翮，過河休泣報恩腮。歸飛華表空存骨，夢息青田別有胎。莫道仙禽非水族，北溟曾說化鵬來。

蟬猴

前林未接野賓呼，齊女登庭把臂俱。慣習高枝騰及否，寂喧秋候調同無。空疑巫峽三聲靜，恐比達山十里殊。豈是楚人新沐後，蟬聯冠帶哂愁胡。

繭虎

辟惡吳姝五日糉，於菟巧飾出蠶房。鸞刀欲剪風生谷，蟬鬢同垂日照桑。婺緯亦歌河北異，魯郊無泣大東荒。因思漢苑縷金賜，文炳應多在蟹筐。

蘆筆

玉管疑從分合頒，湖汀山色滿雲灣。絮花夢入才人賦，枝葉文勞太史刪。漫說簪冠沾雨露，幾能濡墨繪江山。開函欲寫蒹葭句，月映洲前未可攀。

茄牛

自放桃林力已闌，秋風未敢惜凋殘。白花幸結春耕後，紫氣驚從野圃看。帶蒂豈同耒耜重，辭枝久識被文難。東門況有荷鋤侶，扣角無勞歌夜漫。

（清）彭孫貽《茗齋集》卷十《和梅村祭酒詠物八首》（四部叢刊續編景寫本）：

蓮房人

荷裳蕙帶學山翁，懸解飄飄欲御風。比去六郎花貌似，製來三楚客衣工。經秋房老連心苦，抱子絲長怨藕空。羅袂不愁珠露濕，早霜腸斷月明中。

桃核船

綏山刻就路分明，丫角仙真臥欲橫。偷去東方毉暗度，擘從西母芥同行。落英沿徑尋源小，喚葉浮江用檝輕。況有桃根堪共載，豐彎投答棹歌聲。

繭虎

縈山啼後雪園開，剪綵文貍借楚材。斑氏釵低風色起，蠶叢月暈影蛾來。衣裁毛女迴銀箔，尾映流黃上鏡臺。浴罷長眉思舊侶，煙鬟嘯入嶺猸哀。

茄牛

佳蔬刻畫一犁收，闢草還應勝帶牛。懸傍戴嵩全似畫，牽來織女不禁愁。紫芥被體文成繡，白露沾衣泣自羞。老去童心逐兒戲，風簑掛盡華門秋。

蟬猴

飧風吸露噪金方，又入狙公賦茅行。冠珥通猴驕衣錦，花鈿過峽有啼妝。身輕棘刺從林叟，坐脫心空學梵王。七葉相連奮泥滓，獨推善射屬中郎。

蕘鶴

烹殘尺素復唧書，解道浮丘相不如。石首夜寒孤影下，枯鱗風動九皐餘。誰言羽化無毛骨，便作神仙恥蠹魚。卻笑乘軒同載鮑，芝田稅駕有瓊蔬。

橘燈

洞庭春色冷難尋，蒸盡蘭膏一小心。擲果光中映聯璧，傳柑香永爛浮金。墜懷客去花偏暗，作頌人來影欲沉。應是木奴能卜夜，朱衣執燭滿華林。

蘆筆

中書體重廢傭姘，班管誰誇定遠名。風入葭萌揮草疾，霜吹塞葉礫毫成。天邊題雁嘯相亂，夢裏生花雪尚橫。我欲掃空文字障，潛攜一葦渡江城。

（清）李紱《穆堂別稿》卷五《詠物五首》（清道光十一年奉國堂刻本）：

蓮蓬人

子結秋芳舊事非，苦心零落粉痕稀。香銷猶識張郎面，葉盡還裁楚客衣。輸汝一生花裏活，共誰雙槳月中歸。夜深莫唱瓏瓏玉，驚起圓沙宿鷺飛。

蕘鶴

冥冥渺渺恨天淵，鸚鵡前身亦偶然。飛莫過河珠易盡，棲還傍肆玉堪憐。琴高駕幻緱山翼，范蠡經繙石室篇。欲比前魚求好爵，恐驚滄海變青田。

橘燈

九枝爭比百枝強，珠樹移來盡夜光。冷焰不遷南國氣，熱心空老洞庭霜。未誇梧剡仙人燭，可要蘭燒侍女香。聞道璇樞星曜散，青黃滿院照文章。

蘆筆

歐母當年擅教兒，一叢留得寫秋思。江頭鋒退霜盈握，夢裏花開雪滿枝。雁過平沙將作字，月明漢水自臨池。溯洄便欲裁新穎，簪向高冠侍玉墀。

桃核船

小字塗金內庫藏，誰施纖伎闢輕航。半腔猶勝坳堂芥，十斛應爭出地樟。便駕胡麻同泛泛，卻乘仙種更茫茫。蟲舟豆舶渾閒事，好覓常山第幾霜。

（清）張鵬翀《南華山人詩》卷三《海螺賸稿·擬和梅邨集中八幻詩》（清乾隆刻本）：

蘆筆

新署中書字挾霜，蕭蕭瘦穎蘸寒塘。撩波影似含豪思，載雪花疑入夢香。秋水半泓溪硯古，暮霞千尺彩牋長。無端宿雁偷銜去，寫破遙天一兩行。

以艾葉，內人爭相戴之。』」

　　南山五日鏡奩開，綵索春蔥縛軼材。奇物巧從蠶館製，內家親見豹房來。越巫辟惡鏤金勝，漢將擒生畫玉臺。最是繭絲添虎翼，難將續命訴牛哀。組織最佳，結有別趣。○《集異記》：「誅南山之虎，斬長橋之蛟，與民除

橘燈

映徹霜包表裏清，洞庭秋冷玉蟲明。絳紗作隊金衣護，紅蠟分曹緊袖擎。蓬闕夜光輝賜果，商山寒燄照仙枰。緣知豔色兼香影，應笑吾家舊短檠。

茄牛

漫脩蔬譜當牛經，堂下牽來學叱聲。孺子癡情憐觳觫，圊師厚意獻彭亨。閒吹蘆管誇橫笛，亂挽蒲鞭促曉耕。調得陰陽長不喘，鳩車還引月中行。

繭虎

艾子囊前詫負嵎，冰蠶五日化於菟。彩絲縛急先搖尾，金眼裝成敢拊須。已僭飛蛾添翼好，更宜頭曡作冠無。〔吏皆虎而冠。見《前漢書》。〕臥來恰似三眠熟，命中新彎射黍弧。

蟬猴

抱枝枯甲忽愁胡，杘腹依然醜面殊。齊女幻來餘蛻骨，孫妻化去更輕軀。幸離葉翳休矜巧，好整花冠莫怒狙。舉世共庵貂珥貴，沐猴誰笑楚人愚。

蝥鶴

一在深淵一在天，何緣腥骨幻胎仙。溟鯤自古傳奇化，海鶴於今託小鮮。石眉縱無丹頂粲，金鱗差儗雪衣翩。時人漫笑乘軒寵，願託魚頭政府賢。

桃核船

儗泛堂坳水一痕，玉桃偷核制輕輪。如花釵鏤依春塢，似葉帆檣倣故園。〔觀落葉為舟，見卉本。〕投檝漫尋灌水渡，迷舟空憶武陵源。瑤池又報羣仙會，桂柂蘭橈好駕言。

蓮蓬人

紅衣零落晚風前，結束腰肢學水仙。翠葉尚擎中婦鏡，碧房曾貯小兒拳。六宮粉色和霜褪，千里香塊伴月眠。莫照臨池蕉萃影，低頭猶似想夫憐。

（清）胡敬《崇雅堂詩鈔》卷三《和梅村集中詠物即次原韻》（清道光二十六年刻本）：

繭虎

解梭華筵取次開，戲憑纖手縛殊材。雄姿蠶食崢嶸甚，巧樣龍精變化來。辟惡制符縈彩縷，宜男微夢到妝臺。繭絲自古傷苛政，試聽南山婦哭哀。

蝥鶴

銜得西池阿母書，中途羽化恨何如。舊標品格酸鹹外，新出神奇臭腐餘。入市無波通涸轍，求仙有骨載輗車。即看攀附雲霄易，慚愧龍門點額魚。

蘆筆

截柳編蒲事筆耕，蘆中窮士錫嘉名。三閒楮葉書皆偏，一握江花夢易成。簾撤斷紋供點畫，雁衙疎影寫縱橫。麟毫兔穎從拋擲，坐對蒹葭擁百城。

橘燈

鶴燄蚖膏吐百尋，更施雕飾闖芳心。照筵白映湘湖月，入手黃包禹甸金。二叟圍棋宵寂靜，千奴執炬院深沉。中多敗絮君休笑，已自飛光滿鄈林。

害。」蕭子雲詩：「餘花落鏡奩。」　綵索，注見下。白詩：「十指剝春蔥。」《後漢書・呂布傳》：「縛虎不得不急。」《史記・司馬相如傳》：「卒然遇軼材之獸。」　又：「奇物詭譎。」《〈漢書・元后傳〉注》：「上林苑有繭觀，蓋蠶繭之所也。」　內家，見《西泠閨詠》。豹房，見《洗象圖》。　越巫，見《即事》。《續漢・禮儀志》：「五月五日，朱索五色桃印為門戶飾，以止惡氣。」《玉燭寶典》：「午節備疑多矣。又有日月星辰鳥獸之狀，文繡金縷帖畫，貢獻所尊。」《宋書・符瑞志》：「晉永和九年春，民得金勝一，長五寸，狀如織勝。」　按：漢將句，暗用光武功臣圖畫雲臺也。擒生，見《雪中遇獵》。玉臺新詠，見《西泠閨詠・序》。　《國語》：「趙簡子使尹鐸為晉陽，請曰：『為繭絲乎？抑為保障乎？』」《韓非子》：「毋為虎傅翼，將飛入邑，擇人而食之。」　《風土記》：「午日造百索繫臂，一名長命縷，一名續命縷，一名辟兵繒，一名五色縷，一名五色絲，一名朱索。」《北史》：「馮淑妃名小憐，大穆后從婢也。穆后愛衰，以五月五日進之，號曰續命。」《淮南子》：「牛哀病，七日化為虎。其兄啟戶，虎搏而殺之。」

吳漢槎《秋笳集・和繭虎》：「薰風妝閣問針神，五日符懸辟厭新。不見赤刀傳粵咒，還從綵勝識雄寅。黃衣綴就金猶靨，白額描來繡未真。莫訝使君能化虎，繭絲元是負嵎身。」尤展成《百末詞・梅村作物幻八詩，頗極巧妙。予謂其題近於詞，為〈西江月〉小調足之，《繭虎》云：「五道蠶叢初闢，三盆虎圈俄修。採桑秦女自風流，翻學下車馮婦。　浴罷恰如得子，繅成便可封侯。綵絲束縛掛釵頭，傍向盤龍欲鬬。」

茄牛

擊鼓喧闐笑未休，泥車瓦狗出同遊。生成豈比東鄰犢，觳觫何來孺子牛。老圃盤餐誇特殺，太牢滋味入常羞。看他諸葛貪遊戲，苦鬬兒曹巧運籌。將題內二字合寫，妙能自然。○擊鼓，見《即事》。權載之詩：「車從競喧闐。」元裕之詩：「斜倚春風笑不休。」　泥車瓦狗，見《虎丘夜集圖》。《國語》：「世同居，少同遊。」　《易》：「東鄰殺牛，不如西鄰之禴祭，實受其福。」《左傳・哀六年》：「鮑子曰：『女忘君之為孺子牛而折其齒乎？』」杜《注》：「孺子，荼也。景公嘗銜繩為牛，使荼牽之，荼頓地，故折其齒。」　盤殽，見《避亂》。《書傳》：「特一牛也。」　王子淵《聖主得賢臣頌》：「羹藜含糗者，不足與論太牢之滋味。」杜詩：「勅廚倍常羞。」《三國志・諸葛亮傳》：「木牛流馬，皆出其意。」遊戲，見《讚佛詩》。　兒曹，見《松鼠》。《史記・高祖紀》：「夫運籌策帷帳之中。」

尤展成《茄牛》云：「小菜放於牧野，太牢起自田家。樊遲老圃大開衙，演

出伯牛司馬。　入甕莫愁殼觫，著鞭卻喜丫叉。兒童牽線笑喧譁，唱到夕陽來下。」〔註6〕

鰲鶴《本草綱目》：「勒魚出東南海中，狀如鰣魚，小首細鱗，頭上有骨，合之如鶴喙形。乾者謂之勒鯗。」

　　丁令歸來寄素書，羽毛零落待何如。雲霄豈有餔糟計，飲啄寧關逐臭餘。雪比撒鹽堆勁翮，蟻旋封垤附專車。秦皇跨鶴思仙去，死骨何因葬鮑魚。亦以合寫見奇。○《遼史·地理志》：「鶴野縣本漢居就縣地，渤海為雞山縣。昔丁令威家此，去家千年，化鶴歸來，集於華表柱，以味畫表云：『有鳥有鳥丁令威，去家千年今來歸。城郭雖是人民非，何不學仙冢累累。』」張如哉曰：「寄素書，用『呼童烹鯉魚，中有尺素書』，串入鯗字，兼用鶴書赴隴語。」　羽毛，見《白燕吟》。零落，見《避亂》。《晉書·熊遠傳》：「攀龍附鳳，翱翔雲香。」《楚辭》：「眾人皆醉，何不餔其糟而歠其醨？」　飲啄，見《雞山》。曹子建《與楊脩書》：「海畔有逐臭之夫。」《世說》「謝太傅寒雪日內集，曰：『白雪紛紛何所似？』兄子胡兒曰：『撒鹽空中差可擬。』」傅休奕《鷹賦》：「勁翮二六。」《廣韻》：「垤，蟻封也。」陸佃曰：「蟻場謂之坻，亦謂之垤。」專車，見《二十五日》詩。《史記·秦始皇紀》：「二十八年，遣徐市發童男女數千人，入海求仙人。三十七年，始皇崩於沙丘平臺，棺載輼涼車中。會暑，上輼車臭，乃詔從官，令車載一石鮑魚，以亂其臭。」《雲笈七籤》：「若求跨鶴昇九霄，未易致也。」

　　　　吳漢槎《和鰲鶴》云：「玲瓏玉骨倚風疎，莫向綸竿怨豫且。散雪豈能侔皎鶴，凌云何意起枯魚。身餘刀俎腥猶在，寵待蝦墀翅自舒。誰道波臣非羽駕，琴高赤鯉鶴亦騰虛。」　尤展成《鰲鶴》云：「聞說枯魚欲泣，何為化鶴來歸。霓裳玉佩自清輝，入肆終慚形穢。　北海已成速朽，南山幾見高飛。鯤鵬變化是耶非，小作逍遙遊戲。」〔註7〕

〔註6〕（清）季芝昌《丹魁堂外集》卷四（清咸豐十一年至同治四年遞刻本）：
　　　鰲鶴
　　　美下魚為鰲，嘉名水族稀。何緣枯肆索，忽作露禽飛。參政頭應瘦，郎君骨肯肥。脫胎仍白質，綴頂有丹輝。山谷腤方薦，浮丘相或非。避群余鯁性，化腐有仙機。晉帖消瓜煮，吳軍舞市歸。乘軒如竟使，祿食報寧微。
　　　茄牛
　　　茄本暹羅種，疏盤備薦羞。入方名借鰲，作戲象成牛。孺子牽根折，庖丁解蔓求。東鄰誇特殺，南嶺覓新遊。誰為蹺田奪，難教運木儔。膨脝今日夕，殼觫小園秋。嫁想黃姑渡，來看紫氣浮。不知藜苋腹，可論太牢不。
〔註7〕（清）褚人獲《堅瓠補集》卷二《詠鰲鶴繭鶴》（清康熙十九年刻本）：

蟬猴

仙蛻誰傳不死方，最高枝處憶同行。移將吸露迎風意，做就輕軀細骨妝。薄鬢影如逢越女，斷腸聲豈怨齊王。內家近作通侯相，賜出貂蟬傲粉郎。後四句更佳。○蟬蛻，見《送何省齋》。不死方，見《聞台州警》。　劉夢得詩：「清猿啼上最高枝。」同行，見《圓圓曲》。《莊子》：「吸風飲露。」　楊孟載詩：「細骨輕軀不耐風。」《古今注》：「魏文帝宮人莫瓊樹始製為蟬鬢，挈之縹緲如蟬翼。」按：越女益用《吳越春秋》處女袁公事，見《聞天台警》第二首。《世說》：「恒溫入蜀，至三峽中，部伍有得猿子者，其母緣岸哀號，行百餘里不去，視其腹中，腸皆寸斷。」《古今注》：「齊王之後，怨王而死，屍變為蟬，登庭樹嘒唳而鳴，故曰齊女。」　內家，見《西泠閨詠》。通侯，見《楚兩生·序》。《漢書·劉向傳》：「青紫貂蟬，充盈幄內。」沈雲卿詩：「盈盈粉署郎。」

　　　吳漢槎《和蟬猴》云：「自許孤高飲露盤，求林誰作野賓看。只憐風外吟枝穩，那識雲邊嘯侶寒。無口詎沾巴客淚，有緌宜著楚人冠。君身可是孫供奉，一賜金貂認欲難。」　尤展成《蟬猴》云：「齊女一朝怨死，王孫再世嬉遊。三聲哀叫斷腸秋，卻恨當年無口。　跳擲不憂螳臂，沸羹早兆羊頭。從束蟬冕拜通侯，問是沐猴冠否。」

蘆筆

採箬編蒲課筆耕，織簾居士擅書名。掃來魯壁枯難用，焚就秦灰煮不成。飛白夜窗花入夢，草玄秋閣雁銜橫。中山本是盧郎宅，錯認移封號管城。合寫入妙。○《本草》：「箬，草名，一曰遼葉，生南方平澤，根莖皆似小竹，葉與籜似蘆荻。」《漢書·路溫舒傳》：「取澤中蒲，截以為牒，編用寫書。」《東觀漢記》：「班超投筆歎曰：『安能久事筆耕乎？』」《南史·沈麟士傳》：「織簾讀書，手口不息，鄉里號為織簾先生。年過八十，耳目猶聰明，抄寫火下細書，復成二三千卷。」居士，見《壽王子彥》。《宣和書譜》：「王瑉，字季琰，工隸及行草。自導至瑉，三世以書名。」　魯壁、秦灰，見《蠹簡》。蘇詩：「饑來據空案，一字不堪煮。」《書斷》：「飛白者，中郎蔡邕所作也。王僧虔曰：『飛白，八分之輕者。』」孟詩：「松月夜

毛序始詠物《西江月》二詞，《詠鷫鶘》云：「只道生從胎卵，原來索自枯魚。稜稜瘦骨欲憑虛，誰復假之毛羽。　縱使凌霄有志，那堪洞轍難舒。林逋支遁莫憐予，空說莊周知己。」《詠鸕鶿》云：「纔見春蠶欲死，忽有素鳥如生。馬頭娘子已藏形，幻作柱頭丁令。　月羽還須剪就，縞衣不待裁成。若教沖舉向青冥，應化游絲千仞。」

窗虛。」《事文類聚》：「李白夢筆生花，自是才思日進。」 《漢書・揚雄傳》：「時雄方草《太玄》，有以自守。」《尸子》：「雁街蘆而捍網。」 退之《毛穎傳》：「毛穎者，中山人也。」盧郎，見《讚佛詩》。按：盧思道，范陽人。 杜詩：「恨不移封向酒泉。」管城，見《和祭墨》詩。《毛穎傳》：「始皇封諸管城，號管城子。」

> 尤展成《蘆筆》云：「書帶草生筆冢，墨池人在蘆中。白頭翁變黑頭公，夜夜飛花入夢。 書荻教成孺子，編蒲學近儒宗。雁行銜去向江東，寫出錦書珍重。」

橘燈

掩映蘭膏葉底尋，玉盤纖手出無心。花開槐市枝枝火，霜滿江潭樹樹金。繡佛傳燈珠錯落，洞仙爭奕漏深沉。饒他丁緩施工巧，不及生成在上林。有分有合，分處皆合，是筆力也。○子山《燈賦》：「秀華掩映。」蘭膏，見《廢槃》。 玉盤，見《海戶曲》。纖手，見《茉莉》。 槐市，見《行路難》。枝枝，見《讚佛詩》。《群芳譜》：「朱橘實小，色赤如火。」 韋應物詩：「書後欲題三百顆，洞庭須待滿林霜。」江潭，見《送杜于皇》。王無功詩：「樹樹皆秋色。」《群芳譜》：「金橘一名金柑，一名小木奴。」李元標詩：「朱實似懸金。」 杜詩：「蘇晉長齋繡佛前。」傳燈，見《長安雜詠》注。李義山詩：「綵樹轉燈珠錯落。」 詞名有《洞仙歌》。《幽怪錄》：「巴邛人家有橘園，霜後橘盡收歛，有大橘如三斗盎，巴人異之。剖開，中有二叟，鬢眉皤然，肌體紅潤，相對象戲，談笑自若。一叟曰：『橘中之樂，不減商山，但不得渧根固蒂，為愚人摘下耳。』語畢，忽不見。」漏沉沉，見《天寶遺事》詩。 丁緩，見《行路難》注。 《上林賦》：「盧橘夏熟。」

> 尤展成《橘燈》云：「金顆千頭火樹，玉荷四照霜花。書生懷袖向窗紗，長伴紅衣不夜。 心事任教分剖，風光尚費周遮。美人對影暗嗟訝，決意為郎吹罷。」

桃核船

漢家水戰習昆明，曼倩偷來下瀨橫。三士漫成齊相計，五湖好載越姝行。桑田核種千年久，河渚槎浮一葉輕。從此武陵漁問渡，胡麻飯裏棹歌聲。分合入妙。首句，見《玄武湖》。 曼倩，見《讚佛詩》注。《漢武故事》：「東郡獻短人，指東方朔謂上曰：『王母種桃，三千歲一實，此兒已三過偷之矣。』」《漢書・武帝紀》：「甲為下瀨將軍，下蒼梧。」《注》：「甲，故越人歸漢者也。」 《晏子春秋》：「公孫接、田開疆、古冶子事景公，以勇力聞。晏子曰：『此危國之器也，不

若去之。』因謂公，使人少饋之二桃，曰：『三子何不計功而食桃？』公孫接曰：『不受桃，是無勇也。』援桃而起。田開疆亦援桃而起。古冶子抽劍而起。公孫接、田開疆曰：『吾勇不子若，功不子逮，取桃不讓，是貪也；然而不死，無勇也。』皆反其桃，挈領而死。古冶子曰：『二子死之，冶獨生之，不仁；恥人以言，而誇其聲，不義。』亦反其桃，挈領而死。」　　五湖，見《避亂》。越姝，見《礬清湖》注。　　桑田，見《海戶曲》。《漢武故事》：「西王母出桃七枚，以五與帝，自啖其二。帝留核，曰：『此桃美，欲種之。』母笑曰：『此桃三千年一著子，非下土所植也。』」　河渚槎浮，見《海市》。一葉，見《鴛湖曲》。　《桃花源記》：「太康中，武陵人捕魚為業。忽逢桃花林，便得一山，山有小口，便捨船，從口入。」　《續齊諧志》：「劉晨、阮肇入天台山採藥，見桃實，食之，身輕，見一杯流出胡麻飯屑。溪邊二女子笑曰：『劉、阮二郎至矣。』」漢武帝《秋風辭》：「簫鼓鳴兮發棹歌。」

　　　　尤展成《桃核船》云：「種自玄都道士，載從渡口漁翁。小兒偷出碧雲宮，頃刻帆檣飛動。　蘆葦似來江上，竹枝疑汎圖中。桃根桃葉棹歌同，兩槳春風吹送。」附錄。魏子敬《核舟記》：「明有奇巧人曰王叔遠，嘗貽余核舟一，蓋大蘇泛赤壁云。舟首尾長約八分有奇，高可二黍許。通計一舟，為人五，為窗八，為箬篷、為楫、為爐、為壺、為手卷、為念珠各一，對聯題名丹篆文為字共三十有四，而其長曾不盈寸，蓋簡桃核修狹者為之。」

蓮蓬人 按：陳其年《六月詞》自注：「小兒剝蓮蓬，以線縛之，反裘振袂，儼然老翁，名蓮蓬人。」

　　獨立平生重此翁，反裘雙袖倚東風。殘身顛倒憑誰戲，亂服粗疏恥便工。共結苦心諸子散，早拈香粉美人空。莫嫌到老絲難斷，總在污泥不染中。後半首最佳。○蘇詩：「萬歲人誰念此翁。」　《新序》：「魏文侯出遊，見人反裘而負芻。」　祖孫登詩：「香飄雙袖裏。」李詩：「笑倚東風白玉床。」　殘身，見《松鼠》補注。《詩》：「顛倒衣裳。」　《世說》：「裴令公有儁儀，粗服亂頭皆好。」　宗子相詩：「蓮子比妾心，妾心應更苦。」　曹堯賓詩：「迎風細苕傅香粉。」　歐陽永叔詞：「蓮斷■〔註8〕絲牽，特地成惆悵。」　周子《愛蓮說》：「出淤泥而不染。」

　　　　尤展成《蓮蓬人》云：「妾比芙蓉解語，郎如碧藕多思。個人憔悴倒懸時，知道無心憐子。　空洞此中無物，屈強猶昔孤支。亂頭粗服貌如斯，未必六郎相似。」

〔註8〕墨丁，讀秀本作空格。

戲詠不倒翁

掉首浮生半紙輕，一丸封就任縱橫。何妨失足貪遊戲，不耐安眠欠老成。盡受推排偏屈強，屈，渠勿切。強，其亮切。敢煩扶策自支撐。卻遭桃梗妍皮誚，此內空空浪得名。才餘於詩，若不經意，而人自不能到。○《莊子》：「鴻濛拊髀雀躍，掉頭曰：『吾弗知。』」浮生，見《二十五日》詩。 《後漢書·隗囂傳》：「王元說囂曰：『元請以一丸泥為大王東封函谷關。』」 失足遊戲，見《二十五日》詩。《北史·韓麒麟傳》：「安眠美食，優於遷固也。」老成，見《癸巳禊欽》。《後漢書·方術傳》：「吏人推排，終不搖動。」屈強，見《龍腹竹歌》。 《歸去來辭》：「策扶老以流憩。」杜詩：「枝撐聲窸窣。」 《戰國策》：「土偶人與桃梗相與語，桃梗謂土偶曰：『子西岸之土也，淄水至，則汝殘矣。』」古諺：「妍皮不裹癡骨。」《世說》：「王導指周顗腹曰：『卿此中何所有？』答曰：『此中空洞無物，但足容卿輩數百人。』」浪得名，見《桃源縣》。

　　尤展成《戲詠不倒翁》：「絕倒尊前不倒翁，此中何有只空空。但須掉首便行腳，縱教翻身又直躬。半醉半醒妝強漢，三眠三起弄頑童。還愁一跌成虀粉，化作人間亡是公。」

吳詩集覽　卷十四下

七言律詩四之下

海虞孫孝維三十贈言海虞，見《玉京傳》。梅村《金孺人墓誌銘》：「余門人孫孝維藩。」《荀子》：「贈人以言，重於金石珠玉。」

　　法護僧彌並絕倫，聽經蕭寺紫綸巾。綸音鰥。高齋點筆依紅樹，畫檝征歌轉綠蘋。一榻茶香專供佛，五湖蝦菜待留賓。丈夫早歲輕名宦，鄧禹無為苦笑人。寫出名士風流。結句點三十。○《晉書‧王珣傳》：「法護，珣小字也。」又，《王珉傳》：「時人為之語曰：『法護非不佳，僧彌難為兄。』僧彌，珉小字也。時有外國沙門名提婆，為珣兄弟講《毗曇經》。」絕倫，見《哭志衍》。　蕭寺，見《楚兩生序》。《正字通》：「綸巾，巾名，世傳孔明軍中服之。」《北堂書鈔》：「謝萬著白綸巾。」　高齋，見《汲古閣歌》。點筆，見《題孫銘常畫蘭》。紅樹，見《追敘西田賞菊舊約》。　《玉篇》：「檝，行舟具。檝、楫同。」嵇叔夜詩：「征歌發皓齒。」江詩：「東風轉綠蘋。」　蘇詩：「清風一榻抵千金。」茶香，見《西田》詩其二。供佛，見《詠山茶花》。　五湖蝦菜，見《避亂》。駱賓王詩：「陳遵投轄正留賓。」　《劇談錄》：「九霞曰：『某，山野之人，早修直道，無意於名宦金玉。』」《南史‧王融傳》：「三十內望為公輔。及為中書郎，嘗撫案歎曰：『為爾寂寂，鄧禹笑人。』」

其二

　　招真臺下讀書莊，總角知名已老蒼。何氏三高推小隱，荀家群從重中郎。鬥茶客話千山雨，寄橘人歸百顆霜。原注：太末理官孝若，其兄也，

地產橘最佳。**塵尾執來思豎義，旻公同飯贊公房。**與前首同妙。第四句切定三十。○招真治，見《虞山圖》。 《詩》：「總角之宴。」《史記·豫讓傳》：「無所知名。」杜詩：「結交皆老蒼。」 《南史·何胤傳》：「初，胤二兄求、點並棲遁，至是胤又隱，世謂何氏三高。」王康琚詩：「小隱隱林藪。」 《後漢書·荀爽傳》：「字慈明，潁川為之語曰：『荀氏八龍，慈明無雙。』後公車徵為大將軍何進從事中郎。」《南史·謝澹傳》：「昔荀中郎年二十九，為北府都督。」 范希文、歐陽永叔俱有《鬥茶歌》。千山，見《贈願雲師》。 王逸少帖：「奉橘三百枚，霜未降，未可多得。」太未理官孝若，見《高涼司馬行》。 塵尾豎義，見《代具師答》。 杜〔註1〕《因許八寄江寧旻上人》詩：「不見旻公三十年。」又有《大雲寺贊公房》四首、《宿贊公房》一首。

其三

  始立何容減宦情，法曹有弟尚諸生。松勾映火茗芽熟，貝葉研朱梵夾成。金谷酒空消冶習，曲江花落悟浮名。原注：花落者為扶桑志感也。**年來恥學王懷祖，初辟中兵捧檄行。**起結點出三十。○《南史·王僧虔傳》：「誡子曰：『汝年入立境，方應從宦。』」《晉書·王衍傳》：「吾少無宦情。」 按：梅村《郭孺人壽序》：「孝維為孝若之異母弟。」而推官理刑名，佐計典，故云法曹耳。非如《後漢書·百官志》「法曹，主郵驛科程事也」。《唐書·百官志》：「法曹，司法參軍事，掌鞫獄麗法，督盜賊，知贓賄，沒入差。」與理官相近。諸生，見《題凌煙圖》。 薩天錫詩：「松窗燈下火。」《夢溪筆談》：「茶芽，古人謂之雀舌、麥顆，言其至嫩也。」 貝葉，見《贈蒼雪》。高千里詩：「滴露研朱點周易。」梵夾，見《禮蒼公塔》。 金谷，見《老妓行》。《後漢書·孔融傳》：「樽中酒不空，吾事畢矣。」冶習，見《無題》。 曲江，見《昭陸於霞》。梅村《題白醉樓詩後》：「余贈孫孝維詩有『曲江花落悟浮名』之句。」蓋指扶桑也。《一統志》：「孫承恩，字扶桑，常熟人。順治戊戌一甲一名進士，官修撰。入值遇疾，卒於邸。」 《晉書·王述傳》：「字懷祖，年三十，尚未知名，王導以門地闢為中兵屬，曰：『懷祖清貞簡貴，不減祖父。』」 《後漢書·劉平等傳·序》：「盧江毛義府檄適至，義捧檄而入，喜動顏色。」

   五六皆舊語翻新，蓋回首中皆有學佛語。孝維逃禪，故能空北海之杯，亦不羨曲江之宴也。

〔註1〕「杜」，乙本誤作「柱」。

其四

高柳長風六月天，青鞋白襪尚湖邊。輕舟掠過破山寺，橫笛邀來大石仙。原注：孫氏之先遇仙於烏目山之大石。王儉拜公猶昨歲，張充學易在今年。種松記取合圍後，樹下著書堪醉眠。五六切定三十。〇高柳，見《遣悶》。《宋書·宗慤傳》：「願乘長風。」　青鞋布韈，見《六真歌》。尚湖，見《琴河感舊》。　謝玄暉詩：「惜哉無輕舟。」《後赤壁賦》：「掠予舟而西也。」破山寺，見《鶴如五十》。　王少伯詩：「橫笛怨江月。」烏目，見《虞山圖》。程迓亭曰：「陶隱居《真誥》：『會稽淳于斟入烏目山中，遇仙人慧車子，授以虹景丹輕，修行得道。』烏目山者，虞山之別名」。《邑志》：「大石山房，即慧車子授經處，今孫氏祠堂在焉。其石孫西川名艾者重鑿。」《南史·王儉傳》：「領史部，時年二十八。高帝踐阼，建元元年，改封南昌縣公。」　又，《張充傳》：「字延符。少好逸遊，左臂鷹，右牽狗，曰：『充聞三十而立。今充二十九年矣，請至來歲。』及明年，便修改，多所該通，尤明《老》、《易》。」　王詩：「種松皆作老龍鱗。」元裕之詩：「種柳金城已合圍。」　著書，見《行路難》。《晉書·阮籍傳》：「方據案醉眠。」

贈錢臣辰原注：同年給諫公弟。　梅村《錢臣辰壽序》：「臣辰之長兄都諫曼修，與余同年舉進士。」《鎮洋縣志》：「錢增，字袞卿，號曼修。崇禎辛未進士，授行人，擢兵科給事中，轉刑科都給事，乞終養歸。順治九年，按撫交章薦增，以母老辭。錢陛，字如卿，一字臣辰，晚號納齋。家世鼎盛。陛持身清峻，謙謹如布衣。同懷七人，極友愛。兄給諫歿，撫其子廷銑，如己子。弟臺有外侮，出貲營救，不令弟知。父沒，遺券可萬金，陛焚之。了五。」

杜家中弟擅閒身，處士風流折角巾。花萼一樓圖史遍，竹梧三徑管絃新。東都賓客多同輩，西息田園有主人。酒熟好從君取醉，脊令原上獨傷神。起結俱從曼修著筆。中四句，名士風流。〇杜家中弟，見《送趙友沂》，詳《題莊檜庵像》。閒身，見《穆苑先往桐廬》。　蘇詩：「處士風流水石間。」《後漢書·郭太傳》：「嘗於陳梁間行遇雨，巾一角墊，時人乃故折巾一角，以為林宗巾。」　花萼，見《元夕》。圖史，見《六真歌》。　竹梧，見《閬園》詩。三徑，見《遣悶》。管絃，見《拙政園》。　《西都賦》：「有西都賓問〔註2〕於東都主人。」《隋書·沈光傳》：「同輩莫與為比。」　陶詩：「酒熟吾自斟。」李詩：「高歌取醉欲相慰。」　脊令，見《贈文園公》。《錢臣辰壽序》：「年來跗萼有零落之嗟，燕尾有差池之感。」

〔註2〕「問」，乙本誤作「間」。

贈荊州守袁大韞玉有序

袁為吳郡佳公子，風流才調，詞曲擅名。遭亂北都，佐藩西楚。尋以失職空囊，僑寓白下，扁舟歸里，惆悵無家，為作此詩贈之。《一統志‧蘇州府表》：「後漢永建四年，分置吳郡。」《史記‧平原君傳‧贊》：「平原君，翩翩濁世之佳公子也。」程迓亭曰：「袁韞玉，名于令，號擇巷。」《蘇州府志》：「袁于令，字令昭，號籜菴。」《堯峰文鈔》：「臥雪公袁裦生子年，萬曆丁丑進士，歷官陝西按察使。孫堪，萬曆庚子舉人，歷官肇慶府同知；坊，歷官繹州州同。曾孫于令，歷官荊州知府。」 杜詩：「遭亂意不歸。」 《史記‧貨殖傳》：「自淮北沛、陳、汝南、二〔註3〕郡，此西楚也。」 《艮齋雜說》：「籜菴守荊州，一日謁某道，卒然問曰：『聞貴府有三聲，謂圍棋聲、鬥牌聲、唱曲聲也。』袁徐應曰：『下官聞公亦有三聲。』道詰之，曰：『算盤聲、天平聲、板子聲。』袁竟以此罷官。」程迓亭曰：「順治十年三月，湖廣撫臣題參袁于令等官十五員侵盜錢量。時布政使林德馨已內陞左副都，而工科給事張王治遂並劾之。此詩『拙宦無家』及『歸來唯四壁』等語，特為廉吏暴白。」 《左傳‧昭十九年》：「或失職。」杜詩：「囊空恐羞澀。」 僑寓，見《西泠閨泳‧序》注。白下，見《琴河感舊‧序》。

曉日珠簾半上鉤，少年走馬過紅樓。五陵烽火窮途恨，三峽雲山遠地愁。盧女門前烏柏樹，昭君村畔木蘭舟。相逢莫唱思歸引，故國傷心恐淚流。四首在梅村集中亦推高唱。起句是吳郡佳公子，三句遭亂，四句佐藩，五六就西楚說，結句僑寓。○曉日，見《謁張石平》。庚子慎詩：「珠簾新上鉤。」王仲初詩：「半下珠簾半上鉤。」 少年走馬，見《遇劉雪舫》。白詩：「紅樓富家女。」 五陵，見《銀泉山》。烽火，見《閬州行》。窮途，見《贈李雲田》。 杜詩：「三峽樓臺淹淹日月，五溪衣服共雲山。」《左傳‧隱五年》：「且言遠地也。」 《舊唐書‧樂志》：「魏武帝宮人有盧女者，故將軍應叔之姊也。七歲入漢宮，學鼓琴，善為新聲。」高季迪詩：「盧女門前映落花。」烏柏〔註4〕樹，見《送龔孝升》。 仇注杜詩：「昭君村在荊州府歸州東北四十里。」按：歸州於雍正元年改為直隸州，十三年改屬宜昌府。《一統志》：「昭君村在宜昌府興山縣南，有昭君院，又有昭君臺。」馬虞臣詩：「猿啼洞庭樹，人在木蘭舟。」石季倫《思歸引》詩序曰：「此曲有絃無歌，今為作歌辭，以述余懷。恨時無知音者，令造新聲而被於絲竹也。」

〔註3〕「二」，《史記》作「南」。
〔註4〕「柏」，乙本誤作「相」。

　　張如哉曰：「『洛陽女兒名莫愁，十五嫁為盧家婦。』梁武齊歌也。《古樂府·
莫愁歌》：『莫愁在何處？莫愁石城西。』《容齋隨筆》云：『莫愁，郢州石城人。』
又，石城女子莫愁曲：『聞歡下揚州，相送楚山頭。』自是兩地兩人，後人多混
用，謂為盧莫愁。此詩就西楚說，亦是沿用盧莫愁耳，非指魏武宮人也。又曰：
《晉西洲曲》：『西洲在何處？兩槳橋頭渡。日暮伯勞飛，風吹烏桕〔註5〕樹。樹
下即門前，門中露翠鈿。』按：《莫愁歌》：『莫愁在何處？莫愁石城西。艇子打
兩槳，催送莫愁來。』二詩俱用兩槳，可見西洲即石城西也。則『門前烏桕樹』，
即是用盧女事，切西楚說，非湊合也。與下句木蘭舟之在楚正同。」

其二

　　霓裳三疊遍天涯，浪跡巴丘度歲華。賴有狂名堪作客，誰知拙宦已
無家。西州士女章臺柳，南國江山玉樹花。正遇秋風蕭索甚，淒涼賀老
撥琵琶。從詞曲擅名。起二句指佐藩，三句僑寓白下，四句惆悵無家，後半歷落動
人。起結相應，妙不著跡。○霓裳疊，見《宮扇》。　浪跡，見《楚兩生·序》。巴
丘，見《贈家侍御》。《唐書·藝文志》：「韓鄂《歲華紀麗》二卷。」　狂名，見《雪
夜苑先齋中》。　拙宦，見《再寄三弟》。　西州，見《又詠古》。章臺柳，見《鴛湖
閨詠》折柳注。《左傳·昭七年》：「楚子成章華之臺。」《注》：「臺在今華容城內。」
《岳陽風土記》：「華容世傳有章臺，非也。古章華在今監利縣離湖上。」　南國，
見《蘆洲行》。玉樹花，見《玉京彈琴歌》注。　蕭索，見《哭志衍》。　元詩：「賀
老琵琶定場屋。」

其三

　　詞客開元擅盛名，蕭條白髮可憐生。劉郎浦口潮初長，伍相祠邊月
正明。擊筑悲歌燕市恨，彈絲法曲楚江情。原注：袁西樓樂府中有《楚江情》
一齣。善才已死秋娘老，濕盡青衫調不成。此首與其二同妙。○杜詩：「詞客
哀時且未還。」開元，見《老妓行》。盛名，見《攀清湖》。　杜詩：「清秋鶴髮翁。」
王會之詩：「羈雌鶴髮可憐生。」　《一統志》：「劉郎浦在荊州府石首縣西北。」胡身
之《通鑑注》：「石首縣沙步有劉郎浦，蜀先王納吳女處。」　《一統志》：「伍相國廟在
歸州東十五里，祀伍員。」　《史記·刺客傳》：「荊軻日與狗屠及高漸離飲於燕市，酒
酣以往，高漸離擊筑，荊軻和而歌於市中。」　江總持詩：「彈絲命琴瑟。」《唐書·

〔註5〕「桕」，乙本誤作「相」。

禮樂志》：「明皇既知音律，又酷好法曲。」按：《西樓記》標目有「種愁根」幾句。楚江情，非齣名也。 《高齋詩話》：「《琵琶錄》云：『元和中，曹保有子善才，善才有子綱，皆能琵琶。』」白詩：「曲罷長教善才服，妝成每被秋娘妒。」 又：「江州司馬青衫濕。」

　　宋牧仲《筠廊偶筆》：「袁籜庵以西樓傳奇得盛名，與人談及，輒有喜色。一日，出飲歸，月下肩輿過一大姓門，其家方燕賓，演霸王夜宴，輿人云：『如此良夜，何不唱繡戶傳嬌語，乃演《千金記》耶？』籜菴狂喜，幾墮輿。」

其四

　　湘山木落洞庭波，杜宇聲聲喚奈何。千騎油幢持虎節，扁舟鐵笛換漁蓑。使君灘急風濤阻，神女臺荒雲雨多。楚相歸來唯四壁，故人優孟早高歌。此首是四章結語，而於扁舟歸里，惆悵無家，又加意寫出也。○《〈史記·秦始皇紀〉注》：「湘山者，乃青草山，山近湘水。」《一統志》：「君山在岳州府巴陵縣西南洞庭湖中，一名湘山，亦稱洞庭山。」《楚辭》：「洞庭波兮木葉下。」 杜宇，見《送林衡者歸閩》詩後。《世說》：「桓子野每聞清歌，輒喚奈何。」《堅瓠集》：「袁籜菴失職後，題寓所一聯曰：『佛言不可說，不可說；子曰如之何，如之何。』」 千騎，見《雕橋莊歌》。油幢，見《贈馬督府》。《周禮·掌節》：「山國用虎節。」 鐵笛，見《避亂》。鄭守愚詩：「漁人披得一蓑歸。」 《一統志》：「使君灘在宜昌府東湖縣西一百一十里大江中。」風濤，見《自信》。 《一統志》：「陽雲臺在四川夔州府巫山縣西北。宋玉賦云：『遊陽雲之臺，望高唐之觀。』即此也。」《舊志》：「按：司馬相如《子虛賦》前言楚王獵於雲夢，後言登雲陽之臺。孟康《注》云：『雲夢中高唐之臺。』據此當在今荊州及漢陽境。然宋賦言：『神女在巫山之陽，高丘之阻，朝朝暮暮，陽臺之下』，則陽臺在巫山，理亦有之。若高唐則實在雲夢，不在巫山也。雲夢澤在德安府安陸縣南五十里，東南接雲夢縣界。」杜詩：「雲雨荒臺豈夢思。」 四壁，見《送周子俶》。 《史記·滑稽傳》：「優孟者，故楚之樂人也。長八尺，多辯，常以談笑諷諫。楚相孫叔敖知其賢人也，善待之。病且死，屬其子曰：『我死，汝必貧困。若往見優孟，言我孫叔敖之子也。』居數年，莊王置酒，優孟前為壽，因歌曰：『廉吏可為而不可為。』於是莊王謝優孟，乃召孫叔敖子，封之寢丘四百戶。」

　　吳之紀（字天章）《春日袁荊州令昭過訪百花洲口二絕》：「契潤經今兩白頭，建牙吹角古荊州。東山嘯詠西樓夢，故國重逢話昔遊」；「一曲才成傳樂府，十千隨到付纏頭。當時記得輕分手，王粲高樓鸚鵡洲。」

送楊懷湄擢臨安令程迓亭曰：「楊懷湄，名琳，成都人。張獻忠屠蜀得之，以與李定國為養子，常為軍鋒。定國死，來降，以武階改文職，得太倉州判，轉臨安知縣。罷官，家州中。」《一統志》：「臨安縣在杭州府西北一百里。」

聽松鈴閣放衙陰，飛瀑穿階石室琴。許掾仙居丹井在，謝公遊策碧雲深。山農虎善樵微徑，溪女蠶忙採遠林。此地何王誇衣錦，錦城人起故鄉心。原注：令成都人，臨安乃錢鏐衣錦城也。　切定臨安風景，結有別趣。○李詩：「愛聽松風日高臥。」鈴閣，見《鴛湖感舊》。放衙，見《簡姜明府》。　錢仲文詩：「千峰掛飛瀑。」岑參說：「迸筍穿階踏還出。」《漢書・司馬遷傳》：「紬史記石室金匱之書。」　李義山詩：「許掾全家道氣濃。」李詩：「幽廉清寂若仙居。」《杭州府志》：「九仙山在臨安縣西一十五里，葛仙翁、許邁煉丹之地。」又：「於潛縣許游丹井在觀山，許邁丹井在雲封菴。」　杜詩：「遊山憶謝公。」《〈周禮・三農〉注》：「山農、澤農、平地農也。」王詩：「階前虎心善。」蘇詩：「江上有微徑。」　杜詩：「溪女得錢留白魚。」蠶忙，見《簡姜明府》。李巨山詩：「搖颺徧遠林。」《嘉靖臨安縣志》：「錢武肅王衣錦還鄉，盛燕父老，山林皆覆以錦，故名臨安為十錦：衣錦營、衣錦山、衣錦山、衣錦南鄉、衣錦北鄉、錦溪、錦橋、晝錦堂、書錦坊、保錦坊、衣錦將軍樹。」　錦城，見《玉京墓》。《史記・項羽紀》：「富貴不歸故鄉，如衣錦夜行。」

登縹緲峰見五言古。

絕頂江湖放眼明，飄然如欲御風行。最高尚有魚龍氣，半嶺全無鳥雀聲。芳草青蕪迷近遠，夕陽金碧變陰晴。夫差霸業銷沉盡，楓葉蘆花釣艇橫。舊說三語狀湖之廣，四語狀峰之高。　張如哉曰：「寫得縹緲意象出，五六句更為神到。」○絕頂，見《得願雲書》。　曹毗《黃帝贊》：「飄然跨騰鱗。」御風，見《凌煙圖・序》。　劉文房詩：「獨有魚龍氣。」　半嶺，出《晉書・阮籍傳》。鳥雀，見《松鼠》。　吉中孚詩：「青蕪平野四圍山。」《桃花源記》：「忘路之遠近。」　劉子翬詩：「金碧消磨瓦面星。」王詩：「陰晴眾壑殊。」《晉書・熊遠傳》：「恢霸業於來今。」銷沉，見《茸城行》。　楓葉蘆花，見《壽陸孟鳧》。《小爾雅》：「小船謂之艇。」

過席允來山居梅村《席允來墓誌》：「余往來洞庭東山，則必訪席君允來氏。君諱元泰。」謝靈運有《山居賦》。

碧梧門巷亂山邊，灑掃雖頻得自然。石筍一林雲活活，藥欄千品雨娟娟。養花性為先人好，種樹經從伯氏傳。社酒已濃茶已熟，客來長繫五湖船。山居幽事，描寫殆盡，於允來尤為貼切。○退之《馬少監志》：「翠竹碧梧，鸞鵠停

峙，能守其業者也。」雍國鈞詩：「村原門巷都相似。」亂山，見《園次罷官》。　自然，見《西田》詩。　《雲林石譜》：「石筍所產，凡有數處，一出鎮江府黃山，一產商州，一產益州。」《詩》：「比流活活。」　杜詩：「乘興還來看藥欄。」娟娟，見《西田》詩。《允來墓誌》：「自其父震湖君世居莫峰下，有茶癖，以善種花得養性術，年十五而終。允來孝友似其父，養花尤擅家風。」　《史記·李斯傳》：「所不去者，醫藥、卜筮、種樹之書。」按：《允來墓誌》：「其父震湖公以心泉君濡之子由後於叔南濱。」則伯氏即心泉君，於允來當為伯祖也。　杜詩：「田翁逼杜日，邀我嘗春酒。」茶熟，見《虎丘夜集圖》。

　　　　按：《詩傳》：「活活，水聲也。」「雲活活」，益即李長吉「銀浦流雲學水聲」之意。

贈武林李笠翁原注：笠翁名漁，能為唐人小說，兼以金元詞曲知名。　《漢書·藝文志》：「小說家者流，益出於稗官。」《宋書·王微傳》：「至二十左右，方復就觀小說。」《陳後山詩話》：「《傳奇》，唐裴鉶所著小說也。」

　　家近西陵住薜蘿，十郎才調歲蹉跎。江湖笑傲誇齊贅，雲雨荒唐憶楚娥。海外九州書志怪，坐中三疊舞回波。前身合是玄真子，一笠滄浪自放歌。切定笠翁身份。三四更佳。○西陵，橋名，見《題河渚圖》注。《楚辭》：「被薜荔兮帶女蘿。」《霍小玉傳》：「素聞十郎才調風流，今又見容儀雅秀，名下固無虛士。」蹉跎，見《送何省齋》。　笑傲，見《閬園》詩。《史記·滑稽傳》：「淳于髡者，齊之贅婿也。」　杜詩：「雲語荒臺豈夢思。」《莊子·天下》篇：「繆悠之說，荒唐之言。」溫飛卿詩：「楚娥攀樹獨含情。」　《史記·孟子傳》：「騶衍乃深觀陰險消息，而作怪迂之變，謂中國外如赤縣神州者九，乃所謂九州也。於是有裨海環之，如此者九，乃有大瀛海環其外。」志怪，見《二十五日》詩。　三疊，見《贈袁蘊玉》。《樂府解題》：「《回波樂》，商調曲，與《囀春鶯》、《烏夜啼》之類，謂之軟舞。」　前身，見《圓圓曲》。■《唐書·隱逸傳》：「張志和，字子同，婺州金華人，自稱煙波釣徒，著《玄真子》，亦以自號。」《續神仙傳》：「玄真子，會稽山陰人也。」　一笠，見《西田》詩。放歌，見《送田髴淵》。

贈崑令王莘雲尊人杏翁原注：永平人。　《一統志》：「崑山縣在蘇州府東少北七十里。永平府在京師東五百五十里。」《蘇州府志》：「崑山知縣王簡，字莘華，撫寧人。拔貢。順治十六年九月任，十七年八月劾去。」

　　半載江南客未深，玉山秋靜夜沉吟。九邊田牧思班壹，三輔交遊識

季心。快馬柳城常命酒，軟輿花縣暫聞琴。白頭閒說西京事，曾記循良久賜金。原注：莘雲有能名，未半載以錢糧報罷。　半載字、暫字、久字俱用意，然是贈杏翁語，非贈莘雲語也。於句中言外得之。○《一統志》：「玉山草堂在崑山縣西界溪上，亦曰玉山佳處。」顧仲瑛有《玉山佳處以愛汝玉山草堂靜分韻》詩。沉吟，見《送何省齋》。　《廣輿記》：「明初設遼東、宣府、大同、延綏西鎮，繼設寧夏、甘肅、薊州三鎮，又以山西偏頭三關、陝西固原亦稱二鎮，是為九邊。」田牧，見《壽王鑑明》。《氏族考》：「班壹，秦末避地樓煩，以財雄邊，故北方多以班為字者。」　三輔，見《退谷歌》。《史記・季布傳》：「季布弟季心，氣蓋關中，方數千里士皆爭為之死。」　決馬，見《雜感》。《一統志》：「柳城廢軍，在永平府昌黎縣西南。」皇甫茂政詩：「命酒閒令酌。」　王仲初詩：「步步金堦上軟輿。」李詩：「河陽花作縣。」嚴正文詩：「因聽子賤琴。」　元詩：「白頭宮女在，閒坐說玄宗。」西京，見《雒陽行》。　循良，見《遇南廂園叟》。《漢書・循吏傳》：「黃霸，字次公。為潁川太守，賜爵關內侯，黃金百斤。」

　　《漢書・烏恒傳》：「曹操大破蹋頓於柳城。」《魏志》引軍出盧龍塞，經白檀，歷平剛，涉鮮卑庭，東指柳城。《綱目質實》：「柳城故城在永平府城西二十里。」而與《集覽》俱以盧龍塞為盧龍縣，吾意不然。今之盧龍縣，即漢肥如縣也。隋開皇十八年，始改新昌為盧龍。唐武德二年，再改肥如為盧龍。在操時本無此稱。操於二十里內，不賈勇徑進，而紆迴曲折，由白檀、平剛以歷涉五百里之遙，曾能軍者而如是耶？而又何貴乎田疇之導？況前漢白檀縣屬漁陽，平剛縣屬右北平，自永平達柳城二十里之間，其無此兩縣可知也。《田疇傳》出盧龍在上徐無後，而徐無山在今遵化州，州在永平府西。操自無終回軍，無終即翁同，在薊州北。若由薊州至盧龍縣，則不得謂之回矣，又何以先入盧龍縣而後上徐無哉？至《集覽》以白檀為徐無東北之山。《質寔》曰：「山在密雲縣南二十五里，古有白檀樹，故名。」其檀樹之有無，姑弗深考。然五百里之內，宜舉其大者要者，未有甫舉徐無而又指此山者。且操破蹋頓，攻其無備也。先至永平，已使之有備矣。而又旁出空虛，以幸其無備，操之智必不出此。蹋頓能偵知操於未至柳城二百里之外，而不能追偵操於初發永平二十里之內，豈事理之可信者哉？竊意漢之盧龍，所該者遠，而曰塞，曰口，蓋於古北口為近，故《一統志》謂白檀縣在今古北口外承德州界，而平剛當更遠，以其近於鮮卑，故可以東指柳城耳。《晉書・樂志》改巫山高為屠柳城，言曹公越北塞，歷白檀，破三郡烏桓於柳城也，可以為證。《遼史》以錦州之廣寧縣當漢柳城縣，《一統志》雖辨其誤，然永平之

柳城軍在昌黎縣西南者，唐永泰元年置，蔚宗、承祚豈能預取隋、唐地而書之？《集覽》、《質甓》亦欲漢、魏人觀後世書耶？　顧寧人《京東考古錄》辨柳城甚詳，而於盧龍則未之及。朱竹垞《日下舊聞》引《呆齋集》：「染氏園在今京師西南五六里，其外有舊城。舊城者，唐藩鎮，遼、金別都之城也。唐時為范陽藩鎮，安、史反後，更名盧龍，而所治幽州薊縣不改。今移薊以名州，移盧龍以名縣，各去此數百里，其甓唐之盧龍與薊在此也。」按此則盧龍去幽州甚近，距永平之柳城軍可云五百里矣。然安、史反後，始更名盧龍。承祚作《三國史》，不能預知安、史之變也。《一統志》：「柳城故城在土默特右翼西。」《漢書·地理志》：遼西郡柳城縣，西部都尉治。操破蹋頓，猶後漢也。《魏志》柳城盡指此，而梅村此詩自用永平之柳城軍耳。

客譚雲間帥坐中事此當亦為松江提督馬逢知作也。見《茸城行》。

　　五茸絲管妓堂秋，奪得蛾眉付主謳。豈是絕纓諸將會，偶因行酒故人留。青尊有恨攀他手，白削無情笑者頭。若遇季倫西市日，可宜還墮綠珠樓。起結相應，描寫處與、喚醒處，情致俱佳。與《過吳來之竹亭湖墅》迥異。蓋一則懷舊情深，一則諷刺示戒也。○五茸，見《茸城行》。絲管妓堂，見《老妓行》。　蛾眉，見《永和宮詞》。主謳，見《老妓行》。　《說苑》：「楚莊王賜群臣酒，酒酣，燭滅。乃有人引美人之衣者，美人援絕其冠纓，告王。王命左右群臣百有餘人皆絕去其冠纓，而上火，卒盡歡而罷。」諸將，見《哭志衍》。　《史記·魏其武安侯傳》：「魏其侯為壽，獨故人避席耳，餘半膝席。灌夫不悅，起行酒。至武安，武安膝席曰：『不能滿觴。』夫怒，因嬉笑曰：『將軍貴人也，屬之！』時武安不肯。行酒次至臨汝侯，汝侯方與程不識耳語，又不避席。夫無所發怒，乃罵臨汝侯。武安遂怒曰：『此吾驕灌夫罪。』乃令騎留灌夫，欲出不得。籍福起為謝，案灌夫項令謝，夫愈怒，不肯謝。武安乃麾騎縛夫置傳舍。」　青尊，見《嘲張南垣》。《本事詩》：「也應攀折他人手。」按：詩意是反用《史記·滑稽傳》「握手無罰，目眙不禁」也。　《三國志·甘寧傳》：「寧引白削置膝上，呵謂都督曰：『寧尚不惜死，卿何以獨惜死乎？』」《史記·平原君傳》：「民家有躄者，平原君美人居樓上，臨見，大笑之。明日，躄者至平原君門，請曰：『臣願得笑臣者頭。』平原君笑，應曰：『諾。』終不殺。居歲餘，賓客稍引去，平原君怪之。門下一人前對曰：『以君之不殺笑躄者，以為君愛色而賤士。』於是平原君乃斬笑躄者美人頭。」　季倫，見《鴛湖曲》。西市，見《老妓行》。　綠珠，見《老妓行》。詳七言絕《墮樓》。

　　　袁子才曰：「茸城友人嘗談馬逸事。馬少出行伍，遭逢世難，故妻為人掠賣。
馬貴，另娶，而故妻聞之，叩閽上謁，馬內之，抱首慟哭。故妻亦生子矣，築別
館以養其夫妻子母，軍中稱之曰夫人，曰公子，與其夫人均禮。馬西市日，其故
妻與故妻之夫及子亦被誅。」

別維夏

　　惆悵書生萬事非，赭衣今抵舊烏衣。六朝門第鴉啼繞，九月關河木葉
飛。庾嶺故人猶未別，原注：維夏，叔增城公子彥。燕山游子早應歸。正逢漉
酒登高會，執手西風歎落暉。此首與《送維夏牽染北行》當屬一時作，情致歷落。
〇惆悵，見《西田》詩。書生，見《壽龔芝麓》。萬事非，見《遇南廂園叟》。　司馬子
長《報任安書》：「魏其，大將也，衣赭衣。」烏衣，見《白燕吟》。　六朝，見《玄武
湖》注。鴉啼，見《吳令之任》。　沈雲卿詩：「九月寒砧催木葉。」　庾嶺，見《歎
王子彥》。子彥，見《短歌》。　燕山，見《送龔孝升》。游子，見《別孚令弟》。陶詩：
「漉我新熟酒。」《詩》：「執子之手。」杜牧之《九日登高》詩：「不用登臨歎落暉。」

庚子八月訪同年吳永調於錫山有感賦贈庚子，順治十七年。《常州府志》：
「崇禎辛未進士吳其馴，無錫人。兵部員外。」錫山，見《贈伯成明府》。

　　廿載京華共酒尊，十人今有幾人存。原注：京師知己為真率會。今其人零
落已盡。多愁我已嫌身世，高臥君還長子孫。士馬孤城喧渡口，雲山老屋
冷溪門。相逢萬事從頭問，樺燭三條照淚痕。起結相應。第五句跟三句說，
第六句跟四句說。〇京華，見《贈陸生》。按：酒尊，字出《後漢書・王霸傳》。　杜
詩：「千家今有百家存。」　又：「心弱恨多愁。」身世，見《西田》詩。　高臥，見
《退谷歌》。《史記・平準書》：「為吏者長子孫。」　士馬，見《送朱遂初》。丘為詩：
「渡口流水寬。」　趙閱道詩：「溪邊老屋斜。」溪門，見《避亂》。　《玉篇》：「樺木
皮可以為燭。」【《演繁露》：「白樂天集曰：『試許燒木燭三條，燭盡不許更續。』■】
〔註6〕《唐詩紀事》：「權德輿云：三條燭盡，燒殘士子之心；八韻詩成，驚破試官之
膽。」杜詩：「雙照淚痕乾。」

其二

　　杖藜何必遠行遊，抱膝看雲鶴氅裘。天遣名山供戶牖，老逢佳節占

〔註6〕【　】內文字，稿本、天圖本作「《西溪叢話》：『天聖初，實貞固知貢舉。舊制：
　　夜試以三燭為限』」。

－881－

風流。干戈定後身還健，花月閒時我欲愁。莫歎勝情無勝具，亂峰深處著高樓。原注：永調有足疾。　起結相應，中四承轉入妙。○杜詩：「明日看雲還杖藜。」　《三國志·諸葛亮傳》注：「常抱膝長嘯。」看雲，見《虎丘圖》。《晉書·謝萬傳》：「著白綸巾，鶴氅裘。」　名山，見《揖山樓》。祖詠詩：「南山當戶牖。」　王詩：「每逢佳節倍思親。」　杜詩：「明年此會知誰健。」　《晉書·王湛傳》：「子安期至下邳，登山北望，歎曰：『人言愁，我始欲愁矣。』」　《世說》：「許掾好遊山水，而體便登涉，時人云：許非徒有勝情，寔有濟勝之具。」　朱子詩：「高旻矗亂峰。」《古詩》：「西北有高樓。」

其三

　　黃花秋水五湖船，客鬢蕭騷別幾年。老去妻孥多下世，窮來官長有誰賢。酒杯驅使從無分，書卷消磨絕可憐。剩得當時舊松菊，數間茅屋對晴川。此首自述近況，情致渺然。○黃花，見《後東皋歌》。　駱賓王詩：「客鬢年年異。」薛大拙詩：「風地葉蕭騷。」謝茂秦詩：「別後幾年兒女大。」　下世，見《攀清湖·序》。　杜詩：「徒步翻憂官長怒。」　又：「詩酒尚堪驅使在。」　歐陽永叔詩：「一生勤苦書千卷，萬事消磨酒百分。」杜詩：「男兒性命絕可憐。」　松菊，見《九峰草堂歌》。　韓詩：「破屋數間而已矣。」晴川，見《孝若山樓》。

其四

　　虛臺便闕信沉沉，話及清郎淚不禁。別處風波寧敢恨，僅存兄弟獨何心。南州師友江天笛，北固知交午夜砧。從此溪山避矰繳，暮雲黃葉閉門深。此首寫透有感，是贈詩本意。○白詩：「銀臺金闕夕沉沉。」　清郎，見《清風使節圖》。　風波，見《鴛湖曲》。　《答蘇武書》：「陵獨何心。」　《後漢書·徐穉傳》：「此必南州高士徐孺子也。」又，《李膺傳》：「以同郡荀淑、李膺為師友。」韋應物詩：「遙聽江上笛。」　北固，見《闇園·序》。知交，見《送周子俶》。戴幼公詩：「松門午夜風。」李有中詩：「漸聽夜砧鳴。」　溪山，見《避亂》。矰繳，見《哭志衍》。　《易林》：「桑芳將落，隕其黃葉。」

　　　玩此詩語意，蓋諸監國偽立時，永調知舊有入其簿錄者也。虛臺便闕，已成荒煙蔓草矣。　張如哉曰：「此首語意似有感於周芮公而作。《寄芮公詩·序》云：『南徐夜月，北固江聲。笑談甚適，賓從皆賢。』與此之『南州師友』、『北固知交』相合。又云：『江南近信，已泊樓船；京峴舊遊，皆非樂土。何必無諸臺上，

始接烽煙；歐冶城邊，纔開壁壘。』與此之到處風波相合。『話及清郎』，即所云『入主銓衡，地當清切』也。或永調亦庚午受知於芮公與？梅邨為同門生歟？俟考。」

送張玉甲憲長之官邛雅《昭代叢書》：「古燕張能鱗玉甲。」《畿輔通志》：「能鱗，大興人。順治丁亥進士。」《四川通志》：「能鱗，順治十八年分巡上南道，駐紮嘉定州。」《史記・大宛傳》：「出邛僰。」《正義》曰：「邛，今邛州。僰，今雅州。」《一統志》：「建昌上南道，駐寧遠府，兼轄嘉定雅州二府、眉邛二州。」

秋水連天棹五湖，勞勞亭畔客心孤。飄蓬宦跡空迢遞，浩劫山川尚有無。石鏡開花惟自照，郫筒憶酒向誰沽。蕭條大散關頭路，匹馬西風入畫圖。前半首送張玉甲，後牛首之官邛雅。第四句最佳。五六從此句涵泳而出。○劉文房詩：「洞庭秋水遠連天。」　勞勞亭，見《送遠圖歌》。心孤，見《攀清湖》。　飄蓬，見《江樓別孚令》。宦跡，見《送王藉茅》。迢遞，見《送何省齋》。　浩劫，見《呈李太虛》。　《一統志》：「武擔山在成都縣城內北隅。」揚雄《蜀本紀》：「武都有丈夫化為女子，蜀王納以為妃。未幾物故，王發卒之武都擔土，葬於成都郭中，號曰武擔，以石鏡一枚表其墓。」杜詩：「暗飛螢自照。」　郫筒酒，見《送志衍入蜀》。杜詩：「酒憶郫筒不用沽。」　散關，見《圓圓曲》。

其二

劍外新傳一道通，十年群盜漫稱雄。橫刀割取青神渡，烈火燒殘白帝宮。豈有山川歸李特，猶能車馬識文翁。誰將牛斗龍泉氣，移在天彭井絡中。原注：張從江南學使者遷是職。　前半言蜀疆初定，追溯兵擾。五六遞轉至玉甲。結句切合地理，兼用張姓事。○杜詩：「劍外官人冷。」一道通，見《二十五日》詩。《史記・李斯傳》：「關東群盜多。」《後漢書・袁紹傳》：「橫刀長揖徑出。」《一統志》：「青神縣在眉州南八十里。五渡山在青神縣東十里。《水經》：『山下繞流屈曲，渡處凡五，因名。』」《書》：「烈於猛火。」《一統志》：「白帝故城在夔州府奉節縣東。」《水經注》：「江水經永安宮南，諸葛亮受遺詔處也。」《夔州府志》：「永安宮，今為府儒學基。」《晉書・李特載記》：「元康中，氐齊萬年反，關西擾亂。特隨流人將入蜀，至劍閣，箕踞太息，顧盼險阻，曰：『劉禪有如此之地，而面縛於人，豈非庸才耶？』」　文翁，見《閬州行》。　牛斗，見《送龔孝升》注。《晉書・張華傳》：「有雙劍，並刻題，一曰龍泉，一曰太阿。其夕，斗女間氣不復見焉。」《一統志》：「邛州雅州府，天文井鬼分野，鶉首之次。」《水經注》：「秦昭王以李冰為蜀守，見氐道縣

有天彭山，兩山相對，其形如闕，謂之天彭，亦曰天彭闕。」《一統志》：「彭門山在彭縣西北。」《明統志》：「在縣北三十里，兩峰對立如闕，名天彭門。」《河圖括地象》：「岷山之精，上為井絡。」李義山詩：「井絡天彭一掌中。」

其三

岷峨悽愴百蠻秋，路折邛崍九阪愁。城裏白雲從地出，馬前黑水向人流。松番將在看高臥，雪嶺僧歸話遠遊。欲問辟支諸佛土，貝多羅樹即關頭。原注：雅州關外即烏思藏。　切定邛雅。三四更工。〇杜詩：「岷峨氣悽愴。」百蠻，見《送杜弢武》。　《漢書·王尊傳》：「先是王陽為益州刺史，行部至邛崍九折阪。」《一統志》：「邛崍山在雅州府榮經縣西南。」　又：「白雲泉在雅州府黎州宅東，從白塔谷前取水穴城東以入，始以木槽承之，分為四大井。」　《書》：「華陽、黑水惟梁州。」揚子雲《益州箴》：「華陽西極，黑水南流。」　《一統志》：「松潘衛在龍安府西少北三百里。」高臥，見《退谷歌》。　杜詩：「劍閣星橋北，松州雪嶺東。」《一統志》：「雪山在龍安府松潘衛。」　《酉陽雜俎》：「于闐國贊摩寺有辟支佛靴。」佛土，見《贈蒼雪》。　《酉陽雜俎》：「貝多樹出摩伽佗國，西土用以寫經。」《一統志》：「打箭爐在大渡河外直黎雅之西，自古為荒服地。雍正七年，設雅州府同知分駐其地，兼轄番漢，自裏塘、巴塘以西直抵西藏，延袤數千里，悉入版圖，而打箭爐寔為諸番朝貢互市之要口云。西藏歷周及隋猶未通中國。唐貞觀八年，有吐蕃弄贊者始遣使者來朝。元世祖時，置烏斯藏，郡縣其地，以吐蕃僧八思巴為大寶法王帝師領之。明置烏斯藏朵甘二指揮司及宣慰司、招討司、萬戶府、千戶所。順治九年來朝，其地有四：曰衛，曰藏，曰喀木，曰阿里衛，在四川打箭爐西北三千里，即烏斯藏也。」薛大拙詩：「孤絕落關頭。」

其四

錦官春色故依然，料理蠶叢半壁天。葛相祠堂尋有跡，譙玄門戶訪誰傳。還家杜宇三更夢，寄遠菖蒲十樣箋。此去壯遊何所恨，思君長問楚江船。前半首慰勉玉甲，後半首寫得送字深切。〇《元和志》：「錦城在成都縣南十里，故錦官城也。」杜詩：「錦江春色來天地。」蘇詩：「高僧一笑故依然。」　料理，見《送王藉茅》。蠶叢，見《山水圖歌》。邱仲深詩：「撐起炎州半壁天。」　賈閬仙詩：「葛相行師自渡瀘。」杜詩：「丞相祠堂何處尋。」《一統志》：「譙玄，字君黃，閬中人。能說《易》、《春秋》。成帝時，對策高第，拜議郎，遷中散大夫。公孫述僭號，

徵之不起。子瑛，善說《易》。」門戶，見《送王維夏》。　杜宇，見《送林衡者詩後》。
黃庚（字星甫）詩：「半窗明月三更夢。」　李義山詩：「欲織相思花寄遠。」微之《薛
濤寄花箋百餘幅題詩寄贈》：「別後相思隔煙水，菖蒲花發五雲高。」章望之《延漏錄》：
「益州出十樣鸞箋。」　杜有《壯遊》詩。　楚江，見《送沈旭輪》。

哭中書趙友沂兼柬其尊甫洞門都憲

《江南通志》：「趙開心，字洞門，長沙
人。寄籍江都。三為御史大夫，敢言直諫，屢黜不顧。仕至工部尚書。子而汴，伉爽
負才，官內閣中書。」《揚州府志》：「洞門，崇禎甲戌進士。」

　　長沙才子九江船，集作「長子」。御史臺西月正圓。兩省親朋歡笑日，
一官詩酒亂離年。朱樓有淚看楊柳，白髮無家聽杜鵑。太息賈生歸未得，
湘花湘草夕陽邊。多從洞門著想，聲情俱佳。○長沙，見《即事》第九首。九江，
見《閩園》詩。《通典》：「御史之名，至秦漢為糾察之任。所居之署，漢謂之御史臺，
亦謂之蘭臺寺。梁及後魏、北齊或謂之南臺。」《唐書·魏謩傳》：「兩省屬官皆可議
朝廷事。」賈幼鄰有《早朝大明宮呈兩省僚友》詩。親朋，見《塗松晚發》。　朱樓，
見《揚州》。看揚柳，見《琴河感舊·序》。　杜鵑，見《送林衡者詩後》。《史記·
賈生傳》：「賈生，洛陽之人。年少。」盧弼詩：「少婦不知歸未得。」

　　　　張如哉曰：「長子當是才子。王詩：『長沙不久留才子。』《西征賦》：『賈誼，
　　　　洛陽之才子。』又與第七句相應也。《湖廣通志》：『而忭廕補中書舍人，有才子
　　　　之目。』」

　　　　吳園次《見人扇頭是友沂絕句愴然和之》：「歌板當年出絳紗，綠腰紅袖盡鉛
　　　　華。只今便面春風在，曾向章臺拂柳花。」

贈學易友人吳燕餘

許九日《秋水集》：「燕餘杜門注《易》，捃拾自資，為墨吏所
辱，抱恨而死，時年六十四。」程迓亭曰：「燕餘，常熟人。」

　　風雨菰蘆宿火紅，胥靡憔悴過牆東。吞爻夢逐虞生放，端策占成屈子
窮。縱絕三編身世外，橫添一畫是非中。道人莫訝姚平笑，六十應稱未濟
翁。象外寰中，用意精切。○菰蘆，見《送杜于皇》。韋應物詩：「空林無宿火。」　胥
靡，見《送王維夏》。《後漢書·逢萌傳》：「避世牆東王君公。」　《虞翻別傳》：「臣郡
吏陳桃夢臣與道士相遇，放髮被鹿裘，布《易》六爻，撓其三以飲臣，臣乞盡吞之。
道士言易道在天，三爻足矣，豈臣受命應當知經？」《吳志·虞翻傳》：「孫權積怒非一，
徙翻交州，雖處罪放，而講學不倦。」　《楚辭》：「詹尹乃端策拂龜曰：『君將何以教
之？』」《史記·屈原傳》：「讒人間之，可謂窮矣。」　《史記·孔子世家》：「讀《易》，

韋編三絕。」身世，見《贈願雲師》。　謝應芳詩：「方從易外窮羲畫。」　張如哉曰：「《漢書‧京房傳》：『治《易》，以孝廉為郎。元帝以房為魏郡太守，去至新豐，因郵上封事曰：臣前以六月中言《遯》卦不效，法曰：道人始去，寒湧水為災。至其七月，湧水出。弟子姚平謂臣曰：房可謂知道，未可謂信道也。房言災異，未嘗不中。今湧水已出，道人當逐死，尚復何言？臣曰：陛下至仁，於臣尤厚。雖言而死，臣猶言也。平又曰：房可謂小忠，未可謂大忠也。昔秦時趙高用事，有正先者，非刺高而死，高威自此成。故秦之亂，正先趣之。今臣得出守郡，自詭效功，恐未效而死。惟陛下毋使臣塞湧水之異，當正先之死，為姚平所笑。』」　《丹鉛錄》：「程子遇青城籠桶翁，乃知《未濟》三陽失位為男窮之義。」

其二

　　注就梁丘早十年，石壕呼怒篳門前。范升免後成何用，寧越鞭來絕可憐。人世催科逢此地，吾生憂患在先天。從今郫上田休種，簾肆無家取百錢。前首含蓄不露，此首乃質言之。燕餘蓋亦罷奏銷案內者。起結點染學《易》。○《漢書‧儒林傳》：「梁丘賀，字長翁，琅琊諸人也，從大中大夫京房受《易》。」　杜《石壕吏》詩：「吏呼一何怒。」《禮》：「士有篳門圭竇。」　《後漢書‧范升傳》：「字辯卿，代郡人也。習《梁丘易》。光武徵詣懷宮，拜議郎，遷博士。後為出妻所告，坐繫。得出，還鄉里。永平中，為聊城令，坐事免，卒於家。」　張如哉曰：「《晉書‧王承傳》：『遷東海太守，有犯夜者，為吏所拘。承問其故，曰：從師受書，不覺日暮。承曰：鞭撻寧越，以立威名，非政化之本。使吏送令歸家。』」絕可憐，見《訪吳永調》。　《唐書‧陽城傳》：「催科政拙。」《宋史‧趙方傳》：「催科不擾，是催科中撫字。」　《易》：「作《易》者其有憂患乎？」又：「先天而天不違。」　《一統志》：「郫縣故城在成都府郫縣北。」《漢書‧王貢兩龔鮑傳‧序》：「嚴君平卜筮於成都市，裁日閱數人，得百錢，足自養，則閉四下簾而受《老子》。」

　　　張如哉曰：「《〈文選‧過秦論〉注》以寧越為趙人，引《呂氏春秋》寧越謂趙將孔青內攻事，與此詩不合。《淮南子》：『寧戚欲干齊桓公，困窮無以自達，為商旅，將任車，暮宿於郭門外。桓公郊迎客，夜開門，闢任車，爝火甚眾。越飯牛車下，擊牛角而疾商歌。桓公命後車載之，授以政。』按：此則寧越即寧戚。《南唐書》：『元宗嘗見牛晚臥美蔭，曰：牛且熱矣。李家明詼諧，曰：曾遭寧戚鞭敲角，又被田單火燎身。閒向斜陽嚼枯草，近來問喘更無人。』梅村此詩正用王承傳，而兼用家明語也。又，《前漢‧藝文志》：『《寧越》一篇。中牟人，為周威王師。』與《過秦論》之寧越，俱另是一人。」

壽繼起和尚繼起，見《送入天台》。

故山東望路微茫，講樹秋風老著霜。不羨紫衣誇妙相，惟憑白足遍諸方。隨雲舒卷身兼杖，與月空明詩一囊。臺頂最高三萬丈，道人心在赤城梁。時繼起在天台，故用振錫語。第二句暗寫壽字。○故山，見《猿》。岑參詩：「故園東望路漫漫。」微茫，見《宿福源精舍》。　講樹，見《讚佛詩》。　高承《事物紀原》：「則天朝僧法朗等賜袈裟。僧之賜紫，自天后始。」鄭守愚詩：「愛僧不愛紫衣僧」。梁簡文帝《大法王序》：「降茲妙相諸佛力。」　白足，見《訪文學博》。《傳燈錄》：「有僧辭歸宗，云：『往諸方學五味禪。』歸宗云：『我這裡有一味禪，為甚不學？』」　敖陶孫《詩品》：「陶彭澤如絳雲在霄，舒卷自如。」杜詩：「接宴身兼杖。」　摩詰《與裴秀才書》：「輞水淪漣，與月上下。」《東坡集》：「庭中如積水空明。」杜詩：「有作成一囊。」　臺頂，見《聞台州警》注。　道人，見《西田》詩。赤誠梁，見《聞台州警》。張如哉曰：「道人，梅村自指。即欲往從之之意。」

惠山二泉亭為無錫吳邑侯賦《一統志》：「惠山泉在無錫縣西惠山東麓，陸羽品為天下第二泉。泉上有亭。」無錫，見《送堵伊令》。按：《常州府志》：「康熙三年，無錫知縣吳興祚，遼東清河人。」則吳令即伯成。而與七言古命題輕重迥異。然此詩編在南歸以後，必非天啟五年之無錫令吳大樸也。張如哉曰：「梅村有《雲起樓記》云：『無錫吳侯為治之三年，政成化洽，始用事於惠泉之山亭。侯諱興祚，字伯成。康熙七年九月記。』此詩宜編次於後，而錯簡於此卷之末耳。」

九龍山半二泉亭，水遞名標陸羽經。寺外流觴何處訪，公餘飛鳥偶來聽。丹凝高閣空潭紫，翠濕層巒萬樹青。治行吳公今第一，此泉應足勝中泠。寫出亭之勝概。七八句點染無錫吳三字。○九龍山，見《玉京墓》。《一統志》：「惠山寺第二泉在焉。」　水遞，見《永和宮詞》。陸羽，見《西田和韻》。　王逸少《蘭亭序》：「引以為流觴曲水。」　王元之詩：「公餘多愛入林泉。」《後漢書·王喬傳》：「喬為葉令，有神術。每月朔望，詣臺朝帝。怪其來數，密令太史伺之。有雙鳧從東南飛來，舉網張之，得雙鳧，乃所賜尚書官署履也。」《宋史·張愈傳》：「眠雲聽泉。」　王子安《滕王閣序》：「飛閣流丹。」空潭，見《謁剖公》。　李才江詩：「鳥逐翠微濕。」層巒，見《虎丘夜集圖》。吳叔庠詩：「樹青草末落。」《漢書·賈誼傳》：「文帝初立，聞河南守吳公治平為天下第一。」　中泠，見《壽陸孟鳧》。

贈張以韜來鶴詩梅村《來鶴集序》:「新安張君以韜僑居虞山,有鶴來集其庭,一時文士所投贈之作而乞余為之序。」程迓亭曰:「以韜,名文鉞。新安人。寓居常熟。」

　　草聖傳家久著聞,鬥看孤鶴下層雲。路從蓬島三山遠,影落琴川七水分。自是昂藏矜鳳侶,休教嫉妒報雞群。春風一樹梅花發,耐守寒香孰似君。多從鶴字點染,如壽鶴、如鶴洲草堂之類。末以梅伴說,用林和靖妻梅子鶴意。○杜詩:「張旭三杯草聖傳。」 又:「蕩胸生層雲。」 李義山詩:「蓬島煙霞閬苑鐘。」宋邕詩:「來經玉樹三山遠。」 琴川七水,見《琴河感舊》題注。 《北史·高昂傳》:「其父以其昂藏敖曹,故以名字之。」高嶠詩:「駕言尋鳳侶。」 《離騷》:「各興心而嫉妒。」《晉書·嵇紹傳》:「昂昂然如野鶴之在雞群。」 盧仝詩:「相思一夜梅花發。」 杜牧之詩:「寒香一樹梅。」

　　　　按:唐人水多言分,如「八水分流橫地軸」、「二水中分自鷺洲」是也。

　　　　張如哉曰:「此首與《二泉亭》詩俱非梅村極筆,當是自行刪去。而刻成後,後人續增於此卷之末,趁木板之便耳。觀原目無《來鶴》一首,而《二泉亭》詩明係戊申年作,編次誤在前可見。」

吳詩補注

卷十四

七夕感事感事，見《感事》補注。

一種杜詩：「一種相思兩地愁。」

和楊鐵崖天寶遺事詩

于闐《西京雜記》：「戚夫人侍兒賈佩蘭說在宮內時，七月七日臨百子池，作《于闐樂》。」**霓裳本是人間曲**此二首止霓裳天上為天寶遺事耳，餘多借用漢事。吳慎思《書梅村集後》曰：「宣去何能如老鐵，放歸未許戴黃冠。」諒哉！○《文士傳》曰：「太祖雅聞阮瑀名，闢之不應，連見偪促，乃逃入山中。太祖使人焚山，得瑀，送至，召入。太祖時征長安，大延賓客，使就技人列。瑀善解音，能鼓琴，遂撫絃而歌，因為歌曲。為曲既捷，音聲殊妙。太祖大悅，以瑀為司空軍謀祭酒，管記室。」按：此事裴松之《三國志注》力辨其妄，或因禰衡為鼓吏事而附益之耳。元瑜無子推之焚山，亦不必如正平之奏伎，而鐵崖則賢於正平遠甚，未易企及也。

夜宿蒙陰按：梅村丁嗣母艱歸，而歸塗詩皆倦遊語。俟考。

客行盧允言詩：「下界林疏見客行。」**茶辨性**蘇子由詩：「茶性仍存偏有味。」

郯城曉發

曉煙收《匠門書屋文集》：「郯城縣之蒼煙村當道衝，居人數十家，多徐姓。」

聞台州警

池萬頃《隋書·徐則傳》:「千尋萬頃,莫測其際。」春去劉郎路已迷秦少游詞:「春去也,落紅萬點愁如海。」白詩:「欲逐劉郎此路迷。」

贈遼左故人

酹西風趙子昂詩:「往尋荒冢酹西風。」君恩未許辛幼安詞:「怕君恩未許。」茫然《莊子》:「茫然徬徨乎塵垢之外。」溫湯《一統志》:「奉天府溫泉有四:一在遼陽州南五十里千山;一在遼陽州六十里柳河;一在永吉州東南五百五十里長白山上,熱如沸湯,暖氣上蒸如霧,西北流入大士拉庫河;一在永吉州南八百十七里訥音河岸。」又:「錦州府湯泉河,在義州西南七十里,源出湯泉,南流入楊樹溝河。」前注引昌平州、遵化州之泉,非是。寒魚隋煬帝詩:「魚寒欲隱苔。」重圍屢困孤身在程《箋》:「之遴父名祖苞。天啟六年任寧前僉憲,典山海關。寧遠被圍,烽火燭天,將吏爭遣其孥歸。祖苞與妻吳氏慷慨誓殉,出入手一短刀,每指關城語諸將曰:『吾受命典此,關與共〔註1〕存亡。百口俱在,不令諸君獨死也。』崇禎中,巡撫大同。」

菊花

黃繩見《玉京彈琴歌》補注。

繭虎

綵索蘇詞:「綵索身輕常起燕。」漢將杜詩:「漢將獨征西。」

橘燈

爭奕范石湖詩:「靜中機動夜爭棊。」饒他《字典》:「俗謂寬恕曰饒。」

戲詠不倒翁

半紙應德璉《報麗惠恭書》:「過意賜書,辭不半紙。」

海虞孫孝維三十贈言

群從《晉書·阮咸傳》:「群從兄弟莫不以放達為行。」記取出《劍俠傳》紅綃姬語也。楊仲宏詩:「記取當年賢太守。」

〔註1〕「共」,乙本誤作「其」。

贈錢臣扆

管絃新陸士衡《文賦》:「流管絃而日新。」西息田園有主人錢黻堂曰:「先臣扆公係從祖大京兆諱晉錫之父,有寄園、京兆園。」

贈荊州守袁大韞玉

烏柏樹溫飛卿《西州辭》:「門前烏柏樹,慘淡天將曙。」潮初長虞伯生詩:「磯頭風急潮水長。」

登縹緲峰

放眼陸務觀詩:「放眼柳梢初暗動。」

贈崑令王莘雲尊人杏翁

交遊《禮》:「父遊稱其信也。」柳城《遼史·地理志》:「興中府,古孤竹國。漢柳城縣地。慕容皝改柳城縣為龍城縣。元魏取為遼西郡。隋置營州,煬帝置柳城郡。」按:《一統志》:「永平府,商為孤竹國,秦為遼西、右北平二郡地。二漢至晉因之。魏太武徙置平州及遼西郡。」則古之孤竹國,秦漢之遼西郡,其地蓋廣。柳城縣本屬遼西郡,梅村即用師賊縣,亦切永平地理。前注謂用永平之柳城軍,隘矣。

別維夏

門第詳《滿江紅·壽孫本芝》。

訪同年吳永調於錫山

幾人存杜詩:「今日幾人存。」真率會《宋史·危慎傳》:「與鄉里耆艾七人為真率會。」〇從頭見《南廂園叟》補注。樺燭白詩:「秋風吹樺燭。」從無分杜詩:「竹葉於人既無分。」數間茅屋《南史·裴子野傳》:「借官地二畝,起茅屋數間。」虛臺便闕程迓亭曰:「虛臺,凌虛臺也。便闕,洞庭林屋洞,為天後真君之便闕。皆借用字。『話及清郎』,謂無錫諸賢殉難者也。『南州師友』,指李太虛。『北固知交』,指周芮公。永調殆公同門友歟?」僅存兄弟程迓亭曰:「公無錫同年五人,馬素修世奇以殉難死,唐玉汝錫蕃以奇疾死,錢凝菴振先以亂兵死,王畹仲孫蘭為韶州兵備,道聞寇逼,懼自縊死,僅存者永調與公耳。」

送張玉甲憲長之官卭雅

十年群盜漫稱雄按：《四川通志》：「群盜指十三家、袁宗第、郝搖旗、劉文秀等，皆張獻忠之餘黨也。」獻忠死於順治三年，已在前矣。**僧歸**見《高郵道中》補注。**有蹟**宋延清詩：「鳥歸沙有跡。」**還家杜宇三更夢**令狐谷士詩：「縱有還家夢。」崔禮仙詩：「子規枝上月三更。」

哭中書趙友沂兼束其尊甫洞門都憲

有淚無家杜詩：「無家對寒食，有淚如金波。」**湘草**謝皋羽詩：「湘草碧於水，王孫尚此留。」**夕陽邊**岑參詩：「野寺夕陽邊。」

贈學易友人吳燕餘

屈子《後漢書·班固傳》：「屈子之篇，萬世歸善。」**六十應稱未濟翁**《宋史·譙定傳》：「初，程頤之父珦嘗守廣漢，頤與兄顥皆隨侍。遊成都，見治篾籠桶者挾冊，就視之，則《易》也。欲擬議致詰，而篾者先曰：『若嘗學此乎？』因指《未濟》男之窮以發問。二程遜而問之，則曰：『三陽皆失位。』兄弟渙然有所省。翌日，再過之，則去矣。其後袁滋入洛，問《易》於頤，醉曰：『易學在蜀耳。』」按：《丹鉛錄》本此。**郫上田休種**張如哉曰：「《漢書·揚雄傳》：『揚季官至廬江太守，漢元鼎間，復溯江上，處岷山之陽，曰郫，有田一壥，有宅一區，世世以農桑為業。自季至雄，五世而傳一子，故雄無他揚於蜀。』按：《漢書》言揚雄少時，從嚴君平遊學。君平賣卜成都市。揚雄以為經莫大於《易》，故作《太玄》擬《易》。詩意言揚雄休種郫田，但當學君平之賣卜耳。」

惠山二泉亭為無錫吳邑侯賦

名標龔瑗《王會圖賦》：「編簡名標。」

贈張以韜來鶴詩

著聞《漢書·貢禹傳》：「禹以明經絜行著聞。」**斗看**《史記·封禪書》：「成山斗入海。」韓詩：「斗覺霜毛一半加。」

吳詩集覽　卷十五上

黎城靳榮藩介人輯

七言律詩五之上

過三峰檗公話舊三峰，見《三峰秋曉》。《明詩綜》：「熊開元，字元年，號魚山，嘉魚人。天啟乙丑進士，除崇明知縣，調吳江，選授吏科給事中，謫山西按察司簡較，遷行人司副，以言事廷杖，削籍遣戍。晚為僧，名正志，字檗菴，居蘇州之華山。」話舊，見《遇劉雪舫》。

　　霜落千峰曳杖尋，筍輿沖雨過高林。埋書草沒松根史，洗鉢泉流石磴琴。萬事幾經黃葉夢，三生難負碧潭心。山童不省團圞話，催打溪鐘夜未深。前半首過三峰檗公，後半首與檗公話舊也。○王子安《福會寺碑》：「鼓奏泉流，鐘鳴霜落。」千峰，見《西田》詩。按：曳杖，字出《檀弓》。何大復詩：「青山拄杖尋。」　筍輿，見《二十五日》詩注。沖雨，見《殘畫》。謝靈運詩：「高林映窗裏。」《左傳·昭六年》：「寺人柳乃坎、用牲、埋書。」草沒，見《夜宿阜昌》。松根，見《聞台州警》。　皮襲美詩：「石冷空消洗鉢泉。」謝靈運詩：「石磴瀉紅泉。」　黃葉，見《訪吳永調》。　三生，見《送沈友聖》。韓君平詩：「碧潭深處有潛龍。」　儲光羲詩：「侍坐西山童。」不省，見《畫中九友歌》。《龐居士語錄》：「有男不婚，有女不嫁。大家團圞頭，共說無生話。」按：《字典》引此語作「團圞」。　常建詩：「嫋嫋雲溪鐘。」

永平田君宗周吳故學博也袁重其識之尤展成司李其地相見詢袁年百有二矣索詩紀異並簡展成永平，見《贈杏翁》。《永平府志》：「昌黎縣學貢士

－893－

田宗周，保安衛教授。」按：保安衛即宣化府之保安州，蓋由吳而升任保安耳。《蘇州府志》：「田宗周，崇禎四年任吳縣訓導。」又：「長洲縣袁駿，字垂其。」又：「尤侗，字同人，一字展成，號悔菴。以貢謁選授永平府推官。康熙十七年，以博學鴻詞召試，授檢討。」杜有《賦八韻紀異》詩。

北平車馬訪煙蘿，記向夷齊廟下過。百歲共看秦伏勝，一經長在漢田何。知交已料滄江少，耆舊翻疑絕塞多。聽罷袁絲數東望，酒酣求作絳人歌。從尤展成司李起。三四宗周雙舉學博、大年之意。五六袁重其識之也。七句相見詢袁。八句索詩。〇《一統志》：「永平府，秦為遼西右北平二郡地。」白詩：「煙蘿初合澗初開。」　《一統志》：「清節廟在盧龍縣西二十里孤竹故城，祀伯夷、叔齊。」　伏勝，見《壽王鑑明》。　一經，見《贈蔡羽明》。《史記・儒林傳》：「自魯商瞿受《易》孔子，孔子卒，商瞿傳《易》，六世至齊人田何，字子莊。」　知交，見《送周子俶》。滄江，見《讀西臺記》。　《晉書・陳壽傳》：「撰《益都耆舊傳》十篇。」絕塞，見《送友人出塞》。　《史記・袁盎傳》：「字絲。」　又，《漢高祖紀》：「酒酣，高祖擊筑，自為歌詩。」《左傳・襄三十年》：「晉悼夫人食輿人之城杞者，絳縣人或年長矣，而往與於食。疑年，使之年。曰：『臣小人也，不知紀年。臣生之歲，正月甲子朔。四百有四十五甲子矣。其季於今三之一也。』士文伯曰：『然則二萬六千六百有六旬也。』以為絳縣師。」

顧西巘侍御同沈友聖虎丘即事見《虎丘夜集圖》。

注就逍遙賦大風，彥先才調擅諸公。晴川兩岸憑欄外，雪嶺千尋攬轡中。我昔楚江同宋玉，君今吳市訪梁鴻。芳洲杜若無能採，慚愧當年過渚宮。從顧字起。三句西巘故居，四句奉使西川。後半篇言己曾與九青典試湖廣，而西巘獨能訪友聖於吳中，以不能早知西巘為愧也。《湖廣通志》：「顧如華，順治五年舉人，六年進士。漢川人。」〇《南史・何偃傳》：「注《莊子・逍遙》篇，傳於時。」《史記・高祖紀》：「自為歌詩，曰：大風起兮雲飛揚。」　《晉書・顧榮傳》：「字彥先，吳國吳人也。」才調，見《永和宮詞》。《史記・季布傳》：「諸公皆多季布能摧剛為柔。」　晴川，見《虎丘夜集圖》。兩岸，見《閬州行》補注。憑欄，見《送何省齋》。　雪嶺，見《送張玉甲》。千尋，見《雒陽行》。攬轡，見《送堵伊令》。　楚江，見《送張玉甲》。宋玉，見《宮扇》。按：此句指九青也，即《夜集圖》「舊遊我亦夢湘沅」意。　《越絕書》：「吳市者，春申君所造，闕兩城以為市，在湖里。」《後漢書・逸名傳》：「梁鴻，字伯鸞，扶風平陵人也。家貧而尚介結，博覽無不通。入霸陵山中，以耕織為業。至吳，依大家皋伯通，居廡下。」　《楚辭》：「采芳洲兮杜若。」《一統志》：「渚宮在荊州府江陵縣城內西北隅。」

　　按此詩起句言侍御貴後，置酒故鄉耳。蓋侍御父開明好《莊》、《列》之學，見梅村所撰《祠堂記》。侍御承其家學，皇華出使，有合於鯤鵬變化之義，如《逍遙遊》之所謂培風風厚者。而先世居吳，憑眺登臨，如置酒沛宮，道故舊為笑樂也。然以大風為喻，侍御之氣餤能何如，梅村蓋亦有所諷刺與？　梅村《顧開明祠堂記》：「頌：繡衣驄馬聲赫都。攬轡蠶叢及魚鳧，嶽嶽光氣騰諫書，按行兩浙民徯蘇。」則侍御蓋奉使於四川、浙江者，故有「雪嶺千尋」語。

其二

　　喻蜀書成楚大夫，征帆萬里到江湖。鄉心縹緲思黃鶴，祖德風流話赤烏。問俗駐車從父老，尋山著屐共生徒。君家自有丹青筆，衰白追陪入畫圖。起二句由蜀入吳。三句漢川。四句吳中之顧也。西巖以侍御奉使，故用問俗字。而第五句又引起六句也。六句有虎丘友聖在內。結到作圖，點染顧字，兼敘自己。○《漢書‧司馬相如傳》：「會唐蒙使略通夜郎僰中，發巴蜀吏卒千人，郡又多發轉萬餘人，巴蜀民大驚恐。上聞之，乃遣相如責唐蒙等，因喻告巴蜀。」按：漢陽楚分，故云楚大夫。又合用《相如傳》子虛為楚稱也。　按：征帆萬里，謂自蜀而浙而吳也。征帆，見《京江送遠圖》。江湖，謂三江五湖。　鄉心，見《送何省齋》。木玄虛《海賦》：「群仙縹緲。」黃鶴，見《虎丘夜集圖》。　祖德，見《清風使節圖》。赤烏，見《觀象臺》。《三國志‧顧雍傳》：「字元歎，吳郡吳人也。雍為相十九年，年七十六。赤烏六年卒。」《顧開明祠堂記》：「先世故吳徙也。練塘之丘隴，訪求之不可複試。今漢陽之顧占名數於漢川，已近百年。頌曰：惟顧之先出自吳，係分族顯來赤烏。」　問俗，見《送郭次菴》。《漢書‧朱博傳》：「博駐車決遣如神。」　尋山，見《送何省齋》。《南史‧謝靈運傳》：「登躡常著木屐，上山則去其前齒，下山則去其後齒。」生徒，見《壽王鑑明》。　第七句暗指顧長康，見《洗象圖》注。　衰白，見《壽龔芝麓》。追陪，見《讚佛詩》。按：西巖有《虎丘夜集圖》，故末二語及之。

其三

　　生公石畔廣場開，短簿祠荒閉綠苔。山檋偶攜群吏散，布帆無恙故人來。爭傳五月登高會，應改三江作賦臺。自是野王思故里，可知先賞陸機才。從虎丘說起。三四是遊虎丘。五六鋪敘。七句點染顧字。八句並及友聖，○《蓮社高賢傳》：「法師道生，魏氏，鉅鹿人。幼從竺法汰出家，入虎丘山，聚石為徒，講《涅槃經》，至闡提處則說有佛性，且曰：『如我所說，契佛心否？』群石皆為點頭。」廣場，見《虎丘夜集圖》。　《一統志》：「短簿祠在元和縣虎丘山麓，祀

晉司徒王珣。」謝希逸《月賦》:「綠苔生閣。」　山楹,見《歲暮送苑先》。張復之詩:
「公堂群吏散。」《世說》:「顧長康牋:『行人安穩,布颿無恙。』」颿與颿同。　《漢
書・藝文志》:「登高能賦,可以為大夫。」按:登高多在九月,而此於五月,故人
爭傳之。　三江,見《謁張石平》。王子安《滕王閣序》:「登高作賦。」　野王,【詳
《補注》。■■】〔註1〕《一統志》:「顧野王宅在蘇州府吳江縣東。」《別賦》:「視
喬木兮故里。」　陸機,見《茸城行》注。

其四

一馬雙僮出野塘,論文蕭寺坐匡床。花移堞鼓青油舫,月映行廚白
石廊。漫叟短歌傷老大,散人長揖恕清狂。細將朋友從頭數,落落申生
與沈郎。原注:鳧盟。　第一首之梁鴻,第二首之生徒,第三首之陸機,皆為友聖
發也。此首專注友聖,故從論文說起。漫叟,梅村自比。散人,指友聖。結更連類及
之。○子瞻《司馬溫公神道碑》:「公來自西,一馬二僮。」野塘,見《別丁飛濤》。　論
文,見《東萊行》。蕭寺,見《楚兩生・序》。匡床,見《贈願雲師》。　洪希文詩:「堞
鼓日夜鳴。」溫飛卿詩:「照日青油濕。」　行廚,見《園次罷官》。張承吉詩:「半壁
石龕廊。」　《唐書・元結傳》:「常以漫叟自稱。」短歌,見《短歌》。老大,見《送
何省齋》補注。《唐書・陸龜蒙傳》:「字魯望。時謂江湖散人。」長揖,見《哭志衍》。
左太沖《魏都賦》:「僕黨清狂。」　落落,見《石公山》。《一統志》:「申涵光,字鳧
盟,永年人。佳廕子。明末以貢入太學,與殷岳、張渭稱畿南三才子。」按:申生字
借用《左傳》。沈郎字借用《沈約傳》。
　　　　《三國志注》引《吳錄》:「華歆見沈友而異之,曰:『沈郎可登車語乎?』」
　　此在休文以前者。

贈松江郡侯張升衢原注:從江寧遷任。　按:《江寧府志》:「康熙初年管糧同知
張雲路,直隸冀州舉人。」

石城門外水東流,簫鼓千人最上頭。二陸鄉園江畔樹,三張詞賦郡
西樓。油幢置酒蕁鑪夜,畫舫鉤簾粳稻秋。聞道青溪行部近,兒童欣喜
使君遊。起結皆用江寧地理。第三句松江。第四句張姓。五六鋪敘,不作溢美語。
末二句暗用郭伋事。蓋青溪江寧地,故在松行部,而江寧人喜也。○石城,見《西泠
閨詠》。　簫鼓,見《圓圓曲》。《古樂府》:「東方千〔註2〕餘騎,夫婿居上頭。」　二

〔註1〕【　】內文字,稿本、天圖本、讀秀本作「見《贈馮子淵》」。
〔註2〕「千」,乙本誤作「于」。

陸三張，見《送子俶青瑒》。　油幢，見《投贈馬公》。置酒，見《送子俶青瑒》。尊罏，見《贈馮訥生》注。　畫舫，見《贈文園公》。杜詩：「鉤簾宿鷺起。」秔稻，見《閬園》詩。　青溪，見《贈蔡羽明》。　《後漢書·郭伋傳》：「字細侯。為并州牧。行部西河，數百兒童各騎竹馬迎拜。」

贈松郡副守涪陵陳三石原注：官董漕。　《一統志》：「涪州在重慶府東少北三百十里。晉永和中，移涪陵郡於此。」《松江府志》：「管量同知陳計長三石，四川涪州人。舉人。前徽州府通判。康熙元年任。」

獨上高城回首難，揚雄老去滯微官。湖天搖落雲舒卷，巫峽蕭森路折盤。廿載兵戈違故里，千村輸挽向長安。京江原是三巴水，莫作郫筒萬里看。此首多從涪陵著筆。高城，指松郡。回首則望蜀也。揚雄蜀人，故以為比。三句指松郡，是高城之所見。四句指涪陵，是回首之所思。五句就老去而申言之。六句點明董漕，就微官而寔指之也。七八合松涪而一之，以廣其意。結搆入妙。張如哉曰：「亦暗用『京口酒可飲』意。」○皇甫茂政詩：「高樓獨上思依依。」　揚雄，見《又詠古》注。後官，見《歎王子彥》。　湖天，見《王文恪墓》。搖落，見《讚佛詩》。雲舒卷，見《壽繼起》。　杜詩：「巫山巫峽氣蕭森。」張平子《南都賦》：「怨西京之折盤。」　故里，見《虎丘即事》。　千村，見《閬州行》。《漢書·張良傳》：「河渭漕輓天下，西給京師。」　京江，見《遣悶》。三巴，見《虎丘夜集圖》。　郫筒，見《送志衍入蜀》。萬里橋，詳《驪山》。

　　按：《前漢·地理志》，廣漢郡有涪縣，巴郡有涪陵縣，蓋皆涪水之所經而異其名耳。《一統志》以涪州為漢之枳縣，晉移涪陵郡於此。然前漢枳亦屬巴郡，則不知漢之涪陵故城何在矣。《一統志》：「涪城廢縣在潼川府三臺縣西北，本漢涪縣地。」此則廣漢之涪也。

贈松郡司李內江王擔四《一統志》：「內江縣在四川資州東南九十里。」《松江府志》：「王于蕃幗田，四川內江人。舉人。前蘇州府推官。康熙元年補任。」梅村《御史王慕吉墓誌》：「擔四司李吾蘇，未及任而君訃。」

十月江天曉放衙，茸城寒發錦城花。金隄更植先人柳，玉壘重看使者車。原注：父侍御治京口湖堤。庾嶺霜柑書憶弟，原注：弟粵東令。曲阿春釀夢思家，原注：侍御避亂，僑居丹陽。詩成別寫鵝溪絹，廳壁風篁醉墨斜。原注：善寫竹。　此首以鋪敘周到為工。○江天，見《巫峽》。放衙，見《簡姜明府》。　茸城，見《茸城行》。錦城，見《哭志衍》。　金隄，見《行路難》。《一統志》：「京口閘在鎮

江府丹徒縣西北。」梅村《王慕吉墓誌》：「君諱範，字君鑒，一字心矩。辛未進士。丹陽令。復練湖以濟漕，修湖隄之已壞者一千一百七十餘丈。隄成，植以榆柳。稱旨，得御史。今司李歲護江南之漕，達於淮，道經丹陽，望練湖而思先德，則我四郡之人咸食其利。」　玉壘，見《雜感》其三。■嚴子羽詩：「秦官使者車。」　庾嶺，見《歡王子彥》。蘇詩：「留客薦霜柑。」杜詩：「思家步月清宵立，憶弟看雲白日眠。」王慕吉《墓誌》：「於宣粵之三水令。」《一統志》：「三水縣在廣州府西北七十里。」　《太康地記》：「曲阿本名雲陽，秦始皇以有王氣，鑿北阬山以敗其勢，截其直道，使其阿曲，故曰曲阿。」《齊民要術》：「冬釀十五日熟，春釀十日熟。」《晉書·郤愔傳》：「京口酒可飲。」《王慕吉墓誌》：「張獻忠破夔門，君知蜀必不守，決策避地，崎嶇滇黔蠻徼中。提百口入吳，丹陽之人聞其至也，爭願割田宅贍君，君謝弗受。」　鵝溪絹，見《清風使節圖》。　廳壁，見《送沈旭輪》。謝希逸《月賦》：「風篁成韻。」陸務觀詩：「醉手題詩淡墨斜。」

贈彭郡丞益甫 《松江府志》：「海防同知彭可謙益甫，遼東杏山人。貢士。直隸大名府通判，康熙元年任。」

　　樓船落日紫貂輕，坐嘯胡床雁影橫。雨過笛生黃歇浦，花開夢繞發干城。原注：舊棠邑令。龍蛇絹素爭搖筆，原注：善書。松杏山河已息兵。原注：杏山人。慷慨與君談舊事，夜深欣共酒杯傾。意到筆隨，惟熟於詩者能之。○樓船，見《董山兒》。■紫貂，見《送楊猶龍》。　坐嘯，見《寄周芮公》。胡床，見《楚兩生行》。雁影，見《海戶曲》。　黃歇浦，見《贈陸生》春申浦注。《華亭縣志》：「今吳淞江流與浦合。其出海之口，雖名吳淞江，實黃浦口也。」　《漢書·地理志》：「東郡發於縣。」《一統志》：「發於故城，在東昌府堂邑縣西南。堂邑縣在府西四十里。」《山東通志》：「彭可謙，順治五年知堂邑縣，擢本府屯田同知。」按：棠邑應作堂。《左傳》：隱公矢魚於棠。今魚臺縣，屬兗州府。　曹堯賓詩：「大篆龍蛇隨筆札。」絹素，見《送沈繹堂》。搖筆，見《送徐次桓》。　松杏山河，見《贈遼左故人》。　舊事，見《東皋草堂歌》。　夜深，見《題北歸草》。

十月下浣偕九日過雲間公宴闓石蒼水齋中同文饒諸子 《字典》：「俗以上澣、中澣、下澣為上旬、中旬、下旬。」楊升庵曰：「本唐官制，十日一休沐，今襲用之，或省作浣。」　九日，見《東許九日》。雲間，見《哭志衍》。《南史·王筠傳》：「每公宴並作，詩辭必妍靡。」梅村《董蒼水詩序》：「孝廉蒼水偕其兄進士君闓石，俱以才名顯其鄉。」《圓朝詩別裁集》：「董含，字閶石，江南極江人。順治乙未進士。

著有《藝葵詩集》」；「董喻，字蒼水。順治庚子舉人。有《浮湘》、《度嶺》諸稿。」《嘉定縣志》：「趙俞，字文饒。戊辰進士。知定陶縣。」

　　百里溪山訪舊遊，南皮賓客盛風流。文章座上驚黃絹，名字人間愧白頭。董相園開三徑夜，陸生臺在九峰秋。酒酣莫話當年事，門外滄江起暮愁。前半首公讌。五句董齋。六句雲間。結入感歎。○溪山，見《避亂》。舊遊，見《虎丘夜集圖》。　南皮，見《癸巳禊飲》。　《世說》：「魏武嘗過《曹娥碑》，背上見題作『黃絹幼婦，外孫齏臼』八字。楊脩曰：『黃絹，色絲也，於字為絕。幼婦，少女也，於字為妙。』」　杜詩：「遠愧梁江總，還家尚黑頭。」　董相，見《九峰草堂歌》。《漢書·董仲舒傳》：「下帷講誦，蓋三年不窺園。」三徑，見《遣悶》。　陸生，見《贈陸生》。九峰，見《九峰草堂歌》。按：此指陸機讀書臺也。　酒酣，見《贈田宗周》。　滄江，見《讀西臺記》。祖詠詩：「悽然多暮愁。」

　　　　按：宋荔裳《蒼水詩序》：「江南逋賦之獄，紳士同日除名者萬餘人，蒼水與其禍。」故此首結句、其二之第四句皆微及之。

其二

　　霜落南樓笑語清，無端街鼓逼嚴城。三江風月尊前醉，一郡荊榛笛裏聲。花滿應徐陪上宴，歌殘嵇阮隔平生。歸來枕底天涯夢，喔喔荒雞已五更。此於公讌中兼懷舊之意，接前首結句說下。應徐承三句，嵇阮承四句。○李詩：「霜落荊門煙樹空。」南樓，見《送志衍入蜀》。　《唐書·百官志》：「左右街使掌分察六街繳巡。五更三點，鼓自內發，諸街鼓承振，坊市門皆啟。」嚴城，見《石公山》。　三江，見《送張石平》。風月，見《題半圃》。　韋應物詩：「一郡荊榛寒雨中。」【■杜詩：「三年笛裏關山月。」】〔註3〕《三國志·王粲傳》：「北海徐幹，字偉長。汝南應瑒，字德璉。」　歌殘，見《臺城》。嵇阮隔平生，見《苑先齋中》注。　荒雞喔喔，見《九峰草堂歌》。杜詩：「遮莫鄰雞下五更。」

贈松江別駕日照安肇開《晉書·職官志》：「州置刺史、別駕、治中從事、諸曹從事等員。」《一統志》：「日照縣在沂州府東二百四十里。」

　　秋盡西風鬢影蒼，伏生經術蓋公堂。雞聲日出秦祠遠，鶴唳江空禹跡荒。二水淄澠杯酒合，三山樓觀畫圖裝。歸來好啖安期棗，不夜城頭是故鄉。中四句松江、日照對說，起結多從日照生情。○李長吉詩：「春風吹鬢影。」　伏

〔註3〕　【　】內文字，稿本、天圖本、讀秀本作「寶年詩：滿日山陽笛里人」。按：「滿日」，寶年《奉誠園聞笛》作「滿目」。

生，見《壽王鑑明》。《漢書·翟方進傳》：「當以經術進。」蓋公，見《讀史雜詩》。　雞聲日出，見《送詹司李》。《史記·封禪書》：「八神，七曰日主，祠成山。」鶴唳，見《茸城行》。禹跡，見《讀西臺記》。　張如哉曰：「《呂氏春秋》：『白公曰：若以水投水，奚若？孔子曰：淄、澠之合者，易牙嘗而知之。』」〔註4〕《一統志》：「淄水源自青州府博山縣顏神鎮東南二十五里岳陽山東麓，經壽光縣東北界，合清水泊入海。澠水即系水分流也，西北至博興縣東南入時水。系水在臨淄縣西。」按：杯酒合，用「有酒如澠」，詳《贈園次》。　三山，見《海戶曲》。《後漢書·梁冀傳》：「繕修樓觀，數年乃成。」張如哉曰：「二水三山，借用李詩。」　《史記·封禪書》：「少君言於上曰：『臣嘗遊海上，見安期生食巨棗，大如瓜。安期生，仙者。』」　不夜城，見《朝日壇》。

滇池鐃吹《漢書·地理志》：「益州郡縣滇池。」《一統志》：「滇池故城在雲南府晉寧州東。滇池在雲南府城南。」《古今樂錄》：「漢鼓吹鐃歌十八曲。」《樂府詩集》：「唐鼓吹鐃歌十二曲，柳宗元作。」《宋史·樂志》：「姜夔作聖宋鐃歌曲，凡十四篇。」《古今注》：「短簫鐃歌，軍樂也。黃帝使岐伯所作，所以建武揚德，風勵戰士也。」

　　碧雞臺榭亂雲中，舊是梁王避暑宮。銅柱雨來千嶂洗，鐵橋風定百蠻通。朱鳶縣小輸賨布，白象營高掛柘弓。誰唱太平滇海曲，檳榔花發去年紅。此云南初定時作。中四鋪敘，起結相應，俱以偉麗為工。○碧雞，見《洗象圖》。《書》：「惟宮室臺榭。」黃魯直詩：「何如零落亂雲中。」　《明史·梁王傳》：「梁王把匝瓦爾密，元世祖第五子雲南王忽哥赤之裔也，封梁王，仍鎮雲南。順帝北去，大都不守，中國無元尺寸地，而王守雲南自若，執臣節如故。」《雲南通志》：「梁王宮在雲南府城中，元把匝剌瓦爾密建。明初為岷王府。今廢。」王僧儒詩：「回輿避暑宮。」　銅柱，見《送顧倩來》。徐文長詩：「椎牛千嶂外，騎象百蠻中。」張如哉曰：「第三句用武王雨洗兵事。」　《一統志》：「鐵橋城在麗江府舊巨津州北一百三十里鐵橋南，吐蕃嘗置節度於此。」百蠻，見《送杜弢武》。　《漢書·地理志》：「交趾郡朱戴縣。」《一統志》：「交趾、日南、九真，即今安南國地。」「戴」作「鳶」。《後漢書·南蠻傳》：「秦始置黔中郡。漢興，改為武陵，歲令大人輸布一疋，小口二丈，是為賨布。」《說文》：「蠻夷賨布，即今之臬布也。」　白象營，見《洗象圖》注。杜詩：「天山早掛弓。」《考古記》：「弓人取幹之道，柘為上。」　李才江詩：「猶唱開元太平曲。」楊升庵有《滇海曲》。　《一統志》：「元江府土產檳榔，一名仁頻，樹高數丈，旁無枝附。正月作房，四月開花房百餘窠。」杜詩：「花發去年叢。」

〔註4〕按：此事亦見《列子·說符》。

按：《一統志》：「順治十五年，宗室鑲南旗都統羅託以寧南靖寇大將軍督師取黔，既而王師進滇，遂定西南。」而康熙七年，甘文焜為雲貴總督，時吳三桂逆節已萌。此詩所詠，其在十五年以後、七年以前歟？「誰唱太平滇海曲，檳榔花發去年紅」，為滇人危之也。第二句用梁王字，非以梁王許吳逆，蓋以見滇池錫封不可不慎爾。　《八旗通志》：「康熙十二年，雲南逆藩吳三桂叛。」

其二

　　苴蘭城闕鬱岢嶤，貝葉金書使者朝。海內徵輸歸六詔，天邊勳伐定三苗。魚龍異樂軍中舞，風月蠻姬馬上簫。莫向昆明話疏鑿，道人知己劫灰消。第三句見取雲貴之難。第四句見定雲貴之盛。末二句直欲喚醒吳逆諸人，更與風雲月露之辭不同。○《華陽國志》：「楚頃襄王時，遣莊蹻伐夜郎。軍至且蘭，椓船於岸而步戰。既滅夜郎，以且蘭有椓船牂柯處，乃改其名為牂柯。」《一統志》：「貴州平越府，秦為且蘭地，漢為牂柯郡治。」按：苴字應作且，且音苴。《雲南通志》：「苴蘭城一名榖昌，在昆明城北十餘里，楚莊蹻築。」宋延清詩：「鷲嶺鬱岹嶤。」　貝葉，見《贈蒼雪》。金書，見《送張玉甲》貝多羅注。　《史記・平準書》：「置平準於京師，都受天下委輸。」《滇載記》：「語謂詔為王。其一曰蒙舍詔，今蒙化府。其二曰浪施詔，今浪穹縣。其三曰鄧賧詔，今鄧川州。其四曰施浪詔，今浪穹縣，蒙次和之地。其五曰麣䶃詔，今麗江府。其六曰蒙雋詔，今建昌。」　韓詩：「竹帛爛勳伐。」　《漢書・西域傳・贊》：「作曼衍魚龍角抵之戲，以觀視之。」《史記・項羽紀》：「項莊曰：『軍中無以為樂，請以劍舞。』」　風月，見《題半圖》。　昆明，見《贈蒼雪》。郭景純《江賦》：「巴東之峽，夏后疏鑿。」　曹昆《志怪》：「漢武鑿昆明池極深，悉見灰墨，無復土。至明帝時，外國道人入洛，問之，胡人曰：『經云天地大劫，將盡則劫燒。此劫燒之餘。』」

其三

　　靄翠奢香祠總荒，蘆笙吹徹障雲黃。縱擒有策新疆定，叛服何常舊史亡。常，集作「嘗」。鬼國三年勞薄伐，王師五月下殊方。瀾滄肯為他人渡，不許窺人有夜郎。按：《一統志》：「順治十五年夏四月，王師定黔。」而定滇又在定黔之後，故有五月殊方之語。叛服何常，似亦為吳逆而發。○《一統志》：「奢香驛在貴州大定府黔西州境乍合關南、奢香水西。香宣慰靄翠妻翠死，香代立，總其眾，時都督馬葉守貴州，欲盡滅諸羅以為郡縣。會香有罪，裸撻之，欲以激諸羅。諸羅果怒，思反，香止之，遂與子婦奢助來朝，自陳守土功及馬葉罪狀，願刊山開驛，

以供往來。於是遂殺馬葉,封香為順德夫人,厚賚遣還。」 《唐書‧禮樂志》:「高麗伎有葫蘆笙。」《丹鉛錄》:「宋乾德中,牂牁入貢,召見,令作本國歌舞。一人吹瓢笙,名曰水曲,即今蘆笙也。」李後主詞:「小樓吹徹玉笙寒。」杜詩:「瘴雲終不滅。」江詩:「黃雲蔽千里。」《〈蜀志‧諸葛亮傳〉注》:「聞孟獲者為夷漢所服,募生致之。既得從,使更戰,七從七擒,而亮猶遣獲。獲止不去,曰:『南人不復反矣。』」 儲光羲詩:「辛苦讀書史。」 《易》:「高宗伐鬼方,三年克之。」《一統志》:「貴州,商周為鬼方地。」《詩》:「薄伐玁狁。」 《出師表》:「五月渡瀘。」殊方,見《讚佛詩》。 《唐書‧張柬之傳》:「漢歷博南山,涉蘭滄水,更置博南、哀牢二縣。蜀人愁苦,作歌曰:『歷博南,越蘭津,度蘭倉,為他人。』」《一統志》:「瀾滄江源出西番鹿石山東南,流入麗江府,至鎮沅府東南,流出徼外,交趾界入南海。」 夜郎,見《訪文學博》。

其四

　　盤江西繞七星關,可渡河邊萬仞山。隴上舊傳收白帝,南中今喜定烏蠻。龍坑壯馬看馳驟,雞足高僧任往還。辛苦武侯停節處,殘碑零落草斑斑。第三句以收川伴說,第四句點入滇池,五句指貴州,六句指雲南,結句懷古,兼美督師諸公。○《一統志》:「磐江在貴州大定府威寧州西一百五十里,出亂山中,流經州南,謂之可渡河。又東南為七星關河,折而南,入雲南霑益州界。七星關在大定府畢節縣西九十里七星山上,當雲、貴、川三省之交,為喉吭之要。」 王之渙詩:「一片孤城萬仞山。」 王詩:「隴上行人夜吹節。」白帝,見《送志衍》。《漢晉春秋》:「諸葛亮在南中,所在戰捷。至滇池,南中平,皆即其渠帥而用之。」杜詩:「絕塞烏蠻北。」 《一統志》:「養龍坑在貴州長官司兩山之中,泫淳淵深,蛟龍寔藏其下。當春始和,夷人立坑畔,擇牝馬之貞繫之。已而雲霧晦冥,類有物蜿蜒跨馬腹上。迨開霽,視馬旁之沙,有龍跡者,產必為龍駒。」《莊子》:「馳之驟之,整之齊之。」 《一統志》:「雞足山在大理府東北百里,賓州、鄧州二州之界,一頂而三足,故名雞足山。頂有迦葉石門洞天,謂此山乃佛大弟子飲光迦葉守佛衣以候彌勒處。」往還,見《雪中遇獵》。 《一統志》:「武侯祭星壇在威寧州東南七星關上。七星營在畢節縣西九十里。」《通志》:「諸葛武侯於此禡牙,址尚存。」按:停節即駐節。駐節,見《投贈馬督府》。 殘碑,見《讚佛詩》。戴幼公詩:「滿崖霜樹曉斑斑。」《一統志》:「武侯碑在大定府畢節縣北一百二十里。」《通志》:「相傳武侯征南時所立。歲久磨滅,不可讀。」

　　按：《雲南通志》：「順治十五年，命安遠靖寇大將軍信郡王鐸尼、征南將軍固山、趙布太由廣西，平西王吳三桂、定西侯墨勒根、都統李國翰由四川，三路取滇。十六年二月，由榔入緬甸。六月，命洪承疇至滇南，議進緬機宜。十八年五月，定西將軍愛星阿至滇，大兵凱旋。」此詩蓋十八年凱旋時，梅村在江南擬作。而第一首結句若預知吳逆有康熙十二年十二月之變者。太白能知汾陽之忠，梅村能料吳逆之叛，孰謂詩人無益於國是哉？

儒將儒將，見《九歌》。

　　河朔功名指顧收，身兼使相領諸侯。按兵白道調神鶻，挾妓青山駕快牛。論敵肯輸楊大眼，知書不減范長頭。他年信史推儒將，馬槊清談第一流。此首亦贈人之作，但未顯其姓名耳。儒字、將字，分合入妙。○《晉書·溫嶠傳》：「劉琨曰：『吾欲立功河朔。』」指顧，見《送耿中丞》。　《宋史·曹彬傳》：「上謂曰：『本授卿使相，然劉繼元未下，姑少待之。』賜彬錢二十萬。未幾，拜樞密使。」　《宋書·武帝紀》：「我按兵堅陣，勿與交鋒。」《遼史·地理志》：「西京大同府統州二，宏州有桑乾河、白道泉，德州有白道阪。」《一統志》：「白道在歸化城北。」元詩：「養禽當養鶻。」　按：挾妓，用謝安事。李詩：「謝公自有東山妓。」《世說》：「王愷有牛，名八百里駮。」又：「石崇牛，數十步後，迅若飛禽。」　《北史·楊大眼傳》：「武都氐，難當之孫，當世推其號，果以為張弗之過也。」《梁書·張齊傳》：「手不知書。」《南史·范岫傳》：「范雲謂人曰：『諸君進止威儀，當問范長頭，以岫多識前代舊事也。』」　信史，見《過姜如農》。　馬槊清談，見《哭志衍》。第一流，見《贈劉虛受》。

俠少俠少，見《王郎曲》。

　　寶刀千直氣凌雲，俠少新參龍武軍。柳市博徒珠勒馬，柏堂箏妓石華裙。招權夜結金安上，挾策朝干王長君。堪笑年年秘書客，白頭空守太玄文。描寫俠少，結用對照更佳。○寶刀，見《行路難》。千直，見《閬園·序》注。《漢書·司馬相如傳》：「飄飄有凌雲之氣。」　龍武，見《即事》第六首。　《漢書·萬章傳》：「長安熾盛，街閭各有豪俠，章在城西柳市。」《史記·信陵君傳》：「公子聞趙有處士毛公藏於博徒。」珠勒，見《謁張石平》。　《洛陽伽藍記》：「河間王琛最為豪首，常與高陽爭衡。造文柏堂，置玉井金罐，以五色絲續為繩。妓女三百人，盡皆國色。」箏妓，見《茸城行》。《飛燕外傳》：「飛燕與妹坐，誤唾其袖，合德曰：『姊唾染人紺碧，正似石上花。』乃號石花廣袖。」按：此借用。若以為石榴裙，則

榴花無言石花者矣。 《漢書·季布傳》：「辨士曹丘生數招權顧金錢。」《注》：「招求貴人威權，因以請託。」又，《金日磾傳》：「倫子安上，始貴顯封侯。安上，字子侯。」 《莊子》：「則挾策讀書。」《漢書·鄒陽傳》：「梁孝王令人刺殺爰盎。上疑梁殺之，孝王恐誅，令陽求方略解罪於上者。陽素知齊人王先生多奇計。王先生曰：『子行必往見王長君。士無過此者矣。』鄒陽至長安，因客見王長君。長君者，王美人兄也，後封為蓋侯。鄒陽乘間請曰：『長君誠能精為上言之，得毋竟梁事？長君必固自結於太后。太后厚德長君，入於骨髓，而長君之弟幸於兩宮，金城之固也。』長君曰：『諾。』承間入而言之，事果得不治。」 陶秀實詩：「堪笑翰林陶學士，年年依樣畫葫蘆。」《唐書·李邕傳》：「願一見秘書。」 太玄，見《行路難》。

山居即事示王惟夏郁計登諸子惟夏、計登，並已見。

灌木清漳五畝居，山崦籩果釣竿魚。金龜典後頻賒酒，麈尾燒來為著書。對客好穿高齒屐，出門常駕短轅車。陸倕張率呼同載，三月江南正祓除。名士風流，與《梅村》一首相仿。結句點出王、郁諸子。○《詩》：「集于權木。」清漳，見《松鼠》。 《南史·周顒傳》：「王儉謂曰：『卿在山中何所食？』曰：『春初早韭，秋末晚菘。』」白詩：「秋雨籩果落。」釣竿，見《礬清湖》。 太白《對酒憶賀監詩序》：「太子賓客賀監於長安紫極宮，一見呼余為謫仙人，因解金龜換酒為樂。」 麈尾，見《贈馮訥生》。著書，見《行路難》。 高齒屐，見《六真歌》方褥注。 短轅，見《贈遼左故人》。 《南史·陸倕傳》：「字佐公。與樂安任昉友。及昉為中丞，簪裾輻湊，預其燕者，號曰龍門之遊。」又，《張率傳》：「字士簡。與同郡陸倕、陸厥幼相友狎。嘗同載詣左衛將軍沈約，遇任昉在焉。約謂昉曰：『此二子後進才秀，皆南金也。卿可識之。』由此與昉友。」 《周禮·春官》：「女巫掌歲時祓除釁浴。」《注》：「歲時祓除，如今三月上巳如水上之類。」

九峰詩見《九峰草堂歌》

鳳凰山《松江府志》：「鳳凰山在郡城之北。《圖經》云：『以其據九峰之首，延頸舒翼，宛若鳳翥，故名。』」

碧樹丹山千仞岡，夫差親獵雉媒場。五葺風動琅玕實，三泖雲流沆瀣漿。鳥聽和鳴巢翡翠，花舒錦翼照文章。西施醉唱秦樓曲，天半吹簫引鳳凰。從鳳凰字點染山字，是取別徑法。○《西都賦》：「珊瑚碧樹，周阿而生。」丹山，見《雞山》。賈生《弔屈原文》：「鳳凰翔於千仞兮。」左太沖詩：「振衣千仞

岡。」　第二句，見《茸城行》。　五茸，見《茸城行》。嵇叔夜詩：「朝食琅玕實，夕飲玉池津。」《一統志》：「泖湖在松江府金山縣西北、婁縣西、青浦縣西南，一名三茆。晉陸機云『三茆之水，冬溫夏涼』是也。」按：雲流，出潘安仁《螢火賦》。曹詩：「帶我瓊瑤珮，漱我沆瀣漿。」《左傳・莊二十二年》：「鳳凰於飛，和鳴鏘鏘。」杜詩：「江上小堂巢翡翠。」李正己詩：「山雞錦翼豈鳳凰。」李巨山詩：「有鳥居丹穴，其名曰鳳凰。九苞應靈瑞，五色成文章。」李詩：「西施醉舞嬌無力。」李詞：「秦娥夢斷秦樓月。」　第八句，見《青山曲》題注。梁簡文帝詩：「穿雲天半晴。」

厙公山《一統志》：「厙公山在松江府福泉縣南，與陸寶山隔溪相對。昔有厙公隱此，故名。」《池北偶談》：「松江有厙公山。厙音舍。」《字書注》：「姓也。」《九峰草堂歌序》：「有厙將軍兵書鐵鎖。」

厙公石磌掩莓苔，千載陰符戰骨哀。鐵鎖任從田父識，玉書休為道人開。三分舊數江東望，二俊終非馬上才。恨殺圮橋多授受，鬥他劉項至今來。此首俱從兵書鐵鎖生情。前四句實敘，後四句以議論行之，點染生動。○《唐書・禮樂志》：「石磌以方石再累，皆方五尺，厚一尺，刻方其中，以容玉匱。」莓苔，見《遇劉雪舫》。　陰符，見《送杜弢武》。戰骨，見《蟋蟀盆歌》。　杜詩：「鐵鎖高垂不可攀。」田父，見《牛》。　《黃庭內景經》：「思詠玉書入上清。」宋邕詩：「玉書無事莫頻開。」道人，見《西田》詩。　杜詩：「功蓋三分國。」《後出師表》：「孫策坐大，遂並江東。」　《晉書・陸機傳》：「與弟雲俱入洛，造張華。華曰：『伐吳之役，利獲二俊。』」《史記・陸賈傳》：「高帝罵之曰：『迺公居馬上而得之，安事詩書？』」　圮橋，見《又詠古》。　李詩：「張良未遇韓信貧，劉項存亡在兩臣。」

神山《九峰草堂歌序》：「明初，彭素雲仙翁修真此山，徵書至而蛻去，丹井尚存，金蛇著異，故名神龜峰焉。」

紫蓋青童白鹿巾，細林仙館鶴書頻。洗來丹井千年藥，蛻去靈蛇五色鱗。洞起春雲招勝侶，潭空秋月證前身。赤松早見留侯志，何況商顏避世人。此首前半皆詠彭仙翁事，後半就彭仙翁作詠歎也。○陸士龍《泰伯碑》：「吳啟金車，晉遷紫蓋。」李詩：「倚樹照青童。」張如哉曰：「童應作幢。韓詩：『青幢紫蓋立童童。』」《南史・何點傳》：「梁武帝手詔：論舊賜以鹿皮巾。」　細林山，見《九峰草堂歌序》。梁簡文帝《神山銘序》：「自古神仙，往往託跡。」《北山移文》：「鳴騶入谷，鶴書赴隴。」　洗藥，見《閬園・序》。丹井，見《閬園》詩。　《楚辭》：「靈蛇吞象，厥大何如。」　春雲，見《送黃子羽》。錢浦《細林八詠序》：「有石洞窈而深，

雲出其中，為洞口春雲。有溪潭澄澈如鑒，人於此泛月，為西潭夜月。」空潭，見《謁剖公》。前身，見《寄懷陳直方》。　赤松句，見《寄當事諸老》。《〈漢書·溝洫志〉注》：「師古曰：『商顏，商山之顏。譬人之顏額也。』」

佘山見《九峰草堂歌序》。《松江府志》：「佘山在盧山東北，由神山塘折而東，舊傳有佘姓者養道於此，故名。」按：《吳興志》：「亦有佘山，上有東漢佘將軍廟，好事者遂指此為東佘。」

　　溪堂剪燭話徵君，通隱昇平半席分。茶筍香來朝命酒，竹梧陰滿夜論文。知交倒屣傾黃閣，妻子誅茅住白雲。處士盛名收不盡，至今山屬佘將軍。此首就仲醇興感。末句點化佘字。○溪堂，見《送周子俶》。剪燭，見《遇劉雪舫》。徵君，見《九峰草堂歌》。　通隱，見《西佘山祠》。昇平，見《琵琶行》。《史記·張詠傳》：「願分華山一半席可乎？」《一統志》：「佘山土宜茶、產筍，香如蘭。」命酒，見《贈杏翁》。　竹梧，見《閬園》詩。論文，見《東萊行》。　知交，見《送周子俶》。《三國志·王粲傳》：「蔡邕聞粲在門，倒屣迎之。」黃閣，見《純祜浙中藩幕》。　誅茅，見《九峰歌·序》。住白雲，見《壽王鑑明》。■〔註5〕盛名，見《攀清湖》。

　　　　《畟齋雜說》：「糜道人大隱佘山，與董宗伯齊名。遠而土司酋長，丐其詞
　　　　章；近而茶館酒樓，懸其畫像。然俯仰之間，已為陳跡。徵君故宅，他人是保。
　　　　而書床藥灶，不可復問矣。語云：身將隱，焉用文之？噉名之不足恃如此。」

薛山《松江府志》：「薛山在佘山東，中限一水。」《吳地記》：「昔薛道約居此，因名。」

　　薛公高臥始何年，學士傳家有墓田。枉自布衣登侍從，長將雲螯讓神仙。坐來石榻蒼苔冷，採得溪毛碧藕鮮。最愛玉屏山下路，月明橋畔五湖船。前半首薛山故事，後半首薛山風景。薛公，字出《史記·信陵君傳》。此借用。高臥，見《退谷歌》。　傳家，見《觀通天帖》。墓田，見《青門曲》。　布衣，見《送沈繹堂》。侍從，見《東萊行》。　李詩：「雲螯借巢夷。」　少陵遺句：「拂石坐來衫袖冷。」石榻，見《六真歌》。蒼苔，見《讚佛詩》。《左傳·隱三年》：「澗溪沼沚之毛。」碧藕，見《無題·序》。　《一統志》：「祥澤橋在福泉縣東南。東北通上海嘉定，西北通青浦崑山，最為要道。」

機山見《九峰草堂歌》。

　　蒹葭滿目雁何依，內史村邊弔陸機。豪士十年貪隱遁，通侯三世累

───────────

〔註5〕此墨丁，天圖本、獨秀本同，稿本作空格，乙本作「詩」。

輕肥。江山麗藻歸文賦，京洛浮沉負釣磯。白袷未還青蓋遠，辨亡書在故園非。此首尚論士衡。○《詩》：「蒹葭蒼蒼。」杜詩：「滿目悲生事。」王無功詩：「徙倚欲何依。」《一統志》：「婁縣有平原村，亦以機為平原內史也。」《晉書·陸機傳》：「齊王冏既矜功自伐，受爵不讓，機惡之，作《豪士賦》以刺焉。」隱遯，見《避亂》。張如哉曰：「晉太康元年滅吳。至太康十年，機、雲入洛。是十年隱遯也。」《機傳》：「祖遜，吳丞相。父抗，吳大司馬。」按：《三國志》：「遜封江陵侯。子抗，襲爵。抗子晏嗣。」晏，機之兄。故云通侯三世也。又，機亦賜爵關中侯。　杜詩：「江山故宅空文藻。」《機傳》：「辭藻宏麗。」按：士衡有《文賦》。　陸士衡詩：「京洛多風塵，素衣化為緇。」杜詩：「兒扶立釣磯。」按：《機傳》：「太康未，與弟雲俱入洛。時中國多難，顧榮、戴若思等咸勸機還吳，機不從。」此京洛浮沉也。華亭鶴唳，豈可復聞？此負釣磯也。　《機傳》：「成都王穎使收機，機釋戎服，著白袷。」《〈三國志·孫浩傳〉注》引干寶《晉紀》：「庚子歲，青蓋當入洛陽。」　《機傳》：「以孫氏世在吳，孫浩舉而棄之，遂作《辨亡論》二篇。」

横雲山《一統志》：「橫雲山在松江府婁縣西北。」

　　橫雲插漢領諸峰，雨過泉飛亂罄松。赤壁豈經新戰伐，丹楓須記舊遊蹤。祠荒故相江村鼓，客散名園蘭若鍾。莫信豢龍雲不去，此山雲只為人龍。原注：山有龍母祠，又陸雲故宅。　此首鋪敘周匝，士龍只於結句點出。○《水經注》：「連山插漢，秀木於雲。」《松江府志》：「小橫山在橫雲東，絕頂至東北皆峰巒隱起，壁立數仞，色盡赭，遊人呼為小赤壁。」戰伐，見《觀通天帖》。　杜詩：「背日丹楓萬木稠。」　故相，見《王文恪墓》。《松江府志》：「頤浩講寺在金澤鎮，萬曆五年徐文貞階以賜衮留鎮山門，乃於殿西北作樓三楹貯之，莫方伯如忠題曰有衮樓。」江村，見《礬清湖》。　《九峰草堂歌·序》：「橫雲為李氏園。」劉文房詩：「猿啼客散暮江頭。」杜詩：「名園依綠水。」《唐會要》：「官賜額為寺，私造者為招提蘭若。若音惹。」　豢龍，見《九峰歌》。《輿地紀勝》：「橫雲山頂有白龍洞，下通澱山湖。」　人龍，見《贈文園公》。《晉書·陸雲傳》：「字士龍。」

天馬山原注：一名干山。　見《九峰草堂歌·序》。

　　龍媒天馬出昆崙，青海長留汗血痕。此地干將騰劍氣，何來逸足鎖雲根。石鯨潭影秋風動，原注：山有二石魚飛去。鐵笛江聲夜雨昏。原注：鐵崖葬處。勠秣可辭銜勒免，空山長放主人恩。敘述妙矣，結又入妙，令人於言外得之。○龍媒，見《馬草行》。出昆崙，見《次劉相國韻》。　青海，見《贈吳雪

航》。李義山詩：「運去不逢青海馬。」汗血，見《橐駝》。 《呂氏春秋》：「陽曰干將，陰曰莫邪。」杜《蕃劍》詩：「虎氣必騰上。」《一統志》：「相傳干將鑄劍於此，故名。」魏伯起詩：「劍氣不關吳。」 謝希逸《舞馬賦》：「戢追電之逸足。」雲根，見《石公山》。 杜詩：「石鯨鱗甲動秋風。」綦毋孝通詩：「潭影竹間動。」《松江府志》：「干山頂有雙石魚，相傳風雨化去。」 鐵笛，見《過鐵崖墓》。 芻秣，見《廄里》。《家語》：「夫德法者，御民之具，猶御馬之有銜勒也。」 主人恩，見《東皋歌》。

小崑山《一統志》：「崑山在松江府婁縣西北。」《松江府志》：「俗指馬鞍為崑山，而以此為小崑山。」

　　積玉昆岡絕代無，讀書臺上賦吳都。君臣割據空祠廟，家國經營入畫圖。勢去河橋悲士馬，詩成山館憶蓴鱸。傷心白璧投何處，汗簡淒涼陸大夫。張如哉曰：「第三句指《辨亡論》，第四句傳中『負其才望，志匡世難』說。末二句言委身於成都王，如夜光暗投，卒以河橋之取為孟玖牽，秀所譖，見殺於潁而惜之也。」○《陸機傳》：「葛洪稱機文猶玄圃之積玉，無非夜光焉。其宏麗妍贍，英銳漂逸，亦一代之絕乎！」昆岡，出《周書》。 《松江府志》：「二陸故居在崑山之陰，相傳二陸草堂在圓智寺，為士衡讀書處。」左太沖有《吳都賦》。按：此指《辨亡論》也。亦翻用《左思傳》三都賦出，機歡伏輟筆事。 杜詩：「三分割據紆籌策。」又：「舊俗存祠廟。」《一統志》：「輔國將軍廟在華亭縣治西南，祠吳陸遜、陸抗。二俊祠在婁縣西北崑山上，祀晉陸機、陸雲。」 河橋，見《茸城行》。士馬，見《訪吳永調》。 山館，見《蟋蟀盆歌》。蓴鱸，見《贈馮訥生》注。 孟詩：「白璧無瑕玷。」 汗簡，見《圓圓曲》注。《梁書·任昉傳》：「陸大夫燕喜西郊。」

送贛州曾庭聞孝廉移家寧夏《一統志》：「寧都州在贛州府東北三百二十里。寧夏府在甘肅布政使司東北九百四十里。」《國朝詩別裁集》：「曾畹初名傳燈，字楚田，後更名畹，字庭聞，江西寧都人。順治丁酉舉人。」

　　十年走馬向天涯，回首關河數暮鴉。大庾嶺頭初罷戰，賀蘭山下不思家。詩成磧裏因聞雁，書到江南定落花。夜半酒樓羌笛起，軟裘衝雪踏鳴沙。中四句贛州、寧夏分寫，起結暗寫送字。○高達夫詩：「門柳蕭蕭噪暮鴉。」 庾嶺，見《歎王子彥》。 賀蘭山，見《雪中遇獵》。 磧裏，詳《出塞》。杜彥之詩：「兼葭月冷時聞雁。」 杜詩：「書到汝為人。」又：「自是江南好風景，落花時節又逢君。」 王之渙詩：「羌笛何須怨楊柳。」 軟裘，見《雪中遇獵》。馬虞臣詩：「馬頭衝雪度臨洮。」《一統志》：「鳴沙故城在寧夏府中衛縣東。」

贈何匡山《嘉定縣志》：「何平，字匡山。先世自宋時居婁塘，明中葉徙居京師。工詩。崇禎庚辰進士。任高密知縣。入國朝，歷官福建參議。罷官後，攜家歸故里。」

　　早年納節臥滄浪，回首風塵鬢髮蒼。陶令軍營姑孰口，原注：大兵收溧陽，參其軍事。謝公遊墅石門莊。原注：後僑寓溧陽。太白所謂石門精舍，即其地也。山田種罷輸常稅，海國歸來認故鄉。原注：何本嘽城人。今歸。二月村居春雨足，官梅花發為何郎。鎔鑄入妙，丹頭在手，瓦礫皆金也。○納節，見《清風使節圖》。滄浪，見《攀清湖》。　杜詩：「回首風塵甘息機。」岑參詩：「鬢毛颯已蒼。」　姑孰，見《鍾山》。《晉書·陶侃傳》：「遣將軍宋夏、陳修據溢口，侃以大軍繼進，旋巴陵，鎮武昌，封長沙。」其地皆不在姑孰，而侃為太尉，其時公不稱令也。張如哉曰：「陶令指淵明。淵明再為鎮軍建威參軍，乃劉裕幕府也。裕討桓玄在義熙元年前，時桓玄篡逆，後還鎮姑孰，故云。」按：《一統志》：「溧陽縣在鎮江府西南二百四十里。」而江寧溧水縣，漢溧縣地。溧水與當塗連界，故以姑孰代溧陽耳。　謝靈運《遊名山志》：「石門澗六處，石門溯水，上入兩山口，兩邊石壁，右邊石巖，下臨澗水。」按：靈運有《登石門最高頂》一首、《夜宿石門》一首，又《石門新營所住四間高山回溪石瀨茂林修竹》一首。所云「躋險築幽居，披雲臥石門」者，石門精舍。　《後漢書·淳于恭傳》：「家有山田果樹。」常稅，見《贈馬督府》。　按：太倉州境俱東濱海，故曰海國。《一統志》：「嘽城在太倉州嘉定縣南門外，唐有嘽城鄉。」　村居，見《百草堂觀劇》。韋端己詞：「春雨足，染就一溪新綠。」　杜詩：「東閣官梅動詩興，還如何遜在揚州。」何郎，見《送何省齋》。

　　　張敦復相國和韻：「蚤年逸興在滄浪，水國移家髮半蒼。但有一經揚子宅，曾無丁樹木奴莊。清琴濁酒鶯花日，雨笠煙蓑蟹稻鄉。棠蔭漸高身漸隱，已將心事託漁郎。」

題海虞孫子長七十壽圖《吳地記》：「常熟縣北二里有海虞山。」《江南通志》：「孫永祚，字子長，常熟人。屢膺薦辟，不就。」

　　春秋注就授生徒，虞仲祠前一老夫。烏几看雲吟蘭閣，蘭，應作「菌」。布帆沖雨醉菱湖。空山撫操彈三峽，故國興懷賦兩都。同輩半非身健在，為誰寫入煉丹圖。原注：虞有徐神翁煉丹處。　起結點壽字意。中四句寫出子長身份。○生徒，見《壽王鑑明》。　《一統志》：「虞仲祠在常熟縣虞山東北嶺上。」老夫，見《送何省齋》。　杜詩：「拂拭烏皮几。」看雲，見《虎丘圖》。謝玄暉詩：「隨山望菌閣。」　布帆，見《虎丘即事》。沖雨，見《殘畫》。《一統志》：「麗山湖在吳江縣東

三里，下流為菱湖。」《宋書·隱逸傳》：「宗少文好山水，凡所遊履，皆圖之於室，謂人曰：『撫琴動操，欲令眾山皆響。』」三峽，見《哭志衍》。《蘭亭序》：「猶不能不以之興懷。」班孟堅有《兩都賦》。《隋書·沈光傳》：「同輩莫與為比。」黃魯直詞：「身健在，且加餐。」《蘇州府志》：「申元道，泰陵人，師事徐神翁，得修煉之道。後來虞山，築室為招真治。」又：「丹井在常熟治致道觀後。相傳井有藏丹。致道觀在常熟縣西門內虞山南。嶺下即招真觀。」《江南通志》：「徐神翁名守信，泰州人。白日上昇。有丹井遺蹟在徐州府蕭縣。」

吳詩集覽　卷十五下

七言律詩五之下

觀蜀鵑啼劇有感並序

　　蜀鵑啼者，丘子嶼雪為吾兄成都令志衍作也。志衍一官遠宦，萬里嚴裝。愛弟從行，故人送別。上游梗塞，盡室扶攜。既舍水而登山，甫自滇而入蜀。北都覆沒，西土淪亡。身殉封疆，家罹鋒鏑。觀劇，見《百草堂》。　按：《唐詩正・參訂姓氏》：「丘園，字嶼雪，蘇州府人。」尤展成《丘嶼雪遺像贊》：「君善顧曲梨園樂府，吾和而歌紅牙畫鼓。」　遠宦，見《短歌》。　嚴裝，見《閬州行》。　愛弟，見《東萊行》。　《漢書・項籍傳》：「地方千里，必居上游。」《注》：「水之上流也。」秦少游《祈晴文》：「道途梗塞。」　盡室，見《閬州行》。扶攜，見《青門曲》。　舍水登山二句，見《哭志衍》改途注。　北都，見《贈袁蘊玉・序》。　《書》：「逖矣！西土之人。」　封疆，見《遇南廂園叟》。　《史記・秦楚之際月表》：「銷鋒鏑。」嗚呼！三十六口，痛碧血之何存；一百八盤，招遊魂而莫返。無兒可託，有弟言歸。竄身荊棘之林，乞食猿猱之族。望蠻煙而奔走，脫賊刃以崎嶇。恥趙禮之獨全，赤眉何酷；恨童烏之不免，黃口奚辜。爰將委巷之謳，展作巴渝之舞。庾子山之賦傷心，時方板蕩；袁山松之歌行路，聞且唏歔。《鎮洋縣志》：「張獻忠破成都，吳繼善被執，全家三十六口俱遇害，時甲申十一月二十五日也。」　碧血，見《青門曲》。　《名山志》：「南陵山在巫山，高大，有路如線，盤屈至頂，一百八盤。」　招魂，《楚辭》篇名。《易》：

「遊魂為變。」 《詩》:「言告言歸。」 劉公幹詩:「竄身清漳濱。」《漢書‧東方朔傳》:「且盛荊棘之林。」 《史記‧晉世家》:「饑而從野人乞食。」猿猱,見《閬州行》。張復之詩:「村連古洞蠻煙合。」 崎嶇,見《攀清湖》。 《後漢書‧趙孝傳》:「弟禮為餓賊所得,孝聞之,即自縛詣賊曰:『禮久餓羸瘦,不如孝肥。』賊大驚,並放之。」赤眉,見《雁門尚書行》。 《法言》:「育而不苗者,其吾家之童烏乎?九齡而與我玄文。」《華陽國志》作「揚烏」。 《淮南子》:「古之伐國,不殺黃口,不獲二毛。」《晉書‧王恭傳》:「尚書令謝尚因醉為委巷之歌。」 巴渝舞,見《閬州行》。 子山《傷心賦》:「王室板蕩,生民塗炭。」 《晉書‧袁山松傳》:「歌《行路難》,聽者莫不流涕。」 唏歔,見《直溪吏》。余也老逐歡遊,閒逢浩唱。在中年早傷於哀樂,況昔夢重感乎交朋。豈獨伍相窮來,憐者有同聲之歎;遂使雍門曲罷,泫焉如亡邑之人。瞻望兄兮猶來,思悲翁而不見。蘭堂客散,金谷詩成。非關聽伎之吟,聊當懷人之什爾。蘇廷碩詩:「宸遊對此歡無極。」 浩唱,見《攀清湖》。 《世說》:「謝太傅語王右軍曰:『中年傷於哀樂,與親友別,輒作數日惡。』」 張平子《思玄賦》:「發昔夢於木禾兮。」 《吳越春秋》:「子胥曰:『子不聞河上歌乎?同病相憐。』」《易》:「同聲相應。」 桓譚《新論》:「雍門周引琴而鼓之,終而成曲,孟嘗君遂唏歔而就之曰:『先生鼓琴,令文立若破國亡邑之人也。』」泫然,見《雕橋莊歌》。 《詩》:「瞻望兄兮。」又:「猶來無死。」 漢鐃歌鼓吹曲有《思悲翁》。《詩》:「自我不見。」 張平子《南都賦》:「揖讓而升宴於蘭堂。」 金谷,見《老妓行》。 《世說》:「桓宣武嘗問孟萬年:『聽妓,絲不如竹,竹不如肉,何也?』」懷人,見《送志衍》。

花發春江望眼空,杜鵑聲切畫簾通。親朋形影燈前月,家國音書笛裏風。百口悔教從鳥道,一官催去墮蠻叢。雪山盜賊今何處,腸斷箜篌曲未終。起句點明蜀鵑啼劇。三四就觀劇時虛寫。五六就志衍寔寫。結句詠歎,仍帶觀劇在內。○隋煬帝有《春江花月夜》詩。望眼,見《郯城曉發》。 畫簾,見《無題》。 親朋,見《塗松晚發》。李令伯《陳情表》:「形影相弔。」杜詩:「自笑登前舞。」 音書,見《雁門尚書行》。杜詩:「三年笛裏關山月,萬國兵前草木風。」 百口,見《避亂》。鳥道,見《閬州行》。 一官,見《哭志衍》。蠻叢,見《山水圖歌》。 《〈後漢書‧班超傳〉注》:「西域有白山,通歲有雪,亦名雪山。」又見《送張玉甲》注。杜詩:「西山寇盜莫相侵。」 箜篌,見《蕩子行》。曲終,見《贈文園公》。

其二

江關蕭瑟片帆留,策馬俄成萬里遊。失計未能全愛子,端居何用覓

封侯。雲山已斷中宵夢，絃管猶開舊日樓。二月東風歌水調，鶺鴒原上使人愁。前半首志衍遠宦，後半首觀劇。○江關蕭瑟，見《贈陸生》。片帆，見《送何省齋》。　萬里遊，用武侯「萬里之行，始於此矣」。詳《驪山》。　失計，見《歡王子彥》。愛子，見《閩州行》。　孟詩：「端居恥聖明。」王少伯詩：「悔教夫壻覓封侯。」　雲山，見《閩州行》。《晉書·祖逖傳》：「每語世事，中宵起坐。」　絃管，見《拙政園》。　水調，見《琵琶行》。　鶺鴒原，見《贈錢臣辰》。崔顥詩：「煙波江上使人愁。」

其三

平生兄弟劇流連，高會南樓盡少年。往事酒杯來夢裏，新聲歌板出花前。青城道士看遊戲，白髮衰翁漫放顛。雙淚正垂俄一笑，認君真已作神仙。原注：劇中志衍兵解仙去。　起二句是志衍生前事。三四是觀劇時。後半首則所演之劇也。○南樓，見《送志衍入蜀》。　蘇詩：「低昂赴節隨歌板。」《一統志》：「青城山在成都府灌縣西南五十里。《玉匱經》曰：『此五大洞寶仙九室之天。』隋李珏，蜀人，隱青城山為道士，後仙去。唐明皇時封佑應保慈先生。」遊戲，見《讚佛詩》。　杜詩：「如今白髮翁。」又：「漫道春來好，狂風大放顛。」　張文昌詩：「還君明珠雙淚垂。」王詩：「相逢方一笑。」　《神仙傳》：「郭璞殯後三日，南州市人見璞。王敦不信，開棺無屍。璞得兵解之道，今為水仙伯。」

其四

過盡蠻江與瘴河，還家有弟脫兵戈。狂從劇孟千場博，老愛憂旃一曲歌。紅豆花開聲宛轉，綠楊枝動舞婆娑。不堪唱徹關山調，血污遊魂可奈何。此首專就事衍說，即《哭志衍》之所謂「一弟漏刃歸」者也。自第五句後，於劇字意為多。○蠻江，見《送曹秋岳》。　還家，見《呈李太虛》。《左傳·隱十一年》：「寡人有弟。」　劇孟，見《苑先齋中》。高達夫詩：「千場縱博家仍富。」《史記·滑稽傳》：「優旃者，秦倡朱儒也，善為笑言。」一曲，見《白燕吟》。　紅豆，見《琵琶行》注。宛轉，見《宛轉橋》。　綠楊，見《避亂》。《詩》：「市也婆娑。」　蘇詩：「離歌唱徹萬行啼。」關山，見《琵琶行》。　杜詩：「血污遊魂歸不得。」宋玉《九辯》：「君不知兮可奈何。」《史記·項羽紀》：「雖不逝兮可奈何。」

尤展成《蜀鵑啼詩跋》：「易水和歌，壯士為之慷慨；山陽吹笛，故交所以欷歔。況乎國破家亡，一門鬼錄；生離死別，萬里人琴。楚些有甚於招魂，虞挽倍纏於思舊。在昔延陵公子，官落珠江；成都府君，身糜玉壘。遭黃巾之搶攘，致

墨綬之流離。丹膏杜宇之祠，碧化萇弘之墓。滄桑既隔，汗簡無傳。爰有邱生，聞之累息。問弱弟之奔喪，傷心唳雁；弔孤臣而流涕，染血啼鵑。摭遺事於西川，譜新聲於南部。梅村先生每懷禾黍之悲，兼抱鶺鴒之痛。危乎蜀道，風煙重話瞿塘；愴矣梨園，簫鼓如聞天寶。陸士衡之哀永逝，腸斷三生；桓子野之喚奈何，情深一往。白頭反袂，青管題襟。僕本恨人，感茲樂句。讀曲而歎，令人對此茫茫；賦詩以興，正自不能已已。」

　　蜜江瘴河，應從蘇詞「蠻風瘴雨」化出。而《輟耕錄》引陳剛中詩「蠻煙瘴雨交洲客」，亦用蘇詞也。

題華山蘗庵和尚畫像原注：和尚熊姓，字魚山。直諫予杖，不死。後入道。《一統志》：「華山在蘇州府吳縣西，一名天池山。」魚山，見《過三峰話舊》。《明史·熊開元傳》：「崇禎四年，授吏科給事中，盡發周延儒之隱。帝乃廷杖開元，繫獄。十七年正月，遣戍杭州。福王召起原官。丁母艱，不赴。唐王連擢，至隨征東閣大學士，乞假歸。汀州破，棄家為僧，隱蘇州之靈巖以終。」

　　清如黃鵠矯如龍，浩劫長支不壞松。四國雞壇趨北面，千年雪嶺啟南宗。原注：西銘復社、漢月禪燈，皆師令吳江時身所興起。江湖夙世歸梅福，經卷殘生繼戴顒。諍論總銷隨諫草，故人已隱祝融峰。原注：繼公隱南嶽，蘗公本師也。　起二句作像贊。三四漁山治績。五六引起入道。以直諫入道雙結。○首句，見《茸城行》。　浩劫，見《呈李太虛》。《正韻》：「揰，梧也。亦作枝。」蘇詩：「下有至人僵不壞。」　《北戶錄》：「越人每相交作壇，祭以白犬丹雞，盟曰：卿若乘車我戴笠，後日相逢下車揖。我若步行君乘馬，後日相逢馬當下。」《戰國策》：「郭隗對燕昭王曰：『北面而受學，則百己者至。』」　雪嶺，見《送張玉甲》。南宗，見《讚佛詩》注。《復社事實》：「文社，始天啟甲子。合吳郡金沙橋李，僅十有一人，首張溥天如。崇禎初，嘉魚熊開元宰吳江，進諸生而講藝。於時孟璞里居，結吳翿扶九、吳允夏去盈、沈應瑞聖符，肇舉復社。」按：溥即西銘，見《哭志衍》。　漢月，見《遇具和尚》。陸務觀詩：「一盞吳僧夜講燈。」　《蘇州府志》：「熊開元，崇禎元年任吳江知縣。」　王詩：「宿世謬詞客。」梅福，見《讀西臺記》。　蘇詩：「經卷藥爐新活計。」殘生，見《贈遼左故人》。戴顒，見《閬園》詩。　杜詩：「避人焚諫草。」　又：「故人昔隱東蒙峰。」《湘州記》：「祝融峰上有青玉壇，方五丈。」繼公，見《送入天台》。梅村《復社紀事》：「熊魚山流離南國，削髮祝融峰下。攜榔栗，來吳中，縛禪靈，隱山寺，號蘗菴和尚。今無恙。」

　　沈永令（字聞人）《贈蘗菴禪師》：「浮生閱盡幾滄桑，獨臥寒雲擁竹床。百鍊身猶餘鐵石，萬言字尚挾風霜。列朝文獻徵遺史，一代天龍護法王。士女爭來瞻瑞相，使君故是宰河陽。」

其二

　　西南天地歎無歸，漂泊干戈愛息機。黃蘗禪心清磬冷，白雲鄉樹遠帆微。全生詔獄同官在，原注：指姜如農。乞食江城故老稀。原注：松陵。布衲綻來還自笑，篋中血裏舊朝衣。此首就入道說，鋪敘周到。○杜詩：「飄泊西南天地間。」　又：「即今飄泊干戈際。」愛息機，見《壽李太虛》。　沈遼詩：「裴休自參黃蘗禪。」清磬，見《宿福源精舍》。　錢仲文詩：「斜日背鄉樹。」梁簡文帝詩：「前觀遠帆稀。」　劉文房詩：「全生天地仁。」詔獄，見《殿上行》。同官，見《送同官出牧》。《明史‧吳兌傳》：「崇禎末，給事中姜埰、行人司副熊開元以言事同日〔註1〕繫詔獄。帝欲置之死。吳邦輔故緩其獄，帝怒稍解，令嚴訊主使者。邦輔乃略訊，即具獄上，詔予杖百，二人由是獲免。」又，《姜埰傳》：「熊開元亦以建言下錦衣衛，帝怒兩人甚，密旨下衛帥駱養性，令潛斃之獄。養性懼，以語同官，同官曰：『不見田爾耕、許顯純事乎？』養性乃不敢奉命。」　乞食，見《行路難》。杜詩：「江城含變態。」《吳地記》：「松江，一名松陵江。」《通志》：「松江，一名吳淞江。」按：松江自太湖分流，入吳江縣界。蘗菴曾官吳江，故老應泛言，非專指太傅金之俊也。《詩》：「召彼故老。」　沈泰鴻詩：「女散天花布衲香。」綻，見《謝贈道衣》。自笑，見《懷陳直方》。　篋中，見《壽李太虛》。血裏朝衫，見《東萊行》。

　　　　《明史‧馮元飆傳》：「熊開元欲盡發延儒罪，元飆沮止之，開元以是獲重譴。」《竹垞詩話》：「爰書既上，人皆疑思陵曲護宜興，獨尹樞部宣子謂思陵時已恚宜興，命魚山具疏者，度必列欵，欲據之，便按問。及見疏，乃曰：『如此不痛不癢，思兩邊作好人耶？』蓋寔怒其不力參而反以誹謗大臣為罪，非思陵本意也。」按：魏叔子《敬亭山房記》亦謂魚山以持兩端得罪，附錄之，以廣異聞。

戊申上巳過吳興家園次太守招飲郡圃之愛山臺坐客十人同修禊事余分韻得苔字

戊申，康熙七年。《湖州府志》：「愛山臺在府治後西北隅，宋郡丞汪泰所創，取東坡『尚愛此山看不足』之句名之。知府吳綺重修。」

　　六客堂西禊飲臺，亂山高會嘯歌開。塔懸津樹雨中出，鐘送浦帆天

際來。同輩酒狂眠怪石，前賢墨妙洗蒼苔。右軍勝集今誰繼，仗有吾家季重才。三四高唱，禊飲勝集相應。結更歸重園次。○《一統志》：「六客堂在湖州府治圃中。愛山臺在六客堂之右。」 亂山，見《歲暮送苑光》。高會，見《遇劉雪舫》。《詩》：「其嘯也歌。」 唐玄宗詩：「春來津樹合。」王詩：「雨中春樹萬人家。」《西湖志》有遠浦歸帆，此借用。天際，見《石公山》。 同輩，見《壽孫子長》。酒狂，見《簡許九日》。太上隱者詩：「高枕石頭眠。」《書》：「鉛松怪石。」 前賢，見《讀西臺記》。《一統志》：「墨妙亭在湖州府治內。」子瞻《墨妙亭記》：「熙寧四年，高郵孫莘老守吳興。明年，作墨妙亭於府治之北，取凡境內自漢以來古文遺刻以寘之。」蒼苔，見《讚佛詩》。 右軍，見《壬辰補禊》。勝集，見《癸巳禊飲》。李詩：「誰人今繼作。」 季重，見《贈吳錦雯》。

　　　按：徐原一《題梅村愛山臺上巳宴序卷》云：「會者十有二人，而餘其一，先生所以有孝穆之句。」今十二人莫可詳，〔註2〕而孝穆句亦不載於集中，則梅村逸詩豈少也哉！ 湯潛庵《贈吳湖州》詩：「仙郎起草最知名，幾載搴帷雪上行。按部雨餘香稻晚，課農花發曉雲輕。南宮書畫添新譜，李相亭臺續舊盟。聞道賓朋常滿座，清尊真見古人情。」

立夏日陪園次郡伯過孫山人太白亭落成置酒分韻得人字 按：梅村作記

在三月二十六日。 《明史·隱逸傳》：「孫一元，字太初。不知何許人。問其邑里，曰：『我秦人也。』常棲太白之巔，故號太白山人。或曰安化王宗人。王坐誅，故變姓名避難也。」《陝西通志》：「孫一元，平涼人。」 《左傳·昭七年》：「楚子成章華之臺，願與諸侯落之。」

　　春盡山空鶴唳頻，亂雲歸處鎖松筠。江湖有道容奇士，關隴無家出俊人。招隱起亭吟社客，散仙留冢醉眠身。一瓢零落殘詩在，誰伴先生理釣緡。首句紀時，次句暗寫亭字，中四句切定太初，層層寫出。結句懷古。○鶴唳，見《茸城行》。 黃魯直詩：「何如零落亂雲中。」云歸，見《謁剖公》。王詩：「閉門終日鎖松筠。」 杜詩：「文章有神交有道。」奇士，見《贈穆苑先》。 關隴，見《送杜弢武》。《中說》：「或問蘇綽，子曰：『後人也。』」 《晉書·王徽之傳》：「詠左思《招隱詩》。」《池北偶談》：「宋末，浦江吳渭倡月泉吟社，賦《田園雜興》近體詩，名士謝翱輩第其高下。詩傳者六十人，清新尖刻，別自一家。」按：吟社客，指山人，

[註2] 按：江闓《春蕪詞》卷下《沁園春·上巳集愛山臺，時有梅村、方埭兩先生、同菊、原一、子壽、再馨、弘載、坦夫、鶴問、石葉暨園次外父，分得吾字》（《黔南叢書》第14輯，貴州人民出版社2010年版，第51頁），恰為十二人。

非指置酒分韻者。《明史》：劉麟以知府罷歸，龍霓以僉事謝政，竝客湖州，與郡人故御史陸昆善，而長興吳琬隱居好客，因招一元入社，稱苕溪五逸是也。　散仙，見《讚佛詩》追陪注。《一元傳》：「卒年三十七，琬等葬之道場山。」梅村《修孫山人墓記》：「太初，絕婚宦，自稱有羽化術。太初死，人皆以為仙去。江山周光祿曰：『太初固不死，試與公等發其冢，必空棺。』」醉眠，見《壽孫孝維》。　《唐詩紀事》：「唐球人稱為唐隱居。為詩撚稿為團，納大瓢中。臨歿，投瓢於江，曰：『斯文苟不沉沒，得者方知吾苦心爾。』至新渠，有識者曰：『唐山人瓢也。』」《一元傳》：「攜鐵笛鶴瓢，遍遊中原，所至賦詩談神仙，論當世事。」　杜詩：「飄零且釣緡。」

梅村《修孫山人墓記》：「吳公由工部郎為吳興守，江南之揚州人。共事者有郡丞大興於公琨、通守靜樂姚公時亮。是日同遊者，御史歙縣方漣吳公雯清、司里長洲既庭宋君實穎、孝廉江寧仲調白君夢鼐、崑山原一徐君乾學、貴陽辰六越君闓，而餘則太倉吳偉業梅村也。」

得友人札詢近況詩以答之

溪堂六月火雲愁，支枕閒窗話貴遊。王令文章今日進，丘公仕宦早年休。道衰薄俗甘棲遁，才退殘書勉勘讎。京雒故人聞健飯，黃塵騎馬夾城頭。以詩代書，妙能達所欲言。○溪堂，見《送周子俶》。火雲，見《遇南廂園叟》。　支枕，見《蚤起》。閒窗，見《觀山水圖歌》。貴遊，見《遇南廂園叟》。　三四句，見《行路難》其八。■《史記·平準書》：「不得仕宦為吏。」薄俗，見《鑾清湖》。《晉書·郗超傳》：「超性好聞人棲遁。」　才退，見《行路難》注。殘書，見《王庵看梅》。按：勘讎即校讎意。校讎，見《壽龔芝麓》。　張正言詩：「故人京洛滿。」按：健飯即強飯意。強飯，見《蛤蜊》。　黃塵，見《青門曲》。杜詩：「騎馬欲雞棲。」夾城，見《殿上行》。

八風詩並序

余消夏小園，風堮然而四至，雖泠泠可以折酲，已疾而淒其怒號，不能無爰居之思，避其庶人之雌風乎？聊廣其意，作為此詩。莊、列寓言，沈、謝作賦，庶以鳴候蟲而諧比竹。若云俟諸輶軒，則此不足採也。《左傳》林《注》：「八方之風，東北曰條風，又名融風；東方曰明庶風；東南曰清明風；南風曰景風，又名凱風；西南曰涼風；西方曰閶闔風；西北曰不周風；北方曰廣莫風。」　陸魯望詩：「銷夏復銷憂。」小園，見《閭園詩·序》。　宋玉《風賦》：「堮

然起於穹巷之間。」　又：「清清泠泠，愈病析酲。」《詩》：「淒其以風。」《莊子》：「作則萬竅怒號。」　《國語》：「湖鳥曰爰居，止於魯東門之外三日。展禽曰：『今茲海其有災乎？夫廣川之鳥獸，常知而避其災也。』是歲也，海多大風。」　《風賦》：「此所謂庶人之雌風也。」《史記·楚世家》：「臣所以許王以廣王意也。」　樂天《禽蟲詩序》：「莊列寓言，風騷比興。」　【■■■■沈謝，詳《補注》。】〔註3〕　柳子厚詩：「門掩候蟲秋。」《莊子》：「人籟則比竹是已。」　輶軒，見《東萊行》。《禮》：「命太史陳詩，以觀民風。」　《後漢書·李郃傳》：「觀采風謠。」

其一　東風

　　汴水楊花撲面迎，飄飄飛過雒陽城。陶潛籬畔吹殘醉，宋玉牆頭送落英。油壁馬嘶羅袖舉，綠塘波皺畫簾聲。獨憐趙後身輕甚，斜倚雕闌待月生。通首俱含東字，第八句入妙。○蘇詩：「無情汴水自東流。」武昌妓《續韋蟾詩》：「武昌無限新栽柳，不見楊花撲面飛。」《歸去來辭》：「風飄飄而吹衣。」按：《一統志》：「汴水自河水分流，東經開封、歸德二府，入江南徐、宿二州界。」是汴水不過雒陽也。然河南府東至開封府汜水縣界一百六十里。詩止謂風吹揚花，由東而西耳。　陶詩：「採菊東籬下。」白詩：「起因殘醉醒。」　宋玉《登徒子好色賦》：「臣里之美者，莫若臣東家之子。然此女登牆，闚臣三年，至今未許也。」落英，見《鴛湖曲》。　油壁，見《圓圓曲》。韋端己詩：「朱鬣馬嘶楊柳風。」司馬長卿《美人賦》：「羅袖拂臣衣。」　溫飛卿詩：「綠塘搖灩接星津。」馮延巳詞：「風乍起，吹皺一池春水。」畫簾，見《無題》。　《漢書·外戚傳》：「孝成趙皇后號曰飛燕。」李義山詩：「趙後身輕欲倚風。」　白詩：「斜倚薰籠坐到明。」雕闌，見《後東皋歌》。歐陽永叔詞：「闌干倚處，待得月華生。」

其二　南風

　　玉尺披圖解慍篇，相為高指越裳天。終南雲出松檜響，雙闕雨飛鈴索懸。師曠審音吹不競，鍾儀懷土操誰傳。九疑望斷黃陵廟，曾共湘靈拂五絃。起結相應，五六入妙。○玉尺，見《楚兩生行》。子山《馬射賦·序》：「舜以甲子之朝，披圖而巡洛。」《家語》：「南風之薰兮，可以解吾民之慍兮。」　《西京雜記》：「長安靈臺相風銅烏，有千里風則鳴。」《後漢書·南蠻傳》：「交阯之南有越裳國，周公居攝，越裳以三象重譯而獻白雉。」《白虎通》：「得至八方，即祥風至，中律調，四夷化，越裳來。」　《詩》：「終南何有？」《一統志》：「終南山在西安府城南五

十里。」蘇子由詩:「掃地開門松檜香。」　雙闕,見《讀史雜感》。儲光羲詩:「桃花隨雨飛。」韓致光詩:「夜久忽聞鈴索動,玉堂西畔響丁東。」《左傳·襄十八年》:「師曠曰:『南風不競,楚必無功。』」《禮》:「審音以知樂。」《左傳·成九年》:「晉侯觀於軍府,見鍾儀,使與之琴,操南音。公曰:『樂操土風,不忘舊也。』」《登樓賦》:「人情同於懷土兮。」　羅含《湘中記》:「九疑在營道縣,與北山相似,行者疑惑,故名之。」李義山詩:「望斷平時翠輦過。」黃陵廟,見《贈家侍御》。《楚辭》:「令湘靈鼓瑟兮。」《禮》:「昔者舜作五絃之琴,以歌南風。」

其三　西風

落日巴山素女秋,梧宮蕭瑟唱涼州。白團掌內恩應棄,絳蠟匆前淚未收。隴阪征夫蘆管怨,玉關思婦杵聲愁。可堪益部龍驤鼓,獵獵牙旗指石頭。五六工穩。○巴山,見《即事》其十。■《史記·封禪書》:「太帝使素女鼓五十絃瑟,悲,帝禁不止,破其瑟為廿五絃。」張如哉曰:「謝莊《月賦》:『集素娥於後庭。』注:『嫦娥曰素娥。』此詩素女,是借作素娥用,非《封禪書》之素女也。」　梧宮,見《圓圓曲》注。《唐書·禮樂志》:「天寶樂曲,皆以邊地名,若涼州、甘州、伊州之類。涼州曲本西涼所製也。」　按:三句用班婕妤《怨歌行》「皎潔如霜雪,團團似明月。常恐秋節至,恩情中道絕」等句意。　葛長庚詞:「夜迢迢,銀臺絳蠟,伴人垂淚。」　張平子詩:「欲往從之隴阪長。」征夫,見《松山哀》。李君虞詩:「不知何處吹蘆管,一夜征人盡望鄉。」　玉關,見《行路難》。思婦,見《圓圓曲》。高達夫詩:「寒城砧杵愁。」　按:陳承祚有《益部耆舊傳》,宋子京有《益部方物記》。《晉書·王濬傳》:「重拜益州刺史,修舟艦,起樓櫓,拜龍驤將軍,監益涼諸軍事。伐吳,順流鼓棹,入於石頭,孫皓面縛降。初,詔使濬受王渾節度。及濬至秣陵,王渾遣信,要令暫過論事。濬舉帆直指,報曰:風利,不得泊也。」劉夢得詩:「王濬樓船下益州,金陵王氣黯然收。千尋鐵鎖沉江底,一片降旛出石頭。」　鮑詩:「獵獵晚風遒。」張平子《東京賦》:「牙旗繽紛。」

其四　北風

萬里扶搖過白登,少卿書斷雁難憑。蕭梢駿尾依宛馬,颯爽雄姿刷代鷹。野火燒原青海雪,驚沙擊面黑河冰。愚公墐戶頭如蝟,傳道君王獵霸陵。切合北字處最佳。○《莊子》:「摶扶搖而上者九萬里。」《一統志》:「白登故城在大同府陽高縣南。」　李少卿《答蘇武書》:「時因北風,復惠德音。」按:雁難憑兼用《蘇武傳》「天子射上林中,得雁,足有繫帛書,言武等在某澤中」。　杜詩:

「騘尾蕭梢朔風起。」《漢書‧張騫傳》:「天子好宛馬,使者相望於道。」張如哉曰:「此句用『胡馬依北風』意。」 杜詩:「雄姿未受伏櫪恩。」又:「代北有豪鷹。」 野火,見《海戶曲》。《書》:「若火之燎於原。」青海,見《贈家侍御》。 驚沙拂面,見《琵琶行》。黑河,見《贈吳季子》。 愚公,見《松鼠》。《詩》:「塞向墐戶。」如蝟,見《讀西臺記》。 《史記‧袁盎傳》:「文帝從霸陵上,欲西馳下峻阪。」

其五　東南風

紫蓋黃旗半壁中,斗牛斜直上游通。漫分漢沔魚龍陣,須仗江湘烏鵲風。捩柂引船濡口利,禡牙揮扇赭圻功。試看片刻周郎火,一捲曹公戰艦空。原注:《〈三國志‧周瑜傳〉注》:「黃蓋取輕艦十舫,載燥荻枯柴,建旌旗於上。時東南風急,同時發火,燒盡北船,曹公退走。」 斗牛句最佳,以其切而雅也。○《吳志‧孫權傳》注:「舊說紫恭黃旗,運在東南。」半壁,見《送張玉甲》。 《晉書‧天文志》:「州郡躔次:斗、牽牛、須女,吳越揚州。」上游,見《蜀鵑啼‧序》。《一統志》:「督軍壇在漢中府沔縣東南,是亮宿營處,營東即八陣圖也。」按:八陣無魚。梅村蓋以陣半在水中,如魚龍潋灩耳。 《漢書‧揚雄傳》:「橫江湘以南泲兮。」曹孟德《樂府》:「烏鵲南飛。」 捩柂,見《二十五日》詩。引船,見《西田》詩其二。濡須,見《江上》。 《詩》:「是類是禡。」朱《傳》:「禡,祭始造軍法者,謂黃帝及蚩尤也。」《宋史‧禮志》:「太宗征河東,遣右贊善大夫出郊,用少牢一,祭蚩尤禡牙。」《唐書‧武儒衡傳》:「儒衡揮以扇。」《一統志》:「赭圻城在太平府繁昌縣東四十里,晉桓溫所築。赭圻嶺在繁昌縣西三十里。」 戰艦,見《茸城行》。

> 張如哉曰:「此首通就《吳志》說。三四句言赤壁之戰,雖有葛相陣圖,須仗周郎風便。五句以孫權十八年〔註4〕濡須之戰陪說。六句揮扇,又指葛相,即東坡詞『羽扇綸巾,談笑處,檣櫓灰飛煙滅』意。赭圻即赤壁也。七八句點醒周郎東南風作結。」

其六　西南風

武帝雄圖邛笮開,相如馳傳夜郎回。巴童引節旌旄動,僰馬隨車塵土來。堯女尚應愁赭樹,原注:《史記》:「秦皇西南渡淮水,浮江至湘山祠,逢大風,幾不得渡。知是堯女,使刑徒伐湘山樹,赭其山。」楚王從此怕登臺。小臣欲進乘槎賦,萬里披襟好快哉。張如哉曰:「此首通就漢武說。」 因唐蒙略通西南夷,故前四句用相如馳傳事,而得力處在一回字。蓋由西南而之東北,故謂之

〔註4〕「年」,乙本誤作「干」。

西南風也。巴童僰馬與邛筰夜郎，皆點染西南，引節隨車，俱跟馳傳。旌旄從節字生出，塵土從車字生出，動字來字俱從回字生出，切合風字意。結用張騫事，亦以騫盛言大夏在漢西南，天子乃令王然、于柏、始昌、呂越人等十餘輩間出西南夷也。○《晉書・武帝紀・贊》：「斷雄圖於義表。」邛筰，見《哭志衍》。　相如馳傳，見《送志衍入蜀》注。夜郎，見《訪文學博》。　鮑詩：「燕姬色沮，巴童心恥。」注：「巴童，善舞者。」旌旄，見《避亂》。　《漢書・西南夷傳》：「巴蜀民或竊出，商賈取其筰馬僰僮旄牛。」李正封詩：「九陌無塵土。」　《風賦》：「楚襄王遊於蘭臺之宮，宋玉、景差侍，有風颯然而至。」　乘槎，見《七夕即事》注。　《風賦》：「王乃披襟而當之曰：『快哉此風！』」

其七　東北風

飛廉熛怒向人間，徐福求仙恨未還。萬乘雨休封禪樹，原注：《史記・封禪書》：「始皇上太山，遇大風雨，休於大樹下。」八神波斷羨門山。原注：《史》：「三神山在渤海中。患且至，則船引風而去。始皇時，方士皆以風為解。」又：「八神皆在齊北。成山斗入海，最居齊東北隅。」蕭蕭班馬東巡海，發發嚴旌北距關。錯認祖龍噫氣盛，蓬萊咫尺竟誰攀。張如哉曰：「此首通就秦皇說。」　中四句分合入妙。○《漢書・武帝紀》注》：「蜚廉，神禽，能致風氣者也。」《風俗通》：「飛廉，風伯也。」《風賦》：「激揚熛怒。」　《仙傳拾遺》：「徐福，字君房。秦始皇聞東海中祖洲有不死之草，乃遣福乘樓船入海尋祖洲，不返。」按：《史記》作「遣徐市發童男女數千人，入海求仙人」。　《詩》：「蕭蕭馬鳴。」《左傳・襄十八年》：「有班馬之聲。」《注》：「班，別也。」《秦始皇紀》：「二十九年，登之罘，刻石，其辭曰：皇帝東遊，巡登之罘，臨照於海。」　《詩》：「匪風發兮。」朱子《詩傳》：「發發，盛貌。」《書》：「距四海」。《傳》：「距，至也。」《秦始皇紀》：「伐湘山樹，赭其上，上自南郡由武關歸。」應劭曰：「武關，秦南關。」　祖龍，見《下相懷古》。《莊子》：「夫大塊噫氣，其名為風。」　蓬萊，見《東萊行》。咫尺，見《送何省齋》。

其八　西北風

沛宮親作大風歌，往事彭城奈楚何。身陷重圍逢晦冥，母迴切，上聲。天留數騎脫干戈。原注：《史記》：「項王圍漢王三匝，從西北起，折木發屋，揚沙石，窈冥晝晦，楚軍亂，乃得遁去。」威加河朔金方整，地繞幽并殺氣多。好祭蚩尤祔風伯，飛揚長護漢山河。張如哉曰：「此首通就漢高說。」　前半首引古合寫，五六分寫，結不傷雅。○《一統志》：「沛宮在徐州府沛縣東南一里。」大風

歌，見《東萊行》注。 《一統志》：「彭城故城，今徐州府治。」奈楚何，翻用《垓下歌》「可奈何」、「奈若何」。 《大風歌》：「威加海內兮歸故鄉。」河朔，見《哭志衍》。《晉書‧載記》：「姚弋仲越自金方，言歸石氏。」 幽并，見《遇劉雪舫》。殺氣，見《松山哀》。 《述異記》：「蚩尤氏兄弟七十二人，銅頭鐵額，食鐵石。今冀州人掘地得髑髏如銅鐵者，即蚩尤之骨也。」《史記正義》：「風伯，字飛廉。」 《大風歌》：「大風起兮雲飛揚。」李義山詩：「風雲長為護儲胥。」《史記‧項羽紀》：「關山阻山河四塞。」

贈同年嘉定王進士內三《一統志》：「嘉定縣在太倉州南三十六里。」《嘉定縣志》：「王泰際，字內三。崇禎辛未進士。撫按相繼勸駕，皆辭弗應。隱居逾三十年而歿。」

　　槎浦岡頭自種田，居然生活勝焦先。赤松採藥深山隱，白鶴談經古寺禪。孺仲清名交宦絕，彥方高行里閭傳。曲江細柳新蒲綠，回首銅龍對策年。寫出內三家食之吉。結句點同年意。○《一統志》：「槎浦在嘉定縣南三十里，有上槎、中槎、下槎三浦。」 《莊子》：「居然不免於患。」《北史‧胡叟傳》：「家於密雲，惟以酒自適，謂友人金城宗舒曰：『我此生活，似勝焦先。』」 赤松，見《寄當事諸老》。採藥，見《襄陽》注。 《參同契》：「御白鶴，駕龍鱗，遊太虛，謁仙君。」談經，見《壽李太虛》。常建詩：「清晨入古寺。」 《後漢書‧逸民傳》：「王霸，字孺仲，太原廣武人也。少有清節。王莽篡位，棄冠帶，絕交宦。建武中，徵到尚書，拜稱名，不稱臣。以病歸，連徵不至。」 又，《獨行傳》：「王烈，字彥方。以義行稱鄉里。有盜牛者，主得之，盜請罪，曰：『刑戮是甘，乞不使彥方知也。』」 杜詩：「春日潛行曲江曲。」又：「細柳新蒲為誰綠。」 銅龍，見《遇南廂園叟》。《漢書‧公孫弘傳》：「弘至太常，上策詔諸儒，對者百餘人。」

其二

　　翠竹黃花一草堂，柴門月出課畊桑。蘇林投老思遺事，譙秀辭徵住故鄉。彊飯卻扶芒屨健，高歌脫帽酒杯狂。莫嗟過眼年光易，徵調初嚴已十霜。亦寫家食之吉，三四七八用意。○《傳燈錄》：「青青翠竹，總是法身；郁郁黃花，無非般若。」杜詩：「萬里橋西一草堂。」 柴門月出，見《避亂》。畊桑，見《遇南廂園叟》。 《魏略》：「蘇林，字孝友。文帝作《典論》，所稱蘇林者是也。以老歸第，國家每遣人就問之，數加賜遺。年八十餘卒。」投老，見《西田》詩。遺事，見《琵琶行》。 《晉書‧譙秀傳》：「字元彥，巴西人也。知天下將亂，預絕人事，雖內外宗親，不與相見。郡察孝廉，州舉秀才，皆不就。及李雄據蜀，略有巴西，雄叔父驤、驤子壽，皆慕秀名，具束帛安車徵之，皆不應。」 彊飯，見《蛤蜊》。按：卻

扶，猶擲杖也。蘇詩：「草露濕芒屨。」杜詩：「脫帽露頂王公前。」　年光過眼，見《壽冀芝麓》注。徵調，見《雜感》。賈閬仙詩：「客舍并州已十霜。」

其三

先生吟社夜留賓，紫蟹黃雞甕面春。萬事夢中稱幸叟，一家榜下出閒人。原注：內三及二子皆科第而不仕。君房門第多遷改，叔度才名固絕倫。原注：指上谷、江夏。青史舊交餘我在，北匆猶得岸烏巾。此首所詠者大，詞意雙美。○吟社，見《太白亭落成》。留賓，見《壽王子彥》。　羅昭諫詩：「盈盈紫蟹千卮酒。」杜詩：「西風白酒與黃雞。」《甌江逸志》：「唐人酒多以春得名，如抛青春、松醪春之類。」　蘇詞：「萬事到頭皆是夢。」　劉夢得詩：「永日屬閒人。」　君房，見《讀西臺記》。《後漢書・黃憲傳》：「字叔度。」才名，見《壽冀芝麓》。絕倫，見《哭志衍》。按：上谷、江夏乃侯、黃之族望，如以王為琅琊、李為隴西之類。　青史，見《又詠古》。舊交，見《送周子俶》。《史記・魏其武安侯傳》：「我在也。」　北窗，見《二十五日》詩。陸務觀詩：「又向沙頭岸幅巾。」杜詩：「頭藏小烏巾。」

按：五六句指豫瞻、蘊生也。《明史・侯峒曾傳》：「字豫瞻，嘉定人。天啟五年進士。召為順天府丞，未赴而京師陷。福王時，用為左通政，辭不就。及南京覆，州縣多起兵自保。偕里人黃淳耀等誓死固守。城大崩，大清兵入，峒曾拜家廟，挈二子元演、元潔，竝沉入池。」《明詩綜》：「候岐曾，字雍瞻，峒曾弟。以陳子龍事牽連，執之松江遇害。」《明史・黃淳耀傳》：「字蘊生，嘉定人。崇禎十六年進士。南都亡，嘉定亦破，自裁於城西僧舍。所作詩古文，悉軌先正，卓然名家。」則豫瞻之門第，其零落已不可問，而蘊生之才名與理學、忠義俱絕倫矣。內三與候、黃同縣故，梅村因內三而及之。君房、叔度、上谷、江夏，隱其姓也。

其四

晚歲風流孰似君，烏衣子弟總能文。弟，集作「第」，非。青箱世業高門在，白髮遺經半席分。正禮雙龍方矯角，釋奴千里又空群。外家流輩非容易，肯信衰宗有右軍。此首就子弟說，兼點戚誼。○晚歲，見《贈家待御》。　烏衣，見《白燕吟》。杜詩：「雅子總能文。」　青箱，見《觀通天帖》。杜詩：「世業豈沉淪？」高門，見《彈琴歌》。《宋史・程顥傳》：「得不傳之學於遺經。」半席分，見《佘山》。《三國志・劉繇傳》：「繇字正禮。兄岱，字公山。陶邱洪薦繇於兗州刺史，欲令舉茂才。刺史曰：『前年舉公山，奈何復舉正禮？』洪曰：『所謂御二龍於長塗，

騏驥驤於千里。』」退之《柳子厚墓誌》:「嶄然見頭角。」 《北史·盧昌衡傳》:「昌衡小字龍子。弟思道,小字釋奴。宗中稱英妙,故幽州語曰:『盧家千里,釋奴龍子。』」空群,見《維夏北行》。 外家,見《永和宮詞》。白詩:「須知流輩年年失。」 《世說》:「司空顧和與時賢共清言。張元之、顧敷是中外孫。顧公曰:『不意衰宗,復生此寶。』」李義山詩:「嫁女今無王右軍。」

大中丞心康韓公九月還自淮南生日為壽中丞,見《東皋草堂歌》。《蘇州府志》:「韓世琦,字心康,本蒲州人。明大學士鑛曾孫。世琦隸旗籍,為遼人。康熙元年,由順天巡撫移撫江南,懲前政之弊,加意拊循,日進士民,詢以利病,次第舉行。」

閶闔清秋爽氣來,尚書新自上游回。八公草木登高宴,九日茱萸置酒臺。兵食從容經久計,江淮安穩濟時才。尊前好唱南山曲,笳鼓西風笑語開。前半首九日還自淮南,後半首大中丞生日。○司馬長卿《大人賦》:「排閶闔而入帝宮。」韋昭注:「閶闔,天門也。」清秋,見《贈家侍御》。《晉書·王徽之傳》:「致有爽氣。」 韓詩:「相公新破蔡州回。」上游,見《蜀鵑啼·序》。 《晉書·載記·苻堅傳》:「北望八公山上,草木皆類人形,曰:『此亦勍敵也。』」登高、九日、茱萸,見《攀清湖》茱萸注。置酒,見《王郎曲》。 《三國志·鄭暉傳》:「終有魚稻經久之利。」 安穩,見《懷陳直方》。杜詩:「艱危深仗濟時才。」 尊前,見《老妓行》。《詩》:「如南山之壽。」 笳鼓,見《送吳贊皇》。

贈李膚公五十梅村《李忠毅公神道碑》:「公諱應昇,字仲達。子遜之,邑廩生。」魏叔子《落落齋記》:「江陰李忠毅公有賢子曰膚公,當國變,棄諸生。性疏懶,不治事,而獨好學,以詩文自娛。入其齋,書帙縱橫,凝塵滿席,膚公方吟哦不輟。」

先德傳家歷苦辛,汗青零落剩閒身。雲山笑傲容遺叟,松菊招尋見故人。猶有田園供伏臘,豈無書卷慰沉淪。只看五月開樽宴,撥剌江魚入饌新。寫出世德傳家。結點壽意。○《明史·李應昇傳》:「授御史。楊漣劾魏忠賢,得嚴旨。應昇憤,即抗疏繼之。明年,曹欽程勘應昇護法東林,遂削籍。忠賢恨未已,逮下詔獄,酷掠,坐贓三千,尋斃之,年甫三十四。」傳家,見《觀法帖》。苦辛,見《贈穆苑先》。 汗青,見《東萊行》。零落,見《避亂》。閒身,見《虎丘夜集圖》。 雲山,見《閩州行》。笑傲,見《閬園》詩。按:遺叟,猶遺老也。遺老,見《寄當事諸老》。 招尋,見《河渚圖》。 《漢書·楊惲傳》:「歲時伏臘。」 杜詩:「風床展書卷。」沉淪,見《遇劉雪舫》。 開尊,見《壽龔孝升》。 杜詩:「船尾跳魚撥剌鳴。」入饌,見《贈遼左故人》。

庚戌梅信日雨過鄧尉哭剖石和尚遇大雪夜宿還元閣庚戌，康熙九年。
《歲時記》：「始梅花，終楝花，凡二十四番花信風。」《東皋雜錄》云：「江南自初春至初夏有二十四風，梅花風最先，楝花風最後。」《一統志》：「鄧尉山在吳縣西南七十里，漢有鄧尉者隱此，故名。」《蘇州府志》：「剖石如天山塔院，大雄、天王二殿，大悲壇，還元閣，祖堂，法堂，四宜堂次第鼎新，趺坐而逝，壽七十二。」　自此以下六首，原目俱不載。

　　筍輿沖雨哭參寥，宿鳥啾鳴萬象凋。北寺九成新妙塔，原注：師修報恩塔初成。南湖千頃舊長橋。雲堂過飯言猶在，原注：去歲與師同飯山閣。雪夜挑燈夢未消。最是曉鐘敲不寐，半天松栝影蕭蕭。通首俱就梅村自己說，方見情致。○筍輿，見《二十五日》詩注。沖雨，見《殘畫》。參寥，見《題方菴》。　李詩：「花枝宿鳥喧。」萬象，見《礬清湖》。　《蘇州府志》：「太傅金之俊復延剖石修北寺古塔，三載告成，還山。」王文考《魯靈光殿賦》：「漸臺臨池，層曲九成。」妙塔，見《過南廂園叟》。　南湖，見《讀西臺記》。何仲言詩：「水影漾長橋。」　雲堂，見《晤陸紫霞》。言猶在，見《詠山茶花》。　挑燈，見《後東皋歌》。　戴幼公詩：「相留畏曉鐘。」　杜詩：「高柳半天青。」松栝，見《雒陽行》。

其二

　　投老相期共閉關，原注：師有招住山中之約。影堂重到淚潺潺。身居十地莊嚴上，原注：師初刻華藏圖。道出三峰玄要間。壞衲風光青桂冷，原注：四宜堂叢桂最盛。殘經燈火白雲閒。吾師末句分明在，雪裏梅花雨後山。三四句就剖石說，餘俱是梅村目中意中語。○投老，見《西田》詩。閉關，見《維摩楓抹絕勝》。　影堂，見《蒼公塔》。潺潺，見《讚佛詩》。　唐太宗《三藏聖教序》：「微言廣被，拯含類於三途；遺訓遐宣，導群生於十地。」莊嚴，見《贈蒼雪》注。　三峰，見《三峰秋曉》。玄要，見《過甫里謁願公》注。　皮襲美詩：「雲侵壞衲重隈肩。」李巨山詩：「人日風光覺倍饒。」李詩：「青桂遙隱月。」　劉文房詩：「殘經窗下依然在。」燈火，見《塗松晚發》。李遠詩：「一片閒雲萬里心。」　吾師，見《贈願雲師》。分明，見《七夕感事》。　林君復《梅花》詩：「雪後園林纔半樹。」劉文房詩：「雨後山光滿郭青。」按：末句似舉剖石詩，因詩與境合而及之。

送許堯文之官莆陽《大清一統志》：「興化府莆田縣附郭。」程迓亭曰：「堯文名煥。順治丁亥進士，由莆陽陞嘉興知府。」

　　烏石煙巒列畫圖，雙旌遙喜入名都。路經鷳嶺還龍嶺，符剖鴛湖更

鯉湖。訪舊草堂搜萬卷，吟詩別墅補千株。知君不淺絃歌興，別有高樓起望壺。多用莆陽地理，妙切之官。○《一統志》：「烏石山在莆田縣東北。洪武初闢城，始圍其半於城內。」煙蠻，見《九峰草堂歌》。 錢仲文詩：「林木隱雙旌。」名都，見《行路難》其十七。 按：尤展成《雁聲賦》：「鷗鴣嶺上愁何極。」未詳其地。《一統志》：「龍溪嶺在安慶府宿松縣西北。」俟考。 《漢書·高帝紀》：「與功臣剖符作誓。」鴛湖，見《鴛湖曲》。俟考。《一統志》：「鯉湖在興化府仙遊縣東北。」 孟東野詩：「訪舊無一人。」《一統志》：「夾漈草堂在莆田縣西北蔽林山。宋鄭樵讀書處。」 又：「歐陽詹別墅在莆田縣北福平山下。」千株，見《攀清湖》。《晉書·庾亮傳》：「老子於此，興復不淺。」 《一統志》：「壺山堂在莆田縣治前，有壺公山，故名。壺公山在莆田縣南，昔有人隱此，遇一老人，引於絕頂，見宮闕臺殿，曰：『此壺中日月也。』故名。」

其二

　　榕陰五馬快驂驔，親到遊洋古越南。抹麗香分魚䰱細，荔支漿勝橘奴甘。鮫宮月映浮春嶼，蜃市煙消見夕嵐。此去褰帷先問俗，上溪秋色正堪探。與前首同妙。○榕，見《寄周芮公》。五馬，見《京江送遠圖》。張道濟《五馬詞》：「擊石驂，驔紫燕。」 《一統志》：「遊洋溪在興化府仙遊縣東北。興化府，周為七閩地，後屬越。」 抹麗，見《茉莉》。《集韻》：「䰱，魚子。」 荔支漿，見《永和宮詞》。橘奴，見《田園》詩注。 李義山詩：「大海龍宮無限地。」《一統志》：「大孤嶼在莆田縣東七十里海上，平田中突起一阜。小嶼在莆田縣東南嵩山南海中，潮退，有石橋可度，居民千家。」 《唐宋遺事》：「張昌儀恃寵，請託如市。李湛曰：『此海市蜃樓比耳。』」裴迪詩：「夕嵐無處所。」 《後漢書·賈琮傳》：「刺史當遠視廣聽，糾察美惡，何垂帷裳以自掩乎？命褰之。」問俗，見《送郭宮贊》。 《一統志》：「上溪在莆田縣西二里。」
　　　　按：《一統志》：「海在莆田縣東南八十里。」故五六句用海事。

感舊贈蕭明府

　　余年三十有一，以己卯七月奉命封延津、孟津兩王於禹州。過汴梁，登梁孝王臺，適學使者會課屬郡知名士於臺上，因與其人諮訪古蹟，徘徊久之而後行。逾三十三年，雒陽蕭公涵三從道臣左官來治吾州，拭目驚視，云曾識余，則蕭公乃臺上諸生中一人也。感舊太息，為賦此詩。
按：梅村以萬曆三十七年生，至崇禎十二年己卯，三十一歲矣。封延津、孟津兩王於禹州，見《清風使節圖·序》。 汴梁，見《凌煙圖歌》。 梁孝王臺，見《行路難》

其七。■　按：自崇禎十二年至康熙十年，三十三年矣。《河南府志》：「洛陽縣明舉人蕭應聘，仕至河東道副使。」《〈漢書·諸侯王表序〉注》：「應劭曰：『人道尚右。今捨天子而仕諸侯，故謂之左官。』」按：從道臣左官，蓋由河東而至太倉也。

　　三十張旟過大梁，繁臺憑眺遇蕭郎。繁音波。黃河有恨歸遺老，朱邸何人問故王。授簡肯忘群彥會，棄繻誰識少年裝。長卿駟馬高車夢，臥疾相逢話草堂。感舊處層層寫出，情詞俱佳。○《史記·武帝紀》：「張羽旗。」《廣雅》：「張，施也。」大梁，見《清風使節圖·序》。　繁臺，見《送沈繹堂》。張子壽詩：「憑眺茲為美。」蕭郎，見《寄周芮公》。　薛陶臣詩：「微波有恨終歸海。」遺老，見《寄當事諸老》。張如哉曰：「黃河有恨，謂闖決河灌開封也。」《玉海》：「郡國朝宿之舍在京者謂之邸。朱邸，邸有朱戶也。」授簡，見《閬園詩序》。蔡伯喈詩：「濟濟群彥，如雲如龍。」棄繻，見《送友人從軍》注。　按：第七句合相如乘傳題橋事而用之也。乘傳，見《送志衍入蜀》。《華陽國志》：「成都城北十里有昇仙橋。司馬相如初入長安，題市門曰：『不乘赤車駟馬，不過汝下。』」臥疾，見《贈家侍御》。

同孫浣心郁靜嚴家純祜過福城觀華嚴會
浣心、郁嚴、純祜，並已見。《蘇州府志》：「福山鎮去常熟縣北三十六里，有城週三里。」《隋書·經籍志》：「義熙中，沙門支法領從于闐國得《華嚴經》三萬六千偈，至金陵宣譯。」

　　不求身世不求年，二六時中小有天。今日雲門才吃棒，多生山谷少安禪。茶鐺藥臼隨時供，蒲笠蕉團到處眠。撒手懸崖無一事，經聲燈火覺王前。此梅村逃禪之作，筆意亦頹然自放矣。○身世，見《壽王鑑明》。許魯齋詩：「服藥求長年。」曹詩：「周流二六候。」《茅君內傳》：「大天之內有洞三十六所，第一王屋山之洞，圍萬里，名曰小有清虛之天。」楊仲弘詩：「欲學無為道，來居小有天。」《一統志》：「雲門寺在紹興府會稽縣雲門山。王獻之居此。晉宏明，山陰人，止雲門寺，誦《法華經》，瓶水自滿。有童子自天而下，以供使令。」《傳燈錄》：「洛浦在夾山做典座三年，吃百頓棒，後來大悟。」丁復詩：「敏奪雲門棒。」張文昌詩：「多生修律業。」張如哉曰：「黃山谷喜作詩，法雲秀誡之曰：『筆墨勸淫，乃欲墮泥犁中耶？』山谷曰空中語也。句意用此。」王詩：「安禪制毒龍。」釋惠崇詩：「嘗茶月入鐺。」白詩：「石凹仙藥臼。」《南方草木狀》：「蒲葵如栟櫚而柔薄，可為笠。」《一統志》：「蕉布，福州府、泉州府、建寧府、永春州出。」僧清琪詩：「望見險巇多退步，有部撒手肯承當。」《楞嚴經》：「譬如有人談說酢梅，口中出水；思蹋懸崖，足心酸澀。」張復之詩：「獨幸太平無一事。」經聲，見《禮蒼公塔》。燈火，見《塗松晚發》。覺王，見《讚佛詩》。

吳詩補注

卷十五

過三峰葉公話舊

石磴《後漢書‧梁冀傳》：「飛梁石磴。」

虎丘即事

故人來杜詩：「殊方又喜故人來。」野王《陳書‧顧野王傳》：「字希馮，吳郡吳人也。」從頭數鍾離權詩：「閒來屈指從頭數。」程迓亭曰：「原稿此句作『酒餘朋舊堪追數。』」

贈松江郡侯張升衢《江南通志》：「松江知府張羽明，遼東寧遠衛人。舉人。康熙三年任。」俟考。

贈松郡司李王擔四

曲阿春釀《魏書‧劉藻傳》：「輒當釀曲阿之酒，以待百官。」

贈彭郡丞益甫

酒杯傾見《送沈友聖》。

十月下澣偕九日過雲間公讌閬石蒼水齋中同文饒諸子曹子建、王仲宣、劉公幹皆有《公讌詩》。

座上見《王郎曲》跋。名字見《閬園‧序》注。莫話曹夢徵詩：「憑君莫話封侯事。」

滇池鐃吹

蠻姬馬上簫楊茂孝（字敬之）詩：「高髻唱蠻姬。」《宋史·樂志》：「列於殿庭者為鼓吹，從行者為騎吹。」《金史·樂志》：「鼓吹樂，馬上樂也。前部、後部簫皆二十四。」縱擒有策按：此反用《張柬之傳》「又無亮且縱且擒之伎」也。新疆《宋史·王韶附傳》：「新疆大震。」叛服何常《襄陽記》：「亮征南中，馬謖對曰：『南中恃其險阻，不服久矣。雖今日破之，明日復反耳。』」《遼史·太祖紀》：「奚阻險，叛服不常。」王師《詩》：「於鑠王師。」瀾滄他人渡按：《後漢書·哀牢夷傳》所載綦詳，《集覽》祇引《唐書》，非是。高僧《隋書·經籍志》：「《高僧傳》六卷。」

儒將

快牛《南齊書·陳顯達傳》：「家既豪富，諸子與王敬則諸兒竝精車牛，麗服餝。當世快牛稱陳世子青、王三郎烏、呂文顯折角、江瞿曇白鼻。」

橫雲山

祠荒溫飛卿詩：「一逕入荒祠。」

天馬山

夜雨昏李有中詩：「人家暮雨昏。」

小崑山

投何處見《呈李太虛》其七。

贈何匡山

早年見《清風使節圖》。陶令杜詩：「濁酒尋陶令。」

題孫子長壽圖

空山撫操彈三峽張如哉曰：「李詩：『彈為三峽流泉音。』僧居月《琴曲譜錄》有《三峽流泉操》。前注非是。」

觀蜀鵑啼劇有感

有弟言歸程迓亭《婁東耆舊傳》：「事衍年甫冠，從兄宦成都。志衍知不可守，謀寄孥雅州，以長子孫慈為託。雅州守王國臣素與賊通，凡王府薦紳眷屬在境中者，盡報賊，囚送成都。公家三十六口悉在行中。事衍踰垣得脫，匿一祠中。少定，乃緩

步而前。人以其無遽色，不致詰。藏伍伯衷姓家。既廉，知舉家破難狀，唯不見孫慈，冀萬一得全。賊虐甚毒，乃他竄。宵行晝伏，齧草飲泉，手足瘃裂。變姓名為傭，賣屨自給。萬死間關，得還桑梓。」**何酷**見《閩州行》補注。**奚辜**《詩》：「何辜今之人。」**交朋**見《呈李太虛》補注。○**失計未能全愛子**《婁東耆舊傳》：「事衍於乙酉春夏間南走泖津，北奔劍閣，時往來成都，冀遇孫慈。後得郫縣傳某信云：初為偽官汪某、王某所匿，兩人見其年幼，憐之，欲養為子，後慮事泄，告獻賊，並殺之。」**猶開舊曰樓**程《箋》：「所謂五桂樓也。」

題蘗菴畫像

禪燈《玉海》：「祥符二年，學士楊億等上《景德傳燈錄》三十卷本，僧道原所獻，詔億等刊定。」程《箋》：「《三岡識略》：『漢月禪師，木陳之兄也。刻有《五宗原》一書。』」

浦帆〔註1〕

過孫山人太白亭

春盡山空李詩：「春盡秋轉碧。」王詩：「夜靜春山空。」**殘詩**項子遷詩：「詩殘樂府篇。」

八風詩

作為此詩《詩》：「作為此詩。」**沈謝作賦**謝靈運有《風賦》。謝玄暉、沈休文並有《擬風賦》。

東南風

斜直《漢書·溝洫志》：「水流之勢皆邪直貝丘縣。」

西北風

數騎《史記·袁盎傳》：「今公常從數騎。」

贈同年嘉定王進士內三

種田見《鴛湖閨詠》補注。**清名**《南史·何昌寓傳》：「所交者必當世清名，是

〔註1〕按：「浦帆」前空一行，當為詩題《戊申上巳過吳興家園次太守招飲郡圃之愛山臺坐客十人同修禊事余分韻得苔字》。「浦帆」下缺補注文字。

以風流藉甚。」**高行**《說苑》：「有高人之行。」里閭見《攀清湖》。**甕面春**梅聖俞詩：「甕面春醅壓嫩藍。」**■■門第多遷改**門第，詳《滿江紅·壽孫本芝》。戎昱詩：「冠冕淒涼幾遷改。」

哭剖石和尚

李遠，字求古。

送許堯文之官莆陽

鷓鴣嶺程迂亭曰：「鷓鴣嶺即苦竹嶺，見太白詩注。李《山鷓鴣》詩：「纔登苦竹嶺，復憩金沙泉。」又，《山鷓鴣詞》：「苦竹嶺頭秋月輝，苦竹南枝鷓鴣飛。」**魚魷**《群芳譜》：「魚魷蘭，又名趙花，花片澄澈，如魚魷沉水中無影，此白花品外之奇。」阮紫坪曰：「魚魷乃素心蘭名，出閩中。」前注非是。

過福城觀華嚴會程迂亭《州乘俙採》：「福城在太倉州小西門外，與疊陽觀相去數十步。國初，邑人為佛會所。」

二六時中《紫桃軒雜綴》：「青牛道人棲廬山，或問道人：『二六時中，何所用心？』答曰：『天上天下，無我青牛用心處。』」

吳詩集覽　卷十六上

黎城靳榮藩介人輯

五言排律上集中排律皆作於本朝定鼎以後。自《晚眺》至《長平輓詩》為赴召以前作，《途中遇雪》為赴召時作，《贈吳園次》、《西隱寺松》為南歸以後作，編年甚明。

晚眺見《寒山晚眺》。

　　萬壑亂煙霜，浮圖別渺茫。江山連楚蜀，鍾磬怨齊梁。原廟寒泉裏，園陵秋草傍。雁低連雨色，鷺遠入湖光。戲馬長千里，歸人石子岡。舟車走聲利，衣食負畊桑。欲問淮南信，砧聲繞夕陽。製題命意與王無功《野望》相似，而詩格亦略近之。　「江山連楚蜀」，幅員漸隘。「鍾磬怨齊梁」，偏安已失矣。寒泉秋草，即「彼黍離離」之意。雁鷺依然，人馬如舊，而舟車衣食已另見太平景象也。由崧走黃得功軍，淮南尚可問乎？徒聞砧聲聒耳而已。　句句切定晚眺。溫柔敦厚，《詩》教也。○萬壑，見《禮蒼公塔》。煙霜，見《東萊行》。　浮圖，見《贈蒼雪》。渺茫，見《送黃子羽》其三。　杜詩：「江山有巴蜀，棟宇自齊梁。」鍾磬，見《贈願雲師》。　原廟，見《鍾山》。《詩》：「爰有寒泉。」　園陵，見《銀泉山》。秋草，見《行路難》。　庾詩：「沙回雁飛低。」雨色，見《苦雨》。　湖光，見《宿福源精舍》。　《晉書‧劉邁傳》：「桓靈寶曾於殷仲堪廳事前戲馬，以稍擬仲堪。」長千里，見《贈李雲田》。　歸人，見《發破山寺》。石子岡，見《鍾山》。　走聲利，見《送何省齋》。　畊桑，見《過南廂園叟》。《大清一統志‧江南太平府表》：「晉淮南郡。」　梁簡文帝詩：「城外搗砧聲。」夕陽，見《鍾山》。

此詩大意與《鍾山》一首可以參看。前半篇即「王氣消沉石子岡」等六句意，後半篇即「聖公沒後無抔土，姑孰江聲空夕陽」之意。梅村曾為勝國臣子，立言忠厚乃爾。

送吳門李仲木出守寧羌吳門，見《遇劉雪舫》。張受先《太倉州志》：「李楷，字仲木，長洲學，崇禎壬午舉人。」《蘇州府志》：「李楷蓉山，歷官工部員外。」顏延年詩：「一麾乃出守。」《一統志》：「寧羌州在漢中府西南二百八十里。」

君到南山去，一作「山南去」。興元驛路長，孤城當沮口，舊俗問華陽。稻近磻溪種，魚從丙穴嘗。殘兵白馬戍，廢塢赤亭羌。鐵鑕穿天上，金牛立道傍。隗囂宮尚在，諸葛壘應荒。住事英雄恨，新愁旅客裝。七盤遮駱谷，十口隔秦倉。黑水分榆柳，青泥老鶬鶊。應作「驪驖」。不堪巴女曲，尚賽武都王。此首多用漢羌地理，與《送志衍入蜀》相似。起二句點完題面，驛路長引起下文，前十句皆驛路之所經，後十句驛路之所感，曰尚在，曰應荒，曰恨，曰愁，曰遮，曰隔，蓋其時蜀氛猶未靖歟？○《漢書‧東方朔傳》：「南山，天下之阻也。」《一統志》：「終南山在西安府南五十里，西自散關，東盡藍田，東西八百里。」　又：「漢中府，唐興元元年為興元府，元為興元路。」驛路，見《閬州行》。■　又：「沮水在漢中府沔縣西，而東南流曰沮口。」　《詩大序》：「達於事變，而懷其舊俗者也。」《唐‧藝文志》：「張周封《華陽風俗錄》一卷。」《一統志》：「華陽山在漢中府洋縣北一百四十里，舊置華陽縣以此。」又：「華陽水在襃城縣西北十五里，源出牛頭山，南流入漢水。」又：「華陽廢縣在沔縣東。」　又：「磻溪水在鳳翔府寶雞縣東南，東南隅有石室，蓋太公所居也。北流至岐山縣界入渭。」《蜀都賦》：「嘉魚出於丙穴。」《注》：「丙穴在漢中沔陽縣北，有魚穴二所，嘗以三月取之。」《一統志》：「大丙山在漢中府略陽縣東南，北有穴，方圓二丈。」　常建詩：「殘兵哭遼水。」《一統志》：「白馬城在沔縣西北，即漢陽平關也。」　又：「赤亭在隴西縣西。」又：「赤亭山在隴西縣北二十里，上有堡，甚險。」　杜詩：「鐵鑕高垂不可攀。」　金牛，見《閬州行》。　杜詩：「勝蹟隗囂宮。」《方輿勝覽》：「秦州雕巢谷，舊有隗囂避暑宮。」　《一統志》：「諸葛城在沔縣西，亦名武侯壘。」　陸務觀詩：「江流不盡英雄恨。」　杜必簡詩：「旅客三秋至。」　何景明《雍大記》：「七盤嶺在襃城縣北一十三里，盤回七轉而至山頂。」《一統志》：「駱谷在西安府盩厔縣西南。」宋白《續通典》：「自長安取駱谷路至興元府六百五十二里。」　十口，見《壽李太虛》。《一統志》：「陳倉故城在鳳翔府寶雞縣東。」《元和志》：「寶雞東北至鳳翔府九十里，本秦陳倉縣，秦

文公所築，因山以為名。」劉希夷詩：「鬼神清漢廟，鳥雀參秦倉。」　黑水，見《送吳贊皇》。榆柳，見《攀清湖·序》。　《元和郡國志》：「青泥嶺在興州長舉縣西北，懸崖萬仞，上多雲雨，行者屢逢泥淖。」《一統志》：「略陽縣，西魏曰興州，大業二年曰順政郡。唐武德初復為興州。明成化二十二年以略陽縣屬寧羌州。本朝仍屬漢中府。」《說文》：「鸙鳾，西方神鳥，一作鸙。」　李有《巴女詞》。　賽，見《過鄆州》。《蜀記》：「武都山精化為女子，蜀王納為妃。」

　　　《篋衍集》第一句作「君到山南去」，十八句作「青泥老驊騄」。張如哉曰：「《唐·地理志》：『山南西道採訪使治梁州，為興元府漢中郡。』首句依《篋衍集》為是。《左傳·定三年》：『唐成公如楚，有兩驦爽馬。』杜詩：『仍殘老驦驦。』驦爽與驦驦同，見郭璞賦。亦依《篋衍集》為是。」

梅花庵同林若撫話雨聯句

《嘉興府志》：「梅花庵在嘉善縣治東，有石刻梅道人竹八幅。」按：梅村園內有梅花菴，見《鎮洋縣志》。此詩若撫首唱，點明名園。中間〔註1〕「菌閣迎寒葺，茅亭帶雨苫」，即梅村自指。而「北郭予偕隱，東山爾其瞻」詞意顯然。蓋若撫過梅村而話雨，乃梅村之梅花庵，不指嘉興也。　《明詩綜》：「林雲鳳，字若撫，長洲人。《靜志居詩話》：若撫當鍾、譚燄張之日，守正不回，詩篇繁富，惜知者寥寥，困阨終老，相如遺草，已不可問矣。」　話雨，見《寒夜話雨》。　仇滄柱曰：「西漢《柏梁詩》即聯句之始，六朝人傚之，遂人各兩句。」張如哉曰：「齊之謝玄暉，梁之范彥龍，聯句皆人各四句。」

　　放策名園勝，停驂客思淹。雲鳳。初涼欣颯爽，入夜苦霖霡。偉業。有待聞乾鵲，無因見皎蟾。鳳。蒲荒迷鷺影，花落冷魚噞。鳥語枝頭咽，蟲鳴葉底潛。清齋幽事足，良會逸情兼。業。　十句是梅花庵雨，引到話字上。○謝靈運詩：「停策倚茂松。」杜詩：「名園依綠水。」停，見《琴河感舊·序》。謝玄暉詩：「客思渺難裁。」《南史·褚彥回傳》：「初秋涼夕，風月甚美，颯爽見北風。」　杜詩：「隨風潛入夜。」《說文》：「霖，久雨也。」《集韻》：「細雨謂之霡。」　杜詩：「江山如有待。」《論衡》：「狌狌知往，乾鵲知來。」《西京雜記》：「陸賈云：『乾鵲噪而行人至。』」　鄒陽《上梁王書》：「無因而至前也。」《廣韻》：「蟾光，月彩也。」　杜詩：「蒲荒八月天。」元裕之詩：「鷺影兼秋靜。」《淮南子》：「天將雨也，陰曀未集，而魚已噞矣。」《注》：「魚短氣，出口於水，喘息之喻也。」　支道林詩：「月令肇清齋。」幽事，見《溪橋夜話》。　古詩：「今日良宴會。」《後漢書·逸民傳·贊》：「遠性風踈，逸情雲上。」貧士藏書富，高人取友嚴。嘗騰長自臥，剝啄遣童覘。

北郭餘偕隱，東山爾共瞻。鳳。　此就現在情景話起。○《晉書‧劉實傳》：「貧士未嘗得此。」藏書，見《歸雲洞》。　高人，見《簡姜明府》。　韓致光詩：「自拋懷抱醉膏騰。」　高達夫詩：「豈有白衣來剝啄。」蔡君謨詩：「餒餉兒童峴。」《後漢書‧方術傳》：「廖扶身憚為吏，時因號為北郭先生。」《左傳‧僖二十四年》：「與女偕隱。」《世說》：「謝公在東山，朝命屢降而不動。」**生來門是德，住處水名廉。業，觸地詞源湧，推鋒筆陣銛。萬言成寸晷，一字直三縑。雜佩紉蘭菹，名材貢杞梓。三千登甲第，四十到宮詹。**鳳。　此段話梅村之世德才名，登上第，居膴仕也。○《後漢書‧鄭玄傳》：「號為通德門。」　《南史‧范栢年傳》：「梁州惟有文川、武鄉、廉泉、讓水，臣所居廉讓之間。」　《漢書‧律曆志》：「物觸地而出。」杜詩：「詞源倒流三峽水。」　《史記‧秦本紀》：「推鋒爭死，以報食馬之德。」《漢書‧吳王濞傳》：「此年少推鋒可耳。」筆陣，見《觀通天帖》。《西京賦》：「胸突銛鋒。」　李《與韓荊州書》：「請日試萬言，倚馬可待。」陸士衡詩：「寸陰無停晷。」　《唐書‧皇甫湜傳》：「裴度修福先寺，將立碑，湜援筆立就。度贈以車馬繒綵甚厚。湜曰：『碑字三千，字三縑，何遇我薄耶？』」　《詩》：「雜佩以贈之。」《楚辭》：「紉秋蘭以為佩。」又：「雜申椒與菌桂兮，豈惟紉夫蕙菹。」　杜詩：「論材愧杞梓。」　夏子喬詩：「縱橫禮樂三千字。」《唐書‧選舉志》：「進士試策五道，帖一大經，全通為甲第。」程迓亭《婁東耆舊傳》：「一出而中辛未會試第一，廷試第二。」　《明史‧職官志》：「詹事府，詹事一人，少詹事二人，庶子、諭德、中允、贊善各奉其職以從。」《婁東耆舊傳》：「公在崇禎中已歷中允、諭德，晉庶子。京師破，時在籍，福王召拜少詹事。」**仙樂清商奏，天廚法酒釃。使車遊宛雒，樓艦出沱灊。職亞成均掌，官同秘院僉。含毫芸閣草，插架石渠籤。**業。　此段話梅村之出膺使命，歷官司業也。○白詩：「似聽仙樂耳暫明。」清商，見《彈琴歌》。　天廚，見《二十五日》詩。《史記‧叔孫通傳》：「復置法酒，諸侍坐殿上，皆伏抑首。」　《後漢書‧輿服志》：「有大使車、小使車。」宛雒，見《贈李羲居》。　樓艦，見《高郵道中》。《爾雅‧釋水》：「水自江出為沱，漢為潛。」《說文》：「灊水，出巴郡宕渠，西南入江。」按：此二句指梅村封藩河南、典試湖廣之事。《周禮‧春官》：「大司樂掌成均之灋，以治建國之學政，而合國之子弟焉。」　《宋史‧職官志》：「就崇文院建秘閣。」　陸士衡《文賦》：「或含毫而邈然。」　盧昇之詩：「寂寂芸香閣。」　韓詩：「抽架三萬軸。」石渠，見《題凌煙圖》。**翰染丹青障，碁分黑白奩。望崇敦雅素，氣直折壬憸。**鳳。**道已銘鍾鼎，交仍隔釜鬵。雲霄三省相，虎豹九關閻。**業。　此段話梅村之豐裁凜然，而與時宰不合也。九

關閹，兼及宦者之禍。○潘安仁《秋興賦序》：「染翰操紙。」丹青，見《西田詩》。　韓詩：「圖碁閹黑白。」王介甫詩：「戰罷兩奩收黑白。」　釋皎然詩：「雅素縚三壇。」杜詩：「直氣橫乾坤。」《書》：「何憂乎巧言令色孔壬。」又：「爾無忿於憸人。」按：二句指梅村申理黃石齋劾張至發之事。　《舊唐書‧長孫無忌傳》：「既勒銘於鍾鼎，又圖形於丹青。」　《詩》：「誰能烹魚，溉之釜鬵。」　阮詩：「寄顏雲霄間。」《唐書‧百官志》：「唐因隋制，以三省之長，中書令、侍中、尚書令共議國政，此宰相職也。」《楚辭》：「虎豹九關，啄害下人些。」《漢書‧敘傳》：「閽尹之皆。」《注》：「謂宮人為閽者。」**害物磨牙慘，持拳炙手炎。遊夫空搏闔，武士浪韜鈐。鳳。海寓洪鑪熘，民生鼎沸燖。天心何叵測，宸極竟危阽。業，夏社松陰改，周原麥秀漸。詩書遭黨錮，冠蓋受髡鉗。鳳。**　此承上文三省九關而言，見明季國事紛挐，北都已覆，而黨禍未息也。○《北史‧突厥傳》：「切齒磨牙，常伺其便。」《北齊書‧神武帝紀》：「猶欲奮空拳而爭。」炙手，見《茸城行》。　《管子》：「三器成，遊夫具，而天下無聚眾。」《鬼谷子》有《捭闔篇》。　《荀子》：「魏之技擊，不足以當趙之武士。」張道濟詩：「韜鈐用老臣。」　海寓，見《送何省齋》。《三國志‧陳琳傳》：「無異千鼓洪鑪，以燎毛髮。」　《漢書‧霍光傳》：「群下鼎沸。」《後漢書‧劉陶傳》：「此猶養魚沸鼎之中。」　《易》：「復，其見天地之心乎？」《宋史‧洪諮夔傳》：「事變叵測。」《青箱雜記》：「古語有二聲合為一字者，如不可為叵，而已為耳。蓋起於西域二合之音。」　《宋書‧謝晦傳》：「宸極危逼。」謝玄暉詩：「阽危賴宗袞。」張孟陽詩：「惟覩松柏陰。」　《詩》：「周原膴膴。」《史記‧微子世家》：「箕子朝周，過故殷虛，感宮室毀壞生禾，箕子傷之，乃作《麥秀》之詩以歌詠之。其詩曰：『麥秀漸漸兮。』」　《後漢書》有《黨錮傳》。　冠蓋，見《送何省齋》。王鍵《刑書釋名》：「髡鉗，去犯人髮，以鐵束項也。」**暴骨巖城陷，燒屯甲士殲。子民餘爨僰，尺土剩滇黔。業。越俗更裳佩，秦風失帽襜。短衣還戍削，長帶孰蜑襂。絕跡違朝市，全身混里閻。鳳。**　此段話南都監國，而梅村登朝一月即歸也。○《左傳‧襄二十六年》：「三軍暴骨。」巖城，見《石公山》。　《正韻》：「勒兵而守曰屯。」【《後漢書‧趙彥傳》：「■燔燒屯塢。」】〔註2〕甲士，見《蟋蟀盆歌》。《隋書‧梁睿傳》：「梁南寧州刺史徐文盛被湘東征赴荊州，土民爨瓚遂竊據一方。」《唐書‧南蠻傳》：「兩爨蠻自曲州、靖州西南昆川、曲軛、晉寧、喻獻、安寧，距龍和城，通謂之西爨白蠻。自彌鹿、升麻二州南至步頭，謂之東爨烏蠻。」《一統志》：「南寧故城在曲靖府南寧縣西十五里。」《集韻》：「僰，音匐。」《一統志》：「僰道故城，今敘州宜

─────────────────────

〔註2〕【　】內文字，稿本、天圖本、讀秀本作「《魏志‧閻溫傳》：『備一旦燒屯去。』」

賓縣治。」　鄒爾瞻詩：「數載滇黔〔註3〕俱浪跡。」《莊子〔註4〕》：「宋人資章甫而適諸越，越人斷髮文身，無所用之。」　李長吉詩：「秦風帽帶垂。」蘇詩：「帝城春日帽簷斜。」《史記・叔孫通傳》：「服短衣，楚制。」司馬長卿《子虛賦》：「揚袘戌削，蜲襹垂髾。」張楫曰：「戌削，裁制也。」李善曰：「戌，音邮。」司馬彪曰：「襹，袿飾也。」李善曰：「蜲，古飛字。」李義山詩：「德水縈長帶。」《後漢書・杜根傳》：「周旋民間，非絕跡之處。」　《北史・盧思道傳》：「籠絆朝市，且三十載。」《說文》：「閭，里中門。」**挐舟浮磵曲，扶杖度山崦。菌閣迎寒葺，茅亭帶雨苫。業。冥鴻思避弋，老馬脫銜箝。朋舊從頭數，篇章信口占。鳳。**　此承「全身混里閭」而暢言之，兼引起作詩也。○趙子昂詩：「春遊每挐舟。」《正字通》：「磵與澗通。」　扶杖，見《送何省齋》。杜有《東屯北崦》詩。仇《注》：「北崦，東屯之北山崦也。」　菌閣，見《壽孫子長》。　常建詩：「茅亭宿花影。」　冥鴻句，見《白燕吟・序》。　《詩》：「老馬反為駒。」韓詩：「暫似老馬脫重銜。」又：「口角如銜箝。」　段承根詩：「聞諸交舊。」　口占，見《王郎曲》跋。■境奇窮想入，才退苦言砭。大曆場誰擅，元和體獨纖。聆音嗤下里，覘貌歎無鹽。好句奚囊貯，清談麈尾拈。飛觴邀阮籍，豎義問劉惔。業。　此承「篇章信口占」而暢言之，即所謂清齋幽事，良會逸情也。○《史記・李將軍傳》：「以為李廣老，數奇。」《字典》：「數奇，不偶也。」庾詩：「絕想寂寥前。」　才退，見《行路難》。《史記・商君傳》：「苦言藥也。」　《唐書・盧綸傳》：「綸與吉中孚、韓翃、錢起、司空曙、苗發、崔峒、耿湋、夏侯審、李端，號大曆十才子。」擅場，見《雞山》。《唐國史補》：「元和以後，為文筆則學奇詭於韓愈，學苦澀於樊宗師；歌行則學流蕩於張籍；詩章則學矯激於孟郊，學淺切於白居易，學淫靡於元積：俱名為元和體。」陸士龍詩：「聆音心悲。」宋玉《答問》：「客有歌於郢中者，其始曰《下里》、《巴人》。」劉子政《列女傳》：「鍾離春者，齊無鹽邑之女，齊宣王之正後也。極醜無雙。」　奚囊，見《香海問詩》注。　清談，見《哭志衍》。麈尾，見《後東皋歌》。　飛觴，見《茸城行》。《晉書・阮籍傳》：「魏晉之際，天下多故，名士少有全者，籍由是不與世事，酣飲為常。」　豎義，見《代具師答》。《晉書・劉惔傳》：「惔雅善言理，時孫盛作《易象論》，簡文帝使殷浩難之，不能屈。乃命迎惔至，便與抗答，盛理遂屈，一座撫掌。」按：今韻，惔在十三覃。**情洽躐苟禮，形忘略小嫌。詼諧文乞巧，憔悴賦驅痁。書擬中郎祕，香憑小史添。擥蘭將滿握，採菊不盈襜。鳳。**

〔註3〕「黔」，乙本誤作「點」。
〔註4〕「子」，乙本誤作「於」。

－938－

此段足上段之意，而旁通言之。○孟詩：「壺酒朋情洽。」《漢書・酈食其傳》：「皆握齱好苛禮。」師古曰：「荷與苛同。苛，細也。」《史記・韓長孺傳》：「太后以小節苛禮責望梁王。」　《唐書・孟郊傳》：「韓愈一見為忘形交。」又，《尉遲敬德傳》：「丈夫以氣相許，小嫌不足置胸中。」　詼諧，見《讚佛詩》。柳子厚有《乞巧文》。《唐詩紀事》：「有病瘧者，子美曰：『吾詩可以療之。』『夜闌更秉燭，相對如夢寐』，其人誦之未愈。曰：『更誦吾詩：子璋髑髏血糢糊，手提擲還崔大夫。』誦之果愈。」張如哉曰：「按：疕，《玉篇》：『瘧也。』見《左傳・昭十二年》：『齊侯疕，遂疕。』」潘皆山曰：「孫可之有《逐疕鬼文》，與韓之《送窮》、柳之《乞巧》相類。」　中郎，見《又詠古》。秘書，見《壽龔芝麓》注。　《北史・徐之才傳》：「又以小史好嚙筆。」《楚辭》：「朝搴阰之木蘭兮。」虞伯生詩：「紉蘭不盈握。」　陶詩：「採菊東籬下。」《詩》：「終朝采藍，不盈一襜。」**紙帳蛛絲冒**，音昧。**紗屏蝶粉黏。試茶追陸羽，退筆弔蒙恬。玩物高居澹，安心老境甜。食羹調芍藥，釀法制蕣薓。黃擘團臍蟹，霜批巨口鮎。香流金杏酢**，音措。**脆入玉梅醃。送酒橫波豔，調箏素手摻。新聲歌緩緩，沉飲醉厭厭。**業。　此段雜舉幽事，再足上段之意。○蘇詩：「困眠得就紙帳暖。」鎦松詩：「綺戶白日橫蛛絲。」李義山詩：「冒樹斷絲悲舞席。」《玉篇》：「冒，掛也。」　溫飛卿詩：「生綠畫羅屏。」李義山詩：「稍稍落蝶粉。」　陸羽，見《二十五日》詩注。　蘇詩：「忍凍孤吟筆退尖。」《中華古今注》：「自古有書契以來，便應有筆，世稱蒙恬作秦筆耳。」　陸士龍詩：「幽居玩物，顧景自頤。」《說苑》：「蟬高居悲鳴飲露。」　范致能詩：「癡絕已甘投老境。」　調羹，見《芍藥》。　張復之有《進蕣薓丸表》。《本草綱目》：「蜀人單服蕣薓法，五月五日、六月六日、九月九日採藥，去根莖花實，淨洗暴乾，入甑中，層層灑〔註5〕酒與蜜，蒸之，又暴。如此九遍，則氣味極香美。熬搗篩末，蜜丸服之。」　子瞻《詠蟹》詩：「半殼捨黃宜點酒。」陸務觀詩：「團臍磊落吳江蟹，縮項輪囷漢水鯿。」《廣雅》：「蟹雄曰蜋螘，雌曰博帶。」《注》：「團臍者牝，尖者牡。」　《左傳・莊二十二年》：「批而殺之。」《說文》：「批，手擊也。」《後赤壁賦》：「巨口細鱗。」《本草圖經》：「鯷背青而口小者名鮎。」　《酉陽雜組》：「濟南郡之東南有分流山，山上多杏，大如梨，黃如橘，土人謂之漢帝杏，亦曰金杏。」《玉篇》：「酢，酸也。」　杜詩：「脆添生菜美。」蘇詩：「暗香先返玉梅魂。」《說文》：「醃，漬肉也。」　子山《春賦》：「文君送酒來。」橫波，見《王郎曲》注。　蕭希逸詩：「調箏更撮弦。」《古詩》：「摻摻出素手。」新聲，見《楚兩生行・序》。歌緩緩，見《王郎曲》。　顏延年《五君詠》：

〔註5〕「灑」，乙本誤作「酒」。

「韜精日沉飲。」《詩》：「厭厭夜飲。」梅老看園屋，花開待放簷。道人君勿愧，處士我何謙。鳳綠印苔間，青飄柳外簾。池流緣岸折，峰勢出牆尖。業。興劇神偏王，狂來語類讕。徘徊吟數過，撚斷幾枯髯。鳳。　梅老四句，染梅花庵，與北郭偕隱一段相應。綠印四句，庵中所見，後四句結到聯句。〇方巨山詩：「雲沉梅屋古。」　杜詩：「巡簷索其梅花笑。」　張如哉曰：「道人指梅道人，處士指林和靖，是點染梅花字也。」　《拾遺記》：「采綠苔而被堦。」方萬里詩：「躡石苔黏屐。」　《丹鉛錄》：「《韓非子》：『宋人有酤酒者，懸幟甚高。』幟謂之簾，簾謂之酒旗。」　謝靈運《山居賦》：「緣岸測深。」　唐太宗詩：「峰勢接雲危。」杜詩：「新梢纔出牆。」　獨孤至之詩：「主人奏絲桐，能使高興劇。」神王，見《汲古閣歌》。　《本草綱目·序例》：「心病讕妄煩亂。」　盧延讓詩：「吟成幾個字，撚斷數莖鬚。」

聯句詩，韓集最多，或謂退之潤色東野。近則朱錫鬯喜為之。梅村此首，或亦潤色若撫耶？

海䗯　《蘇州府志》：「海䗯出海中，士人熟而市之。」《鎮洋縣志》：「海䗯出劉河。」

不肯依牆壁，其如羅網偏。文身疑蝌篆，長髻學螺旋。跼足蟠根固，容頭掩的圓。但能防尾擊，誰敢陷中堅。氣及先聲取，髀存裏肉捐。空虛寧棄擲，辛苦是連蜷。此篇極體物之妙，起結更有餘妍。　顧瞻泰曰：「起六句畫出海䗯。再六句寬而能切，妙以意勝，不同皮相。處世二句寄託遙深。白鹽二句是海䗯用法。入穴四句形容工細，言外有戒貪饕意。結四句比擬詠歎，收到作詩。」　又曰：「海䗯形較螺略長細，身藏殼中，頭有硬頂，所謂『跼足蟠根固，容頭掩的圓』也。食必用錢孔剪去殼尾，然後以口吸取，其肉可應聲而出，故云『防尾擊』、『怨刀錢』、『氣及先聲取』也。煮熟和以鹽，經日曬鹽，凝殼如霜，故云『白鹽看雨後』。最宜佐飲燒春，故云『紅釀向花邊』也。題本無典故，而比賦兼用，搜剔盡致，幾於筆參造化。」〇《後漢書·王充傳》：「戶牖牆壁，各置刀筆。」　杜詩：「君今在羅網。」文身，見前首越俗注。《集韻》：「蝌本作科。」見《二十五日》詩注。　《古今注》：「童子結髮為螺髻，言其形似螺殼。」　按：跼足，猶局促。見《送何省齋》。蟠根，見《清風使節圖》。　《後漢書·西羌傳》：「公卿選懦，容頭過身。」《靚妝錄》：「華的，一作圓的。」按：詩意當如《易·說卦》「其於馬也，為的顙」之類。　《孫子》：「率然者，常山之蛇也。擊其首則尾至，擊其尾則首至。」　《後漢書·光武紀》：「與敢死者三千人沖中堅。」　《史記·淮陰侯傳》：「兵固有先聲而後實者。」　髀肉，見

《東萊行》。　棄擲，見《後東皋歌》。　辛苦，見《遇劉雪舫》。連蜷，見《二十五日》詩。■處世遭多口，浮生悞一鮮。白鹽看雨後，紅釀向花邊。入穴鉤難致，呼門慘不前。迴腸縈鎖甲，髁腳怨刀錢。海粟蝸廬滿，蟲書蜃市懸。知君爾雅熟，為譯小言篇。○《史記・平原君傳》：「夫賢士之處世也。」　浮生，見《二十五日》詩。按：悞一鮮，為鮮誤也，即「膏以明自煎」之意。　《南史・周顒傳》：「赤米白盛。」　《易》：「入于穴。」　呼門，見《塗松晚發》。　《漢書・司馬遷傳》：「是以腸一日而九回。」馬虞臣詩：「寒光鎖甲明。」　《史記・鄒陽傳》：「司馬喜髁腳於宋。」《集韻》：「髁同膁。」《史記索隱》：「刀者，錢也，以其形如刀。」　按：海粟，疑即《本草綱目》之鰕米。《本草》又有海鰕，長一尺，鬚可為簪。《魏略》：「楊沛家無餘積，起瓜牛廬，居止其中。」裴松之《注》：「瓜當作蝸。」蝸螺，蟲之有角者也。按：蝸牛廬，出《北齊書・蔡儁傳》。　《〈漢書・藝文志〉注》：「蟲書為蟲鳥之形，所以書幡信也。」蜃市，見《送許堯文》。　《晉書・蔡謨傳》：「謨初渡江，見彭蜞，大喜曰：『蟹有八足，加以二螯。』令烹之。既食，吐下委頓，方知非蟹。後詣謝尚而說之。尚曰：『卿讀《爾雅》不熟，幾為勸學死。』」　《莊子》：「小言詹詹。」

麥蠶《鎮洋縣志》：「麥蠶，炒青麥，去稃，揉如蠶形。」

　　月令初嘗麥，豳風小索綯。繭絲供歲早，芒刺用心勞。舊穀憂蛾賊，先農攝馬曹。三眠收滯穗，五色薦溪毛。簇箔同邱坻，繰車借桔槔。筐分南陌採，縷細北官繰。奉種鵙鳴降，輸魁蟹績高。仙翁蜂化飯，醉士蟻舖糟。桑蠋僵應化，冰蛆臥未逃。婦驚將絡緯，客咽半蟶蟷。纖手揉乾糒，春綿滑冷淘。非關蟲食稼，恰並鳥含桃。麥蠶一物也，將麥蠶字分合組織，變化離奇，極筆墨之能事，惟似難於分段耳。○《禮・月令》：「孟夏之月，天子乃以彘嘗麥。」　《詩・豳風》：「宵爾索綯。」《疏》：「取茅草作索綯，以待明年蠶用也。」張如哉曰：「按：《學記》『宵雅肄三』注：『宵、小通。』」　繭絲，見《繭虎》。　芒刺，見《送何省齋》注。《酉陽雜組》：「蟹，八月腹中有芒，真稻芒也，長寸許，向東輸與海神，未輸不可食。」《唐書・陽城傳》：「撫字心勞。」　蛾賊，見《蟋蟀盆歌》注。　《唐書・禮樂志》：「孟春吉亥，享先農。」■〔註6〕《晉書・王徽之傳》：「為桓沖騎兵參軍，沖問：『卿署何曹？』曰：『似是馬曹。』」《蜀圖經》：「高辛氏時，有蠶女，不知姓氏。父為人所掠，惟所乘馬在。女念父，不食。其母誓於眾曰：『有得父還者，以此女嫁之。』」馬聞其言，驚躍振迅，絕其絇絆而去。數日，父乃

〔註6〕墨丁，乙本作空格。

乘馬而歸，母以誓眾之言告之。父曰：『誓於人而不誓於馬，安有人而偶非類乎？』馬跑，父怒欲殺之。馬愈跑，父射殺之，曝皮於庭，蹶然而起，捲女飛去。旬日〔註7〕皮復棲於桑上，女化為蠶，食桑葉，吐絲成繭，以衣被於人間。一日，蠶女乘雲駕此馬，侍衛數十人，謂父母曰：『太上以我心不忘義，授以九宮仙嬪矣，無復憶念也。』今冢在什邡、綿竹、德陽三縣界，每歲祈蠶者，四方雲集。蜀之風俗，宮觀皆塑女像，披馬皮，謂之馬頭孃，以祈蠶焉。」《蠶書》：「生明日，或桑或柘葉，晝夜五食。不食一日一夜，謂之初眠。又七日，眠如初。又七日，三眠。又七日，謂之大眠。」《詩》：「此有滯穗。」 《左傳・隱三年》：「澗溪沼沚之毛，可薦於鬼神。」 韓聯句詩：「春蠶看滿箔。」《詩》：「曾孫之庾，如坻如京。」張如哉曰：「如坻。坻字音墀，平聲。此當如《集韻》典禮切阺也。」 《玉篇》：「繅同繰。」蘇詩：「左旋右轉隨繰車。」桔槔，見《趵突泉》。 《詩》：「女執懿筐。」梁武帝《河中之水歌》：「十四採桑南陌頭。」 徐孝穆《塵尾銘》：「綿綿細縷。」《〈周禮・天官・內宰〉注》：「北宮，後之六宮。」《禮記》：「及良日，夫人繅三盆手，遂布於三宮夫人、世婦之吉者，使繅。」 又：「卜三宮之夫人、世婦之吉者，使入蠶於蠶室，奉種浴於川。」《詩》：「有鳴倉庚。」 《酉陽雜組》：「蟹執穗以朝魁。」按：輸魁即用輸芒事。《檀弓》：「蠶則績而蟹有匡。」《集說》：「絲之績者，必由乎匡之所盛。然蟹之有匡，非為蠶之績也。」 《葛仙翁別傳》：「仙翁與客對食，客請作一奇戲。仙翁即吐口中飯，盡成飛蜂，滿屋，或集客身，莫不震肅，但不螫人耳。良久，仙翁乃張口，蜂皆飛入口中，成飯，食之。」 張平子《南都賦》：「醪敷徑寸，浮蟻若萍。」 《楚辭》：「眾人皆醉，何不餔其糟而歠其醨？」 《詩》：「蜎蜎者蠋，烝在桑野。」《莊子》：「奔蜂不能化藿蠋。」《注》：「蠋，豆藿中大青蟲也。」 《草木子》：「雪蠶生陰山以北及蛾眉山，北人謂之雪蛆。二山積雪，歷世不消，其中生此，大如瓠，味極甘美。」 古諺：「促織鳴，懶婦驚。」《古今注》：「莎雞，一名促織，一名絡緯。」 《草木蟲魚疏》：「蟋蟀生糞中。」《爾雅》曰：「蟋，蟀也。蜻螗，蠍也。」 纖手，見《茉莉》。《後漢書・百官志》：「導官令一人。」《注》：「主春御米及作乾糒。導，擇也。」 束廣微《餅賦》：「弱如春綿。」冷淘，見《友人齋說餅》。《酉陽雜組》：「書有百體，中有蟲食葉書。」《月令》：「仲夏之月，羞以含桃，先薦寢廟。」《〈史記・叔孫通傳〉注》：「鸎鳥所含，故曰含桃，今之朱櫻是也。」

　　皮、陸松陵每押強韻，然子山已開此體。如《園庭》一首云：「杖鄉從物外，養學事閒郊。窮愁方汗簡，無遇始觀爻。谷寒已吹律，簷空更剪茆。樵隱恒同路，

人禽或對巢。水蒲開晚結，風竹解寒苞。古槐時變火，枯楓乍落膠。倒扉迎懸榻，
停琴聽解嘲。香螺酌美酒，枯蚌藉蘭殽。飛魚時觸釣，翳雉屢懸庖。但使相知厚，
當能來結交。」即謂五言排律始於子山可也。梅村此首，足以嗣子山而抗皮、陸
矣。

思陵長公主輓詩思陵，見《宮扇》。長公主，見《蕭史青門曲》。

　　貴主徽音美，前朝典命光。鴻名垂遠近，哀誄著興亡。四句破題。○
貴主，見《青門曲》。《詩》：「太姒嗣徽音。」　前朝，見《王文恪墓》。《書》：「對揚
文武之光命。」《史記‧司馬相如傳》：「前聖之所以永保鴻名而常為稱首者，用此。」
杜詩：「諸葛大名垂宇〔註8〕宙。」　哀誄，見《讚佛詩》。**託體皇枝貴，承休聖
善祥。母儀惟謹肅，家法在矜莊。上苑穠桃李，瑤池小鳳凰。鶯音青繡
屜，魚笏皂羅囊。沉燎薰爐細，流蘇寶蓋香。禊期陪祓水，繭館助條桑。
綠綬芄蘭佩，紅螭薢葉璋。錫封需大國，喚仗及迴廊。**此段言公主之貴，
議將下嫁也。○蔡伯喈《為陳留縣上孝子狀》：「烏以反哺，託體太陽。」《宋書‧盧江
王傳》：「藉慶皇枝。」《史記‧封禪書》：「承休無疆。」《詩》：「母氏聖善。」《後
漢書‧郭皇后紀》：「有母儀之德。」　家法，見《永和官詞》。《後漢書‧杜林傳》：「張
湛矜莊。」　上苑，見《龍腹竹歌》。穠桃李，見《青門曲》。　瑤池，見《讚佛詩》。
《易林》：「鳳有十子。」又：「鳳生五雛。」蒲道源詩：「分明小鳳雙飛翼。」《詩》：
「鶯聲嚶嚶。」《宋史‧輿服志》：「駕六青馬，馬有金面，插鵰羽，鞶纓、攀胸鈴拂，
青繡屜，錦包尾。」《集韻》：「屜，履中薦也。或作屉。」按：此當如字。彙屜，鞍屜
也。音替。　李長吉詩：「公主遣秉魚須笏。」《晉書‧謝幼度傳》：「少好佩紫羅香
囊。」　張如哉曰：「沉燎，沉水香也。」謝惠連《雪賦》：「燎薰爐兮炳明燭。」　流
蘇，見《行路難》其十七。■梁簡文帝《菩提樹頌》：「五百寶蓋，騰光自合。」　禊
期，見《畫蘭曲》註。《漢書‧元后傳》：「春幸繭館，率皇后列侯夫人桑，遵霸水而
祓除。」《詩》：「蠶月條桑。」《東觀漢記》：「建武元年，復設諸侯王金璽綟綬。」
《釋名》：「綠綬，紫綟，彩也。」《詩》：「芄蘭之枝，童子佩觿。」《晉書‧張載傳》：
「青虯赤螭。」方雄飛詩：「薢葉平鋪合沓花。」按：此句指印文也。　杜詩：「賜名
大國虢與秦。」《明史‧輿服志》：「公主儀仗與王妃同。」迴廊，見《虎丘夜集圖》。
**受冊威儀定，傳烽羽檄忙。司輿停鹵簿，掌瑞徹珩璜。婺宿明河澹，薇
垣太白芒。至尊憂咄吒，仁壽涕彷徨。**此段言方議降主，適逢寇變也。○《明

〔註8〕「宇」，乙本誤作「字」。

史‧禮志》有冊公主儀。　傳烽，見《送杜弢武。》羽檄，見《雁門尚書行》注。《唐書‧百官志》：「司輿、典輿、掌輿各二人。」《五經精義》：「車駕行，羽儀雙導，謂之鹵簿。」《明史‧輿服志》：「公主車，宋用厭翟車，明初因之。其後定制，鳳轎行障、坐障，如親王妃。」　《周禮‧典瑞》：「掌玉瑞、玉器之藏，辨其名物與其用事，設其服飾。」《注》：「人執以見曰瑞。瑞，符信也。」《詩傳》：「雜佩者，珩璜、琚瑀、衝牙之類。」　《史記‧天官書》：「婺女，其北織女。織女，天孫女也。」宋延清有《明河篇》。孟詩：「微雲淡河漢。」　《宋史‧天文志》：「紫薇垣，東蕃八星，西蕃七星，在北斗北，環列翊衛之象也。」《漢書‧天文志》：「太白經天，天下革，民更王。」　杜詩：「獨使至尊憂社稷。」咄吒，見《雁門尚書行》。　《隋書‧食貨志》：「帝命楊素出於岐州北，造仁壽宮。」《莊子》：「彷徨乎無為乎其側。」《明史‧慈烺傳》：「崇禎十五年，改慈慶宮為端本宮。慈慶，懿安皇后所居也。時太子年十四，議明歲選婚，故先為置官，而移懿安后於仁壽殿。」按：懿安，熹宗張后也。然詩意仁壽自指周后耳。

酈邑年方幼，瓊華齒正芳。艱難愁付託，顛沛懼參商。文葆憐還戲，勝衣泣未遑。從容諮傅母，倥急詢貂璫。此段咄吒、彷徨之由。○《後漢書‧后紀》：「皇女綬，建武二十一年封酈邑公主，適新陽侯世子陰豐。」《舊唐書‧代宗獨孤后傳》：「後生華陽公主。公主疾，上令宗師道教，名曰瓊華公主〔註9〕。」《詩》：「天步艱難。」付託，見《讀史雜感》。　《左傳‧昭元年》：「子產曰：『辰為商星，參為晉星。』」子建《與吳質書》：「別有參商之闊。」　李義山《嬌兒詩》：「文葆未周晬。」《〈史記‧留侯世家〉注》：「葆，小兒被也。」　又，《三王世家》：「皇子賴天，能勝衣趨拜。」　枚叔《七發》：「內有保母，外有傅父。」　《正韻》：「倥傯，事迫促也。」《後漢書‧宦者傳‧論》：「皆銀璫左貂，給事殿省，改以金璫右貂。」**傳箭聞嚴鼓，投籤見拊牀。內人縫使甲，中旨票支糧。使者填平朔，將軍帶護羌。寧無一矢救，足慰兩宮望。**此段以兵事為急，承上段倥急而言之。○，傳箭，見《遇南廂園叟》。《漢書‧史丹傳》：「聲中嚴鼓之節。」　《陳書‧世祖紀》：「每雞人伺漏傳於殿中，乃勑送者必投籤於堦石之上，令鎗然有聲，云：『吾雖眠，亦令驚覺也。』」《晉書‧蔡裔傳》：「裔拊牀一呼，二盜俱殞。」　杜詩：「內人紅袖泣。」《左傳‧昭二十七年》：「王使甲坐於道，及其門。」　羅昭諫詩：「使者銜中旨。」《唐書‧食貨志》：「貞觀初，出使者廩其家，新至宮者，計日給糧。」　《書》：「平在朔易。」　《漢書‧趙充國傳》：「詔舉可護羌校尉者。」《水經注》：「湟水合羌水，逕護羌城東，故護羌校尉治。」　一矢，見《長安雜詠》。　兩宮，見《遇劉雪舫》。

〔註9〕「主」，乙本誤作「士」。

盜賊狐篝火，關山蟻潰防。逍遙師逗撓，奔突寇披猖。牙纛看吹折，梯衝舞莫當。妖氛纏象闕，殺氣滿陳倉。此序闖寇入京之事。○《史記・陳涉世家》：「間令吳廣之次近所旁叢祠中，夜篝火，狐鳴呼曰：『大楚興，陳勝王。』」《淮南子》：「千里之隄，漏以螻螘之穴。」應休璉詩：「隄潰自螘穴。」防，見《遇南廂園叟》。　逍遙，見《避亂》。逗撓，見《臨江參軍》。《北史・齊朗茂傳》：「隄防不固，必致奔突。」《離騷》：「何桀紂之猖披。」《晉書・陸機傳》：「機始臨戎，而牙旗折，意甚惡之。」《後漢書・公孫瓚傳》：「袁氏之攻，狀若鬼神，梯衝舞吾城上。」　李詩：「一戰淨妖氛。」《南史・梁太宗・論》：「國步初屯，兵纏魏闕。」《周禮・天官・太宰》：「正月之吉，乃懸治象之法於象魏，使民觀治象。」《注》：「象魏，闕也。」　殺氣，見《松山哀》。陳倉，見《送李仲木》注。天道真蒙昧，君心顧慨慷。割慈全國體，處變重宗潢。冑子除華紱，家丞具急裝。敕須離禁闥，手為換衣裳。社稷仇宜報，君親語勿忘。遇人毋退讓，慎已舊行藏。此段序二王出宮之事，而並及叮嚀之語。○《易》：「蒙，亨。」《疏》：「物皆蒙昧，惟願亨通。」　曹孟德《樂府》：「慨當以慷。」　《別賦》：「割慈忍愛，離邦去里。」　《史記・天官書》：「王良旁有八星，絕漢曰天潢。」　《書》：「教冑子。」《史記・秦始皇紀》：「子嬰度次得嗣，冠玉冠，佩華紱。」　《漢書・百官表》：「又有家丞、門大夫、庶子。」《三國志・邢顒傳》：「為平原侯植家丞。」急裝，見《送朱遂初》。《漢書・汲黯傳》：「出入禁闥，補過拾遺。」　《禮》：「乃命司服具飾衣裳。」國母摩笄刺，宮娥掩袂傷。他年標信史，同日見高皇。上段就莊烈說，此段四句就周后說。○《史記・趙世家》：「趙襄子姊為代王夫人，簡子請代王，使廚人操銅枓擊殺代王，遂興兵平代地。其姊泣而呼天，摩笄自殺，因名其地為摩笄山。」《明史・周后傳》：「都城陷，帝泣語后曰：『大事去矣。』后頓首。乃撫太子、二王慟哭，遣之出宮。帝令后自裁。后入室闔戶，宮人出奏，猶云皇后領旨，后遂先帝崩。」　宮娥，見《弔侯朝宗》。喬知之詩：「徒勞掩袂傷鉛粉。」　信史，見《過姜如農》。《明史・太祖紀》：「謚曰高皇帝。」元主甘從殉，君王入未央。抽刀凌左闥，申脰就於將。嚏血彤闈地，橫屍紫籞汪。絕吭甦又咽，瞑睫倦微揚。裹褥移私第，霑胸進勺漿。誓肌封斷骨，茹戚吮殘創。死早隨諸妹，生猶望二王。此段序長平被斫復甦之事，妙承上文說下。○按：元主，如《魯頌》「建爾元子」之「元」。《廣韻》：「元，長也。」按：從，如《秦〔註10〕風》「誰從穆公」之「從」。《左傳・成二年》：「宋文公卒，始用殉。」《玉篇》：「殉，用人送死也。」《漢書・周勃傳》：

〔註10〕「秦」，乙本誤作「泰」。

「皇帝入未央宮。」《北史‧齊文宣帝紀》：「帝獨抽刀斬之。」《國語》：「句踐伐吳，入命夫人：『自今日以後，內政無出，外政無入。』王出，夫人送王不出屏，乃闔左闔，填之以土。」《周書‧蕭大圜傳》：「申胝就羈。」干將，見《天馬山》。《史記‧孝文帝紀》：「新喋血京師。」《廣雅》：「喋，履也。」庾詩：「交戟映彤闈。」橫屍，見《行路難》其十。顧華玉詩：「霜鷹騰紫簰。」《左傳‧桓十五年》：「祭仲殺雍糾，屍諸周氏之汪。」《注》：「汪，池也。」《廣韻》：「吭，鳥喉。」《集韻》：「吭，咽也。」《字典》：「蘇，死更生甦。俗甦字。」《胡笳十八拍》：「哭無聲兮氣將咽。」陸務觀詩：「日長倦睫惟思閟。」《齊書‧褚澄傳》：「重裀累褥。」《後漢書‧賈復傳》：「既還私第，闔門養威重。」《明史‧流賊傳》：「長平主絕而復甦，异至，令賊劉宗敏療治。」潘安仁詩：「不覺涕霑胸。」《左傳‧定四年》：「申包胥勺飲不入口七日。」謝玄暉《辭子隆牋》：「撫臆論報，早誓肌骨。」《〈後漢書‧崔寔傳〉注》：「言吸氣不能積斷骨也。」《唐書‧孝友傳》：「支叔才母病癰，叔才吮瘡注藥。」鍾仲偉《詩品》：「劉孝綽諸妹有天人之目。」《明史‧公主傳》：「莊烈帝六女坤儀公主，周皇后生，追諡長平公主。城陷，帝以劍揮斫之，斷左臂。又斫昭仁主於昭仁殿。越五日，長平主復甦。餘三女皆早世，無考。」又，《諸王傳》：「定王慈炯，莊烈帝第三子。永王慈炤，莊烈帝第四子。賊陷京師，不知所終。」**股肱羞魏相，肺腑恨周昌。賊遁仍函谷，兵來豈建康。六軍獳面慟，四海遏音喪。故國新原廟，群臣舊奉常。**集作「嘗」，非。**賵圭陳厭翟，題湊載轀輬。**集作「題湊」，非。**隧逼賢妃冢，山疑望子岡。銜哀存父老，主祭失元良。訣絕均抔土，**集作「壞」，非。**飄零各異方。衣冠羸博葬，風雨鶡鶬行。**此段序有明失國思陵營葬之事，後四句就公主說。○《書》：「股肱良哉！」《漢書》：「魏相，字弱翁。」按：此以讔魏藻德也。《明史‧魏藻德傳》：「順天通州人。崇禎十三年，舉進士第一。明年五月，驟擢禮部右侍郎，兼東閣大學士，入閣輔政。都城陷，被執，藻德輸萬金，賊以為少，酷刑五日夜，腦裂而死。」肺腑，見《青門曲》。《漢書‧周昌傳》：「周昌者，沛人也。」按：此讔周奎也。奎，見《遇劉雪舫》。《明史‧流賊傳》：「李自成四月二十九日僭號。是夕，焚宮殿及九門城樓。詰旦，挾太子二王西走，西踰故關，入山西，歸西安。復遣賊陷漢中。」函谷，見《行路難》。《一統志》：「江寧府，宋天禧二年升為江寧府建康軍節度，建炎三年改為建康府。」《明史‧流賊傳》：「福王已監國南京。」六軍，見《圓圓曲》。《後漢書‧耿秉傳》：「匈奴聞秉卒，舉國號哭，或至梨面流血。」《注》：「梨即剺字，割也。」原廟，見《鍾山》。奉常，見《鍾山》。《穀梁傳》：「歸死者曰賵。」《周禮‧春官‧巾車》：「皇后之五輅，厭翟勒面繢

總。」《注》：「厭翟，次其羽，使相迫也。」　《漢書‧霍光傳》：「便房黃腸、題湊各一具。」《注》：「以柏木黃心致累棺外，故曰黃腸。木頭皆內向，故曰題湊。」輼輬，見《鶩鶴》注。　《左傳‧僖二十五年》：「晉侯朝王，請隧，弗許。」《注》：「闕地通路曰隧。」《玉篇》：「隧，墓道也。」《詩小序》：「《雞鳴》，思賢妃也。」《明史‧周后傳》：「世祖章皇帝定鼎，諡后曰莊烈愍皇后，與帝同葬田貴妃寢園。」　按：山，山陵也。子山《哀江南賦》：「石望天而逾遠，山望子而逾多。」　嵇叔夜《養生論》：「曾子銜哀，七日不饑。」父老，見《韓蘄王墓》。　《書》：「一人元良。」《宋史‧真宗紀》：「天禧二年，作《元良箴》賜皇太子。」　訣絕，見《雒陽行》。抔土，見《鍾山》。　飄零，見《遇劉雪舫》。李少卿《答蘇武書》：「異方之樂，祇令人悲。」　《禮》：「延陵季子適齊，於其反也，其長子死，葬於嬴、博之間。」《一統志》：「嬴縣故城在泰安府萊蕪縣西北。季札子墓在萊蕪縣。」　鶺鴒，見《贈文園公》。**浩劫歸空壞，浮生寄渺茫。玉真圖下髮，申伯勸承筐。沇浦餘堯女，營丘止孟姜。君臣今世代，甥舅即烝嘗。**集作「蒸」，非。**湯沐鄉亭秩，家門殿省郎。淒涼脂粉礎，零落綺羅箱。宅枕平津巷，街通少府牆。書閒偕妯娌，曉坐向姑嫜。**此段■言本朝仍令周世顯尚主之事。○浩劫，見《九峰歌》。　浮生，見《二十五日》詩。渺茫，見《晚眺》。　《唐書‧公主傳》：「睿宗女金仙公主，太極元年與玉真公主皆為道士。玉真公主字持盈，進號上清玄都大洞三景師。」下髮，見《卞玉京傳》。　《詩》：「王命召伯，定申伯之宅。」朱子《集傳》：「宣王之舅申伯出封於謝，而尹吉甫作詩以送之。」《詩》：「承筐是將。」　沇，見《虎丘夜集圖》注。堯女，見《西南風》。　營丘，見《送詹司理》。《詩》：「彼美孟姜，德音不忘。」《晉書‧明帝紀》：「三恪，二王世代之所重。」　《詩》：「豈伊異人，兄弟甥舅。」又：「絜爾牛羊，以往烝嘗。」　湯沐，見《雒陽行》。《後漢書‧百官志》：「承秦爵二十等為徹侯，功大者食縣，小者食鄉亭。」　《左傳‧昭三年》：「政在家門。」《晉書‧職官志》：「魏尚書郎有殿中。」《南史‧王韶之傳》：「晉自孝武以來，以省官一人管詔誥，住西省，因謂之西省郎。」　脂粉礎，見《青門曲》。　王仲宣詩：「內人舁下綵羅箱。」　平津，見《東萊行》。　《後漢書‧百官志》：「少府卿一人，中二千石。」　《廣雅》：「兄弟之妻相呼曰妯娌。」　杜詩：「姜身未分明，何以拜姑嫜。」《正韻》：「姑嫜，夫之父母也。」**偶語追銅雀，無聊問柏梁。豫遊推插柳，勝蹟是梳妝。**集作「裝」，非。**菡萏鴛鴦扇，茱萸鸚鵡觴。大庖南膳廠，奇卉北花房。暖閣葫蘆錦，溫泉荳蔻湯。雕薪獅首炭，甜食虎睛糖。**此段追序甲申以前之事，以「偶語」二字貫下。○偶語，見《文長山館》。銅雀，見《永

和宮詞》。　亡聊，出《漢書‧賈誼傳》。《注》：「聊，賴也。」柏梁，見《即事》。　插柳，見《琵琶行》。　孟詩：「江山留勝蹟。」《日下舊聞》引《張太岳集》：「皇城北苑中有廣寒殿，相傳以為遼蕭后梳粧樓。」　菌薑，見《遇南廂園叟》。　舒岫詩：「菊花杯泛茱萸酒。」《海槎餘錄》：「鸚鵡杯即海螺，產於〔註11〕文昌海面。」　《詩》：「大庖不盈。」《蕪史》：「草場監之南向西者，曰杆子房，曰北膳房，曰暖閣廠，曰南膳房，曰明器廠，曰混堂司，曰內東廠。又南，曰尚膳監、御馬監。向東者，曰北花房，曰印綬監，曰中書房，曰蹴圓亭。」　左太沖《魏都賦》：「珍木猗猗，奇卉萋萋。」　程迓亭曰：「《天啟宮詞》注：新樣葫蘆錦者，其文作雙菌薑，藥內各出一人面。」《唐書‧地理志》：「驪山有溫泉宮。」荳蔻湯，見《永和宮詞》。　《陳書‧世祖紀》：「污鐏土鼓，誠則難追；畫卵雕薪，或可易革。」《晉書‧羊琇傳》：「屑炭和作獸形以溫酒，洛下豪貴咸競傚之。」　《蕪史》：「甜食房造絲窩虎眼糖松餅。」**壯麗成焦土，榛蕪拱白楊。麋遊鳷鵲觀，苔沒鬬雞坊。荀灌心惆悵，秦休志激昂。崩城身竟殞，填海願難償。命也知奚憾，天乎數不臧。累歔床簀語，即窆寢園傍。窆音砭。半體先從父，遺骸始見娘。黃泉母子痛，白骨弟兄殤。**壯麗四句，言甲申以後之事。「荀灌」以下序長平之夭殞也，「即窆」以下五句即床簀語。○壯麗，見《登上方橋》。焦土，見《讚佛詩》。　榛蕪，見《題高士圖》。白楊，見《送何省齋》。　麋遊，見《讀西臺記》注。鳷鵲觀，見《殿上行》。　苔沒，見《永和宮詞》。《東城父老傳》：「明皇在藩邸時，樂民間清明節鬬雞戲。及即位，治雞坊於兩宮間。」　《晉書‧荀灌傳》：「灌，荀崧小女，幼有奇節。崧為襄城太守，為杜曾所圍。灌時年十三，率勇士數十人突圍，夜出詣石覽乞師。」惆悵，見《下相懷古》。　太白《秦女休行》：「西門秦氏女，秀色如瓊花。手揮白楊刀，清晝殺讐家。」激昂，見《送何省齋》。　《列女傳》：「齊人杞梁襲莒，戰而死。其妻乃枕屍於城下，哭之七日而城崩。」　《山海經》：「赤帝之女娃遊於東海，溺而死，化為精衛，常取西山木石以填東海。」　《漢書‧景十三王傳》：「臣聞悲者不可為絫欷。」師古《注》：「絫，古累字。」《爾雅‧釋器》：「簀謂之第。」《注》：「牀版。」　《說文》：「窆，葬下棺也。」寢園，見《遇劉雪舫》。　按：半體，謂左臂斫斷也。　《唐書‧西域傳》：「聚遺骸以識道。」　《左傳‧隱元年》：「不及黃泉，無相見也。」　白骨，見《閬州行》。**夙昔銅駝泣，諸陵石馬荒。三年修荇藻，一飯奠嵩邙。寒食重來路，新阡宿草長。溪田延黍稼，隴笛臥牛羊。朽壤穿螻蟻，驚沙起鴟鴞。病樗眠廢社，衰葦折寒塘。**此段承寢園而言諸陵，似長平於沒後親見者。○蔡伯喈詩：

〔註11〕「于」，乙本誤作「干」。

「夙昔夢見之。」銅駝，見《壽龔芝麓》。李義山詩：「老憂王室泣銅駝。」　《漢書・宣帝紀》：「數上下諸陵。」石馬，見《行路難》。　《詩》：「參差荇菜。」又：「于以采藻。」　《禮》：「文王一飯亦一飯。」《唐書・陳子昂傳》：「景山崇秀，北對嵩邙，右瞻汝海，祝融、太昊之故墟在焉。」　寒食，見《永和宮詞》。　杜詩：「幾處有新阡。」宿草，見《贈文園公》。　韓詩：「隴笛此時聽。」　潘安仁《哀永逝文》：「襲窮泉兮朽壤穿。」螻蟻，見《雕橋莊歌》。　驚沙，見《琵琶行》。《爾雅・釋鳥》：「鶬，麋鴰。」郭景純《注》：「今呼鶬鴰。」　庾詩：「衰社臥寒樗。」　李才江詩：「門搖枯葦影。」杜詩：「鳥影度寒塘。」**列刹皇姑寺，駄經內道場。侍鬟稱練行，戶浪切。小像刻沉香。玉座懸朱帳，金支渡法航。少兒添畫燭，保媼伴帷堂。露濕丹楓冷，星稀青鳥翔。幡旄晨隱隱，鈴鐸夜將將。控鶴攀龍馭，驂麟謁帝閶。靈妃歌縹緲，神女笑徜徉。**此段詠長平墓田。○王簡《棲頭陀寺碑》：「遺文間出，列刹相望。」　《一統志》：「顯應寺在順天府宛平縣西黃村，俗呼黃姑寺。相傳明正統八年北征，有陝西呂尼苦諫不聽。及復辟，為建寺。」按：朱錫鬯《長城堡皇姑寺》詩自注：「皇姑，正統間尼，曾入大內諫止土木之行。」則黃姑即皇姑也。　張懿孫詩：「白馬駄經事已空。」內道場，見《讚佛詩》。　按：侍鬟，侍妾也。　梅聖俞詩：「欲買小鬟試教之。」《魏書・孝文廢后馮氏傳》：「貞謹有德操，遂為練行尼。后終於瑤光佛寺。」　李長吉詩：「沉香薰小像。」　謝玄暉詩：「玉座猶寂寞。」花蕊夫人《宮詞》：「歸來困頓眠紅帳。」　金支，見《海市》。法航，見《贈蒼雪》。　少兒，見《青門曲》。蘇詩：「銀釭畫燭照湖明。」　按：《字典》：「媼，母之別稱。」則保媼即保母也。《穀梁傳・襄三十年》：「婦人之義，保母不在，宵不下堂。」《檀弓》：「復幬堂。」《集說》：「幬堂，堂上設帷也。」　何仲言詩：「露濕寒塘草。」丹楓，見《橫雲山》。　曹孟德《樂府》：「月明星稀。」青鳥，見《鴛湖閨詠》。　《西京雜記》：「昭陽殿中設九金龍，皆銜九子金鈴，五色流蘇，帶以綠文紫綬，金銀花鏤。每好風日，幡旄光影，焜燿一殿，鈴鐸之聲，驚動左右。」隱隱，見《琵琶行》。《詩》：「八鸞鏘鏘。」　孫興公《遊天台山賦》：「王喬控鶴以衝天。」白詩：「天旋地轉回龍馭。」　戴表元詩：「驂麟驚鶴誰不能。」《楚辭》：「吾令帝閽開關兮，倚閶闔而望子。」《〈漢書・禮樂志〉注》：「閶闔，天門。」　郭景純《遊仙詩》：「靈妃顧我笑。」縹緲，見《讚佛詩》。　神女，見《二十五日》詩。《淮南子》：「尚徉冀北之際。」按：宋玉《風賦》作「倘佯」，賈生《惜誓》作「尚羊」，王子安《七夕賦》作「徜徉」。**苦霧迷槐市，雌霓遶建章。歸轊思五廟，涉漢淚三湘。柔福何慚宋，平陽可佐唐。虞淵瞻返日，蒿里叫飛霜。**此段讚歎長平。○明遠《舞鶴賦》：「嚴嚴

苦霧。」槐市，見《行路難》。　雌霓，見《縹緲峰》。注：霓，讀平聲。建章，見《長安雜詠》。　張如哉曰：「《春秋·莊公三年》：『秋，紀季以酅入於齊。』《公羊傳》：『紀季者何？紀侯之弟也。何以不名？賢也。魯子曰：請後五廟以存姑姊妹。』《春秋·莊公十有二年》：『紀叔姬歸於酅。』胡《傳》：『歸者，順辭。以宗廟在酅，歸奉其祀也。』」子山《哀江南賦》：「路已分於湘漢。」三湘，見《哭志衍》。　《宋史·公主傳》：「徽宗女柔福帝姬，初封柔福公主，後改帝姬。徽宗三十四帝姬，早亡者十四人，余皆北遷。柔福在五國城，適徐，還而薨。薨在紹興十一年。從梓宮來者，以其骨至，葬之。追封和國長公主。」　《唐書·平陽公主傳》：「下嫁柴紹。初，高祖兵起，紹詭道走并州。主奔鄠，發家貲招南山亡命，得數百人以應帝，威振關中。帝渡河，主引精兵萬人，與秦王會渭北。紹及主對置幕府，分定京師，號娘子軍。」　《淮南子》：「日至於虞淵，是為黃昏。」又：「魯陽公與韓搆難，戰酣日暮，援戈麾之，日為之反三舍。」蒿里，見《讀西臺記》。李詩：「燕臣昔慟哭，五月飛秋霜。」**自古遭兵擾，偏嗟擁樹妨。魯元馳孔亟，芊季負倉黃。漂泊悲臨海，包舍恥溧陽。本朝端閫閾，設制勝巖疆。處順惇恭儉，時危植紀綱。英聲超北地，雅操邁東鄉。**前六句旁襯，後六句詠歎。○《〈史記·夏侯嬰傳〉注》：「蘇林曰：『南陽人。謂抱小兒為雍樹面者，大人以面首向臨之。小兒抱大人頸，似懸樹也。』」《漢書注》：「南方謂抱小兒為雍樹面，偕也。雍，抱持之令面背，已而抱之以馳。雍，讀曰擁。」《史記·項羽紀》：「漢王道逢得孝惠、魯元，乃載行。楚騎追漢王，漢主急，推墮孝惠、魯元車下。滕公常下收載之，如是者三，曰：『雖急不可以驅，奈何棄之？』於是遂得脫。」又，《張耳傳》：「高祖長女魯元公主，為趙王敖后。」孔亟，見《臨江參軍》。《左傳·定四年》：「吳從楚師，五戰及郢。己卯，楚子取其妹季芊、畀我，以出。」《世族譜》：「季芊、畀我，皆平王女也。」服云：「畀我，季芊之字。」定五年：「楚子入於郢，王將嫁季芊，季芊辭曰：『所以為女子，遠丈夫也。鍾建負我矣。』以妻鍾建，以為樂尹。」倉黃，見《永和宮詞》。漂泊，見《圓圓曲》。《晉中興書》：「臨海公主，惠帝第四女。初封清河公主，未出，值永嘉亂，賣長城民錢溫。溫以送女，女遇主甚酷，主自告吳興太守，適譙國曹統。」　《傳燈錄》：「問如何是海？曰：『包含萬有。』」《南史·梁簡文帝紀》：「初，景納帝女溧陽公主。公主有美色，景惑之，妨於政事。」又，《侯景傳》：「景請簡文褉宴於樂遊苑，帳飲三日。及發，景即與溧陽公主共據御牀，南面竝坐，群臣文武列坐侍宴。」　《禮記》：「外言不入於梱，內言不出於梱。」或作閫。《左傳·僖二十二年》：「婦人迎送不出門，見兄弟不踰閾。」《莊子》：「安時而處順。」紀綱，見《遇南廂園叟》。　英聲，見《茸城行》。《晉書·山濤傳》：

「雅操邁時。」《宋書·謝弘微傳》：「叔父混，義熙八年以劉毅黨見誅，妻晉陵公主改適琅邪王練。公主雖執意不行，而詔與謝氏離絕。宋武受命，晉陵公主降封東鄉君，以混得罪前代，東鄉君節義可嘉，聽還謝氏。」**新野墳松直，招祇祠柏蒼。薤歌雖慘澹，汗簡自輝煌。諡號千秋定，銘旌百禩彰。秦簫吹斷續，楚挽哭滄浪。**結到作詩。○《後漢書·鄧晨傳》：「南陽新野人也，娶光武姊元。王莽末，漢兵敗小長安，追兵至，元及三女皆遇害。光武即位，諡元為新野節義長公主，立廟於縣西。晨卒，遣中謁者備公主官屬禮儀，招迎新野主魂，與晨合葬於北邙。」《拾遺記》：「昭王時，東甌獻二女。今江漢之人立祠於江湄，猶見王與二女乘舟戲於水際，至暮春上巳禊集，或以時鮮甘味，採蘭杜包裹以沉水中，號曰招祇之祠。」陸務觀詩：「錦里瞻祠柏。」　薤歌，見《永和宮詞》。慘澹，見《洗象圖》。　汗簡，見《龍腹竹歌》注。司馬長卿《封禪文》：「炳煥輝煌。」　《晉書·禮志》：「諡號可知者十有四焉。」《恨賦》：「千秋萬歲，為怨難勝。」　《禮》：「銘，明旌也，以死者為不可別也，故以旌識之。」《字典》：「禩，同祀。」鮑詩：「埋冰或百年，韜樹必千祀。」　秦簫，見《青門曲》。斷續，見《琵琶行》。　崔豹《古今注》：「《薤露》、《蒿里》二章，世呼為輓歌。」按：《楚辭》有《招魂》、《大招》二篇。楚挽，言為楚聲以挽也。滄浪，見《攀清湖》。

　　　　原附張宸《長平公主誄》，曰：長平公主者，明崇禎皇帝女，周皇后產也。甲申之歲，淑齡一十有五。皇帝命掌禮之官，詔司儀之監，妙選良家，議將降主。時有太僕公子都尉周君名世顯者，將築平陽以館之，開沁水以宅之，貳室天家，行有日矣。夫何蛾賊鴟張，逆臣不誠，天子志殉宗社，國母嬪嬪，慷慨死焉。公主時在稚齡，御劍親揮，傷頰斷腕，頹然玉折，實矣蘭摧。賊以貴主既殞，授尸國戚，覆以錦茵，載歸椒里。越五宵旦，宛轉復生。泉途已宮，龍髯脫而劍遠；蘭薰罷殿，蕙性折而神枯。順治二年上書今皇帝：「九死臣妾，蹢躅高天。髡緇空王，庶申罔極。」上不許，詔求元配，命吾周君，故劍是合。士田邸第，金錢牛車，錫予有加，稱備物焉。嗟夫！乘鸞扇引，定情於改朔之朝；金犢車來，降禮於故侯之第。人非鶴市，慨紫玉之重生；鏡異鸞臺，看樂昌之再合。金枝秀發，玉質含章。逢德曜於皇家，迓桓君於帝女。然而心戀宮帷，神傷輦路。重雲畢陌，何心金榜之門；飛霜谷林，豈意玉簫之館。弱不勝悲，溘焉薨逝。常扶桑上仙之日，距穠李下嫁之年。星燧初周，芳華未歇。嗚呼悲哉！都尉君悼去鳳之不留，嗟沉珠之在殯。銀臺竊藥，想奔月以何年；金殿煎香，思返魂而無術。越明年三月之吉，葬於彰儀門之賜莊，禮也。小臣宸薄遊京輦，式觀遺容。京兆雖阡，誰

披柘館；祁連象冢，祇叩松關。擬傷逝於子荊，朗香空設；代悼亡於潘令，遺掛猶存。敢再拜為之誄云。《春明夢餘錄》：「公主名徽娀。」

百韻長律，子美已開此體，所謂排比聲韻，律切精深者也。元、白、皮、陸，時復為之。近則朱錫鬯更有排至二百韻者，然較之梅村，則有大家名家之別矣。按《明史》，長平公主當明亡年已十六，選周顯尚主，無世字，與誄文小異。　梅村於故明亡國之際，可備詩史，如《遇劉雪舫》之敘瀛國夫人，《永和宮詞》之敘周后、田妃，《蕭史青門曲》之敘榮昌、寧德、樂安、長平公主，至慈烺則僅於《長平輓詩》中帶敘「割慈全國體」十句而已。《蕭史青門曲》雖有「抱來太子輒呼名」之句，義不繫於慈烺，未嘗為慈烺命篇也。夫福王有《雒陽行》，鄭妃有《銀泉山》，何獨於慈烺從略？蓋《明史》有「闖賊挾太子、二王西奔」之語，而偽太子之獄江南，迄為疑案。梅村當本朝定鼎初年，於慈烺必有不敢斥言者，故絕不詠及，令讀者歎息於文字之表，是尤詩家之化境也。就一首而論，有無字句處；就全部而論，亦有無字句處。知此義也，方可說詩。　附考。《蔚州志》：「摩笄山，《水經注》有二說。其一謂即懷來之雞鳴山，所謂代夫人死，代人為立祠，因名摩笄山。每夜有野雞群鳴於祠屋上，故亦謂之雞鳴是也。其一謂即馬頭山，所謂《魏土地記》『代城東南二十五里有馬頭山，代夫人摩笄自刺而死，民為神屋於山側，因名摩笄』是也。襄子滅代時，懷來、雞鳴為燕地，代夫人必無舍代而死於燕地之理，當以後說為是。」

吳詩集覽　卷十六下

五言排律下

途中遇雪即事言懷梅村有《臨清大雪》、《阻雪》兩絕句，當與此同時作也。是赴召時途中詩。

　　雪來榆塞北，人去衛河西。川隴方瀰漫，關山正慘凄。短衣吹帶直，矯帽壓簷低。自首句至「臺荒凍鼓鼙」是途中遇雪，自「樸輕裝易發」至「稍見叟扶犁」是途中即事，自「往事觀車轂」至末句是途中言懷也。然中間自有小段落。　此段點明途中遇雪。○《漢書·韓安國傳》：「累石為城，樹榆為塞。」《明史·河渠志》：「衛河源出河南輝縣蘇門山百門泉，東北至臨清，與會通河合。」《一統志》：「衛河即古淇水也。」《三國志·徐盛傳》：「瀰漫數百里。」　慘凄，見《贈遼左故人》。　短衣，見《西田和韻》。　《捫掌錄》：「歐陽公有句云：『酒黏衫袖重，花壓帽簷偏。』」漁臥舟膠浦，樵歸柳斷蹊。危灘沙路失，廢井草痕齊。塔迴埋榱桷，臺荒凍鼓鼙。此段途中雪景。○王詩：「漁舟膠凍浦。」　李義山詩：「樵歸說逢虎。」　庾詩：「涸渚通沙路。」　廢井，見《閬園》詩。陸務觀詩：「草痕沙際猶餘綠。」　周利用詩：「塔向三天迴。」史晟《孔廟碑》：「仰瞻榱桷，俯視几筵。」　臺荒，見《海戶曲》。鼓鼙，見《遇劉雪舫》注。樸輕裝易發，書重笈難攜。久病人貽藥，長途友贈綈。橫津船渡馬，野店屋棲雞。家訴兵來破，牆嫌客亂題。簀床寧有席，葦壁半無泥。路遠人呼飯，廚空婦乞醯。白溲麵作餌，綠糝韭成虀。韭，集作「韮」。入筋非鮭菜，堆槃少棗梨。山薪士銼續，村釀瓦罌提。𪁾菜驢如怒，窺燈鼠似啼。此段途中晚宿即事。○《晉書·魏舒傳》：「樸被

而出。」 又,《張華傳》:「嘗徙居,載書三十乘。」《魏書‧高允傳》:「擔笈負書,千里就業。」 許仲晦詩:「久病先知雨。」楊誠齋詩:「贈藥意悁悁。」 長途,見《避亂》注。《史記‧范睢傳》:「須賈意哀之,乃取其一綈袍以賜之。」 橫津,見《打冰詞》。杜詩:「野橋齊度馬。」 又:「野店引山泉。」《詩》:「雞棲于塒。」 陸務觀詩:「何恨郵亭坐簣床。」 《禮‧內則》:「為稻粉糔溲之以為酏。」《玉篇》:「溲水調粉麪也。」《詩》:「視爾如荍。」《群芳譜》:「蕎麥一名荍麥,南人但作粉餌食。」《說文》:「餌,粉餅也。」 又:「古文糗作糝,以米和羹也。」《釋名》:「糝,敷也。相黏敷也。」《晉書‧石崇傳》:「每冬得韭萍蘆。」陸務觀詩:「韭蘆麥飯日加餐。」《正韻》:「筯與箸同。」杜詩:「自愧無鮭菜。」 蘇詩:「鱠縷堆盤纖手抹。」《廣韻》:「盤,俗作柈。」按:杯柈舞見《宋書‧樂志》。 白詩:「男採山上薪。」杜詩:「土銼冷疎煙。」 蘇詩:「自遣赤腳沽村釀。」范德機詩:「瓦甌新酒接花篘。」 高季迪詩:「戰馬寒嘶齕殘莖。」柳子厚《三誡》:「驢不勝怒。」 秦少游詞:「夢破鼠窺燈。」**旗亭人又起,草市路偏擠。遇淖前驦唱,沖風後騎嘶。輿肩幾步換,囊糒一夫齎。行子誰停轡,居人尚掩閨。漸逢農荷錘,稍見叟扶藜。**此段途中早行即事。○旗亭,見《送吳令之任》。 蘇詩:「傳呼草市來攜客。」 《左傳‧成十六年》:「有淖於前,乃皆左右相違於淖。」杜《注》:「淖,泥也。」《宋史‧高若訥傳》:「前驦毆路人。」 《史記‧韓長孺傳》:「沖風之末力。」盧子行詩:「風長後騎嘶。」《晉書‧王獻之傳》:「乘平肩輿徑入。」 《漢書‧李陵傳》:「陵令軍士人持二升糒。」《古詩》:「行子在萬里。」梁簡文帝詩:「停轡仲長園。」 鮑明遠詩:「居人掩閨臥。」《西都賦》:「荷錘成雲。」 杜詩:「扶藜望清秋。」**往事觀車轂,浮蹤信馬蹄。世應嘲僕僕,我亦歎棲棲。赤縣初移社,青門早灌畦。餘生隨雁鶩,壯志失虹蜺。築圃千條柳,畊田十具犁。昔賢長笑傲,吾道務提撕。得失書新語,行藏學古稽。詩才追短李,畫癖近迂倪。室靜閒支枕,樓高懶上梯。老宜稱漫士,窮喜備殘黎。**此段言遭逢易世,願為遺民也。言懷者一。○車轂,見《永和宮詞》轉轂。 僧無本詩:「嵐樹光中信馬蹄。」 赤縣,見《臺城》注。移社,見《讀西臺記》注。 青門,見《青門曲》。杜詩:「薄暮還灌畦。」 餘生,見《送周子俶》。劉孝標《廣絕交論》:「分雁鶩之稻粱。」 子建《與吳質書》:「豈非君子壯志哉!」又,《七啟》:「慷慨則氣成虹蜺。」《詩》:「九月築場圃。」沈雲卿詩:「楊柳千條花欲綻。」 十具犁,見《閬園》詩其八。 劉文房詩:「昔賢懷一飯。」笑傲,見《贈李笠翁》。 韓詩:「又不自提撕。」 《史記‧陸賈傳》:「凡著十二篇,號其書曰《新語》。」 《禮記》:「儒有今人與居,古人與稽。」 《唐詩紀事》:「李紳,

字公垂。中書令敬元曾孫。號短李。」白詩：「悶勸迂辛酒，閒吟短李詩。」　劉伯溫詩：「昔時米南宮父子同畫癖。」迂倪，見《過錦樹林》。　支枕，見《蚤起》。《三國志‧諸葛亮傳》：「劉琦乃將亮共上高樓，令人去梯。」　《畫繼》：「襄陽漫士米黻，字元章。」　按：殘黎，餘黎也。**有道寧徵管，無才卻薦嵇。北山休誚讓，東觀豈攀躋。令伯親垂白，中郎女及笄。離程波渺渺，別淚草萋萋。憶弟看雲遠，思親望樹迷。書來盤谷友，夢向鹿門妻。**此段言赴召載途。言懷者二。○按：唐高達夫舉有道科。然蔡伯喈曰：「吾為碑銘多矣，惟郭有道無愧色耳。」則漢已有之。徵管，見《寄周芮公‧序》注。　按：無才即司馬遷「朝廷雖甚乏人」意。《魏氏春秋》：「山濤為選曹郎，舉嵇康自代，康答書拒絕。」　《齊書‧孔稚圭傳》：「字德璋。鍾山在都北。其先周彥倫隱於此山，後應詔出為海鹽縣令，欲卻過此山。孔生乃假山靈之意移之，使不許得至。」王介甫詩：「野人休誦北山移。」《史記‧黥布傳》：「項王使使者誚讓召布。」　東觀，見《贈陸生》。攀躋，見《二十五日》詩。《華陽國志》：「李密，字令伯，犍為武陽人。見養於祖母，以孝聞。晉武帝徵為太子洗馬，詔書累下，密上疏，武帝覽其表，嘉其誠欵。」《〈漢書‧杜欽傳〉注》：「垂白者，言白髮下垂也。」　韓詩：「中郎有女能傳業。」《禮記》：「女子十有五年而笄。」　寇平仲詞：「波渺渺，柳依依。」　庾詩：「別淚損橫波。」《楚辭》：「王孫遊兮不歸，春草生兮萋萋。」杜詩：「憶弟看雲白日眠。」　王詩：「每逢佳節倍思親。」《家語》：「樹欲靜而風不停。」退之有《送李愿歸盤谷序》。《一統志》：「盤谷在懷慶府濟源縣北二十里。」　鹿門，見《襄陽》注。《一統志》：「鹿門山在襄陽府襄陽縣東南三十里。」**蹭蹬吾衰矣，飄零歸去兮。尊鱸三泖宅，花鳥五湖堤。著屐尋廬嶠，張帆八剡溪。江南春雨足，把酒聽黃鸝。**此段言歸興甚濃。言懷者三。結到春雨，回襯雪字。○木玄虛《海賦》：「蹭蹬窮波。」　飄零，見《遇劉雪舫》。淵明有《歸去來辭》。　尊鱸，見《贈馮訥生》注。三泖，見《葺城行》注。　花鳥，見《永和宮詞》。五湖，見《避亂》。《南史‧謝靈運傳》：「常著木屐，上山則去前齒，下山則去後齒。」廬山，見《贈蒼雪》注。《爾雅》：「山銳而高曰嶠。」張如哉曰：「此句暗用謝靈運求入遠公社事。」　張帆，見《老妓行》。《晉書‧王徽之傳》：「嘗居山陰，夜雪初霽，月色清朗，四望皓然，獨酌酒，詠左思《招隱詩》，忽憶戴逵。逵時在剡，便夜乘小船詣之，經宿方至，造門不前而反。人問其故，徽之曰：『本乘興而來，興盡而反，何必見安道邪？』」《一統志》：「紹興府曹娥江上流曰剡溪。剡縣故城在嵊縣西南。」《寰宇記》：「剡溪在剡縣南一百五十步。」　虞伯生詞：「報導先生歸也，杏花春雨江南。」　把酒，見《送志衍》。聽黃鸝，見《送純祜藩幕》其三注。

按：《詩》之荍，《傳》以為芘芣，《疏》以為蚍衃，郭《注》以為荊葵，《爾雅翼》以為錦葵，朱子取《傳》及郭《注》之說。《本草綱目》於蕎麥下列荍麥、烏麥、花蕎三名，而不載《傳》、《疏》、郭《注》、《爾雅翼》所名者。予頗疑《詩》之荍未必即今之蕎也。溫飛卿「滿山蕎麥花」作蕎字，王元之「蕎麥花開白雪香」作蕎字，蘇子瞻「但見古河東，荍麥如鋪雪」作荍字，《後山叢談》「喬麥得月而秀」作喬字。《群芳譜》所載與時珍《綱目》同。然於麗藻內止引「視爾如荍」句，不及其他，蓋亦疑之耳。時珍引王禎《農書》：「北方磨而為麪，或作湯餅，謂之河漏，以供常食。滑食如粉，亞於麥麪。」《昌平州志》亦用河漏字，蓋本《農書》。「白溲」二句從少陵「綠垂風折筍，紅綻雨肥梅」、「青惜峰巒過，黃知橘柚來」化出，而氣體似晚唐及宋人語。杜詩「霜嚴衣帶斷，指直不能結」，此云「短衣吹帶直」，各極造句之妙。

贈家園次湖州守五十韻 〔註1〕

清切推華省，風流擅廣陵。俊從江左造，賢比濟南徵。經學三公薦，文章兩府稱。北門供奉吏，西掖秘書丞。月俸鴉翎鈔，春衣鳳尾綾。賜

〔註1〕（清）吳綺《林蕙堂全集》卷二十一《奉答梅村先生即次原韻》（清康熙三十九年刻本）：

人倫重鎮海，祖德共延陵。慧探金環協，祥符玉燕徵。梗楠當世用，蘭蕙早年稱。經術師中壘，篇章過右丞。幾回搴赤幟，第一啖紅綾。逸足寧超驥，奇毛總讓鷹。宴遊初日炤，臚唱冒華升。錦有盤鵰錫，杯將御膾承。中涓頒露掌，天子賜雲仍。寶鈿酬宵詠，金蓮炤鳳興。魏徵真斌媚，李沇果端凝。斬馬除奸諛，燃犀破暗蒸。只知詞賦貴，豈識諫書增。秉鐸家為矩，觀碑路擁乘。毫端生絳蕊，紙色點朱菱。鑄劍開洪冶，程弓釋巨棚。雁投衡岫網，蛟入楚潭罾。桃李榮誇狄，蓬麻直比兢。臣心無所黨，士口自多憎。負米春山路，歌騷夜雨燈。周原雖板蕩，魯殿獨觚稜。暫出東山駕，旋耕南畝塍。每橫高士麈，長謝弋人矰。局為蒼生歛，羹因赤手慫。齡曾呼小友，蒿忝預文朋。玉署辭三載，瑤臺望九層。別離思鄭縞，展軸愛吳繒。鄰燭初分耀，郵函前啟縢。果蒙回棹訪，不覺扣門應。梁客隨枚馬，姬宗備魯縢。深情知不忝，樂事已難勝。坐愛衣香滿，題看紙價騰。耽幽陪謝屐，選勝荷虞簹。四水春羅滑，千峰曉碧罾。笻逢山自挂，幾對月長憑。急舞搖珠絡，清歌墜玉繩。尋花邀杜牧，倚樹媿毛曾。梓澤誠何有，蘭亭獲共登。文章君迭霸，粥飯我如僧。自笑詩城破，還驚筆陣崩。鈔從鷺披重，遊許兔園矜。眾坯恒宗岱，凡流敢混澠。序傳皇甫謐，刻羨李陽氷。人謂真稀有，吾言得未曾。效顰徒見醜，學步轉難憑。但愛朱絲暖，仍憐綠酒澄。寫辭燒徑竹，插架引溪藤。賦擬三都左，書賢十部弘。肩堪棲白鳳，尾合附蒼蠅。不識千秋後，誰知二謝能。

酺班上膳，從獵賦奇鷹。粉署勞偏著，仙曹跡屢陞。赤囊條每對，黃紙詔親承。此段言園次以選貢官中書，陞部曹也。○清切華省，見《送沈繹堂》。　《續晉陽秋》：「獻之文義非所長，而能撮其盛會，故擅名一時，為風流之冠也。」廣陵，見《東萊行》。　第三句本《禮記》之俊士、造士。江左，見《揚州》。　濟南征，見《送王維夏北行》。　《漢書‧兒寬傳》：「見上，語經學，上說之。」　又，《翟方進傳》：「初，除謁兩府。」師古曰：「丞相及御史也。」　北門供奉，見《題凌煙閣圖》。　《初學記》：「中書省在右，因謂中書為右曹，又稱西掖。」《梁書‧張率傳》：「秘書丞，天下清官。」　《宋書‧何子平傳》：「月俸得白米。」《宋史‧李諮傳》：「度支內錢不足支月奉。」又：「紹興二十四年，女真以銅少，循宋交子法造鈔引，一貫二貫三貫五貫十貫五等謂之大鈔，一百二百三百五百七百五等謂之小鈔，二鈔與錢並用。」程迓亭曰：「《金史‧食貨志》：交鈔之制，外為闌，作花紋，其上衡書貫例。王鳳洲謂兩旁花紋重墨如鴉翎。」　杜詩：「朝回日日典春衣。」《史記‧秦始皇紀》：「天下大酺。」《注》：「天下歡樂，大飲酒也。」《宋史‧禮志》：「賜酺自〔註2〕秦始。」按：劉孝綽詩：「引籍陪下膳，橫經參上庠。」則上膳乃膳之上者。　從獵，見《讚佛詩》。奇鷹，見《雪中遇獵》。　岑參詩：「粉署榮新命。」　劉夢得詩：「日運丹青筆，時對赤白囊。」《漢書‧梅福傳》：「詣行在所，條對急政。」　《雲仙雜記》：「貞觀中，太宗詔用麻紙寫勅詔。高宗以白紙多蠹蝕，尚書省頒下州縣，並用黃紙。」《宋史‧錢惟演傳》：「吾生平不足者，惟不得於黃紙上押字爾。蓋未嘗歷中書故也。」《晉書‧王承傳》：「諷味遺言，不若親承音旨。」乞外名都重，分符寵命仍。爭傳何水部，新拜柳吳興。城闕晨笳動，旌旗瑞靄凝。射堂青嶂合，訟閣絳霞蒸。教出漁租減，詩成紙價增。笙歌前隊引，賓客後車乘。石戶樵輸栗，銀塘女採菱。水嬉鉤卷幔，社飲鼓分塍。急雨溪誼碓，斜陽岸曬罾。此段任湖州守矣。石戶六句皆宴飲時之所見，便歸到園次甲里。○《唐書‧源乾曜傳》：「臣三息俱任京師，請出二息補外。」《西都賦》：「名都對郭。」　柳子厚詩：「仙山不屬分符客。」陸士衡《漢高祖功臣頌》：「寵命有輝。」　《梁書‧何遜傳》：「天監中，起家奉朝請，遷中衞建安王水曹行參軍，兼記室。」　又，《柳惲傳》：「字文暢，河東解人也。天監二年出為吳興太守。」　城闕，見《雪中遇獵》。僧無可詩：「收雨曉笳清。」　王仲謀詩：「東城瑞靄朝日鮮。」　《湖州府志》：「射堂在歸安縣白蘋洲西，唐貞元中刺史李詞建，顏真卿為記。」青嶂，見《聞台州警》。　錢仲文詩：「訟閣竹間清。」韓詩：「川原近遠蒸紅霞。」　蔡伯喈《獨斷》：「諸侯言曰教。」《正字通》：「諭告之詞，其義與令同也。」

〔註2〕「自」，乙本誤作「目」。

元詩：「微俸封漁租。」　樂天《賦賦》：「增紙價於京師。」　王詩：「前路擁笙歌。」陸士龍《盛德頌序》：「揮戈前隊。」　謝靈運詩：「掩岸堨石戶。」《湖州府志》：「成化九年，浙撫劉敷等奏吉安縣銅山等鄉籍沒官地，內原有栗樹，歲納栗一百八十九石。」銀塘，見《訪霍魯齋》。採菱，見《行路難》注。《湖州府志》：「菱出菱湖。菱湖在府城東南四十二里。」　水嬉，見《琵琶行・序》。沈雲卿詩：「卷幔天河入。」　杜詩：「田翁逼社日，邀我嘗春酒。」分坍，見《臨淮老妓行》。　杜詩：「急雨捎溪足。」儲光羲詩：「碓喧春澗滿。」　斜陽，見《永和官詞》。《〈漢書・陳勝傳〉注》：「師古曰：『罾，魚網也。』」宗盟高季札，史局慨吳兢。官退囊頻澀，年侵鏡漸憎。鹿皮朝擁卷，松火夜挑燈。舊業凋林薄，殘身瘦石稜。彈琴伐木澗，荷鍤種瓜塍。撥刺魚窺網，偷晴鳥避矰。已玧畊稼隱，幾受黨碑懲。此段自序。　按：梅村過湖州就園次在康熙七年，時已由祭酒告歸矣，故云玧隱。至黨碑懲者，仍指入復社劾張至發之事。○《左傳・隱十一年》：「周之宗盟，異姓為後。」《史記・吳太伯世家》：「季札封於延陵，故號曰延陵季子。」　《通典》：「唐龍朔二年，改太史局為秘書閣。」《唐書・吳兢傳》：「兢，汴州濬儀人。詔直史館，修國史。天寶〔註3〕初，入為恒王傅。雖年老衰僂甚，其意猶願還史職。李林甫嫌其衰，不用。」　官退，見《行路難》。杜詩：「囊空恐羞澀。」　又：「年侵腰腳衰。」《三國志・夏侯惇傳〉注》：「每照鏡恚，輒撲鏡於〔註4〕地。」　《南史・何尚之傳》：「致仕，常著鹿皮帽。」擁卷，見《汲古閣歌》。　戴幼公詩：「茶烹松火紅。」挑燈，見《題北歸草》。　舊業，見《閒園》詩其七。《〈西京賦〉注》：「林薄，草木叢生也。」　殘身，見《蓮蓬人》。杜詩：「淵減石稜生。」　彈琴，見《六真序》。《詩》：「伐木丁丁。」　荷鍤，見《途中遇雪》。駱賓王詩：「青門遂種瓜。」　撥刺，見《壽李膚公》。《莊子》：「魚不畏網而畏鵜鶘。」　林君復詩：「霜禽欲下先偷眼。」《莊子》：「且鳥高飛以避矰弋之害。」黨碑，見《雜感》第六首。寥落依兄弟，艱難仗友朋。殷勤書一紙，離別思千層。逸爵斟佳醞，綈袍製異繒。蠶忙供柘柚，茶熟裹緘縢。族姓叨三謝，詞場繼二應。歈宜陪魯衛，賦僅半鄒滕。謙抑君胡過，慚惶我曷勝。此段言園次以同姓故，屢通書幣也。○寥落，見《楚兩生行》。　杜詩：「途窮仗友生。」《左傳・莊二十二年》引《逸詩》：「畏我友朋。」　殷勤，見《遇劉雪舫》。一紙，見《題志衍畫》。　殷仲文詩：「逸爵紆勝引。」佳醞，見《高涼司馬行》。　綈袍，見《途中遇雪》。《〈漢書・灌嬰傳〉注》：「師古曰：『繒者，帛之總名。』」　蠶忙，見

〔註3〕「寶」，乙本誤作「實」。
〔註4〕「於」，乙本誤作「手」。

《柬姜明府》。杼軸，見《撤織造誌喜》。　茶熟，見《虎丘夜集圖》。緘縢，見《二十五日》詩。　《書》：「敬之哉！官伯族姓。」《注》：「族，同族。姓，異姓也。」按：杜〔註5〕詩：「孰知二謝能將事。」蓋本《世說》郤夫人語也。此云三謝，則合靈運、惠運與玄暉矣。俟考。　詞場，見《哭志衍》。《後漢書・應劭應奉傳・贊》：「二應克聰，亦表汝墳。」　畝，見《鼙清湖》。《左傳・定四年》：「劉文公合諸侯於召陵。將長蔡於衛，子魚曰：『昔武王克商，選建明德，以屏藩周。命以伯禽，而封於少皞之虛。命以康誥，而封於殷虛。若之何使蔡先衛也？』乃長衛侯於盟。」　又，《襄二十七年》：「盟於宋。季武子使謂叔孫以公命，曰：『視邾、滕。』既而齊人請邾，宋人請滕，皆不與盟。叔孫曰：『邾、滕，人之私也。我，列國也。何故視之？宋、衛，吾匹也。』乃盟。」《注》云：「兩事晉、楚則貢賦重，故欲比小國。」按：鄒本春秋時邾國。鄒、滕俱在今兗州府。「賦僅半鄒滕」，蓋園次既以酒繒絲茶為餽，而書中又謙言所餽者薄，由湖州褊小，僅及小國之半賦耳，故下文接以「謙抑君胡過」也。　《楚辭・懷沙》：「冤屈而自抑。」　蕭后《述志賦》：「內惭惶而累息。」**長緘招鄭重，短策跂飛騰。好士公投轄，尋山客擔簦。竹溪春澹蕩，梅隴雪崚嶒。孤館披襟坐，危欄送目憑。嵐光浮翠黛，塔勢界金繩。為政崔元亮，相逢皇甫曾。蘭橈輕共載，蠟屐響同登。笛冷荒臺妓，鐘沉廢寺僧。趙碑娟露滴，顏壁壯雲崩。衰至容吾放，狂來敢自矜。雄談茗是戰，良會酒如澠。**此段言園次致書相迎，遂到湖州，共作快遊也。園次有《迎梅村書》，錄《談藪》。○《廣韻》：「緘，封也。」李義山詩：「錦長書鄭重。」　陸士雲《逸民賦》：「杖短策而遂往。」杜詩：「前輩飛騰入。」　《荀子》：「愛民而安，好士而榮。」《漢書・陳遵傳》：「每大飲，賓客滿堂，輒關門，取客車轄投井中，雖有急，終不得去。」　尋山，見《獨往王菴》。《史記・虞卿傳》：「躡蹻擔簦。」　《唐書・李白傳》：「與孔巢父、韓準、裴政、張叔明、陶沔居徂來山，日沈飲，號竹溪六逸。」李詩：「春風正澹蕩。」　張如哉曰：「陸凱詩：『折梅逢驛使，寄與隴頭人。』梅隴句用此。」沈休文詩：「崚嶒起青嶂。」　宋延清詩：「駟馬留孤館。」披襟，見《西南風》。　危欄，見《題虎丘圖》。《左傳・桓元年》：「目逆而送之。」嵇叔夜詩：「目送歸鴻。」　朱子詩：「座上嵐光翠染衣。」秦韜玉詩：「鸞鏡巧梳匀翠黛。」　岑參詩：「塔〔註6〕勢如湧出。」李詩：「金繩開覺路。」　《湖州府志》：「唐崔元亮，字晦叔，磁州昭義人。長慶三年，自刑部郎出為湖州刺史，遷秘書少監。」　《唐書・皇甫冉傳》：「冉與弟曾皆善

〔註5〕「杜」，乙本誤作「柱」。
〔註6〕「塔」，乙本誤作「㙮」。

詩。」按：二句以元亮比園次，而以曾自比也。曾字孝常。　梁簡文帝詩：「桂檝蘭橈浮碧水。」　蠟屐，見《過福源寺》遊西灣注。　荒臺，見《海戶曲》。　劉文房詩：「帶雨夜鐘沉。」顧逋翁有《經廢寺》詩。　《一統志》：「趙孟頫故宅在湖州府歸安縣治東南甘棠橋南，中有松雪齋。」謝靈運詩：「泠泠朝露滴。」　《一統志》：「顏魯公祠在歸安縣治西北府學左。」【蘇詩：「火雲勢方壯。」■■】〔註7〕皮襲美詩：「嚴陵灘勢似雲崩。」　王子安《山亭讌序》：「雄談逸辨，吐滿腹之精神。」范希文詩：「鬪茶味兮輕醍醐，鬪茶香兮薄蘭芷。勝若登仙不可攀，輸同降將無窮恥。」陳仲醇詩：「水交以淡，茗戰而肥。」　良會，見《梅花菴聯句》。《左傳·昭十二年》：「有酒如澠。」**楚澤投劉表，江樓謁庾冰。故交當路遍，前席幾人曾。妄把歡遊數，癡將好夢憑。懷人吟力健，觀物道心澄。雅意通毫素，閒愁託剡藤。折花貽杜牧，採菊寄王弘。瑣屑陳篇蠹，敧斜醉墨蠅。非云聊以報，捨此亦何能。**此段是贈謝之意，結到作詩。○劉文房詩：「楚澤怨青蘋。」《三國志·劉表傳》：「字景升。少知名，號八俊。為荊州刺史。」張如哉曰：「投劉表，用王粲《登樓賦》。」　江樓，見《楚兩生行》。《晉書·庾冰傳》：「字季堅。領江州刺史，假節鎮武昌。」張如哉曰：「江樓借用庾亮登南樓事。冰為亮弟，前後俱鎮武昌。」　白詩：「歲晚故交情。」　前席，見《送曹秋岳》。　白詩：「去歲歡遊何處去。」　張建詩：「月影曉窗留好夢。」　懷人，見《蜀鵑啼·序》。高季迪詩：「老來吟力退。」　陸士雲詩：「薄言觀物。」道心，見《送何省齋》。　吳季重《答東阿王書》：「極雅意盡歡。」顏延年詩：「深心託毫素。」　徐鼎臣詩：「閒愁因動落花前。」《博物志》：「剡溪古藤甚多，可造紙。」　李詩：「折花調行客。」按：《唐詩紀事》：「杜牧遊湖州，刺史崔君張水戲令牧間行閱奇麗，得垂髫者，十餘歲。後十四年，牧刺湖州，其人已嫁生子矣，乃悵而為詩曰：『自是尋春去較遲，綠葉成陰子滿枝。』」梅村此句當是園次以聲妓娛客，又用湖州故實也。　《南史·陶潛傳》：「九月九日，無酒，出宅邊菊叢中坐久。值王弘送酒至。」　顧雲《池陽醉歌》：「呵叱潘陸鄙瑣屑。」劉夢得詩：「不復詠陳篇。」　敧斜，見《松鼠》。醉墨，見《贈王擔四》。《吳錄》：「曹不興善畫，權使畫屏風，誤落筆點素，因就以作蠅。既進御，權以為生蠅，舉手彈之。」　《詩》：「匪報也。」　《戰國策》：「客何能？曰：『客無能也。』」

　　　張如哉曰：「陳奕禧子文有『月映清淮何水部，雲飛隴首柳吳興』，屬對蓋本於梅村。」　陳其年《送園次歸吳興，調永遇樂》：「古渡西風，亂山落照，明日將雨。手內金樽，橋頭畫艇，潮到消魂處。踏臂狂歌，掉頭長嘯，萬事總隨花絮。

〔註7〕【　】內文字，稿本、天圖本作「謝玄暉詩：『崩壁帶苔蘚』」。

歡英雄，古今無主，夜來酒邊曾訴。　路出橫塘，船經夾浦，莫問師師舉舉。且
減柔情，還憑老幹，只種金城樹。學士亭邊，醉翁亭在，多少名賢來去。喜到日，
一湖碧浪，全家團聚。」

賦得西隱寺古松原注：次葉訒菴韻贈陸翼王。　程迓亭曰：「《嘉定縣志》：『西隱
寺在縣西北清境塘。上元、泰定間，僧悅可建。殿前羅漢松二株相對，大可合抱，不
甚高，而枝榦奇古如鐵石，蓋三四百年物。』」　《國朝詩別裁集》：「葉方藹，字子吉，
江南崑山人。官至禮部侍郎，加尚書」；「陸元輔，字翼王，江南嘉定人。為黃陶菴先
生入室弟子。」《精華錄訓纂》：「子吉，別字訒菴。」

　　誰將東海月，掛在一株松。傴蓋荒祠暗，槎枒蘚石封。寒生高士骨，
瘦入定僧容。絕頂危巢鸛，奔枝破壁龍。盤根供客踞，掃葉認仙蹤。風
寂吹常護，泉枯灑若淙。性孤千尺傲，材大百年慵。葛相堪同臥，秦皇
恥再逢。鹿芝香作供，鶴草錦成茸。影出層雲外，霜天落曉鐘。○張子壽
詩：「海上生明月。」　李詩：「長留一片月，掛在東溪松。」　傴蓋，見《雕橋莊歌》。
荒祠，見《送朱遂初》。　槎牙，見《松鼠》。蘚石，見《孫銘常畫蘭》。　高士，見《題
河渚圖》。　定僧，見《客路》。　絕頂，見《縹緲峰》。子瞻《後赤壁賦》：「攀棲鶻之
危巢。」《詩》：「鸛鳴于垤。」　《宣和畫譜》：「張僧繇嘗於金陵安樂寺畫四龍，不點
目睛，謂點即騰驤而去。人以為誕，固請點之。因為落墨，才及二龍，果雷電破壁，
徐視畫，已失之矣。」　盤根，見《清風使節圖》注。　鄭守愚詩：「江邊掃葉夕陽僧。」
又：「豈易訪仙蹤。」　吹常護，見《讀西臺記》注。　李有中詩：「丹井泉枯苔鏃合。」
《說文》：「淙，水聲也。」　張復之詩：「性孤翻與世無親。」歐陽永叔《祭石曼卿文》：
「生長松之千尺。」　材大，見《贈家侍御》。　賈閬仙詩：「葛相行師自渡瀘。」《三
國志·諸葛亮傳》：「徐庶謂先主曰：『諸葛孔明，臥龍也。』」　秦皇句，見《松花石》
注。　曹詩：「乘彼白鹿，手翳芝草。」《華嚴經》：「諸供養中，法供最重。」　《南方
草木狀》：「鶴草出南海，當夏開花，形如飛鶴。」屠赤水詩：「丹竈空來細草茸。」　杜
詩：「蕩胸生層雲。」　霜天，見《海戶曲》。曉鐘，見《哭剖石》。

　　此詩筆力似與梅村不稱，疑梅村點竄後生之作，因有佳句而收入集中者。

吳詩補注

卷十六

送吳門李仲木出守寧羌

廢塢高季迪有《城西廢塢》詩。新愁郎君冑詩：「眇眇多新愁。」

梅花庵同林若撫話雨聯句

鳥語枝頭咽《後漢書・蔡邕傳》：「伯翳綜聲於鳥語。」朱子詩：「好鳥枝頭亦朋友。」蘇詩：「抱枝寒蜩咽。」蟲鳴葉底潛魏文帝詩：「草蟲鳴何悲。」白詩：「葉底枝頭漫饒舌。」張文昌詩：「籬暗蝶爭潛。」名材退之《送廖道士序》：「千尋之名材，不能獨當也。」官同秘院僉《文獻通考》：「宋端拱初，建秘閣，亦在崇文院中。郎官至秘書監，有特令供職者，有以他官兼領者，有以判秘閣官兼判者。」《廣韻》：「僉，皆也。」丹青障曹堯賓詩：「翠微呼處生。」丹障，出《南史・王彧傳》。望崇《唐書・選舉志》：「開元以來，宰相位望漸崇。」全身《詩序》：「全身遠害。」迎寒《周禮・籥章》：「中春晝擊土鼓，龡豳詩以逆暑。中秋夜迎寒亦如之。」帶雨苫韋應物詩：「春潮帶雨晚來急。」《玉篇》：「苫以草覆屋。」睹貌潘安仁《西征賦》：「妻睹貌而獻食。」好句杜詩：「新詩句句好。」青飄柳外宿許有壬詩：「青簾柳外斜。」

海蜅

蜅篆張如哉曰：「蜅無仄聲，應作蚄。」

麥釁王貽上《池北偶談》：「放翁詩：『拭盤堆連展。』連上聲。山東製新麥作條食之謂之連展，讀如輦。」

芒刺《周禮・地官・稻人》：「澤草所生，種之芒種。」《注》：「芒種，稻麥也。」《易林》：「夏麥纘纘，霜擊其芒。」張如哉曰：「此句言揉去麥之稃芒也。」前注引《西陽雜俎》，非是。**醉士**《鹿門隱書》：「醉士隱於鹿門，不醉則遊，不遊則息。」

思陵長公主輓詩

齒正芳徐孝穆《報尹義尚書》：「河朔年芳。」**披猖**《北齊書・王晞傳》：「萬一披猖，求退無地。」**國體**《漢書・成帝紀》：「通達國體，故謂之博士。」**妖氛**子建《魏德論》：「神戈退指，則妖氛順制。」**處變**方夔詩：「處變卿還用卿法。」**茹戚**張如哉曰：「《宋書》：孝武帝檄京邑文：含憤茹戚，不可為心。」**兵來**見《遠路》補注。**元良**按：梁簡文《上拜皇太子謝表》：「何以允副元良，和茲守器。」在《宋史》之前。**衣冠**《史記・封禪書》：「黃帝已仙上天，群臣葬其衣冠。」**宅枕**《宋史・蘇紳傳》：「宅枕乾圖。」**街通**劉蘊靈詩：「疏柳高槐古巷通。」**畫閒**周權（字衡之）詩：「花影壓簾春晝閒。」**鴛鴦扇**李長吉詩：「扇織鴛鴦文。」**暖閣**見《琵琶行・序》，與卜句溫泉皆借用。**秦休**按：《秦女休行》，魏協律都尉左延年所作，而李擬之也。子建《樂府》：「女休逢赦書，白刃幾在頭。俱上列仙籍，去死獨就生。」亦詠其事也。傅休奕集亦有《秦少女休行》。**列剎皇姑寺**程迓亭曰：「以下十六句謂留像皇姑寺。」《集覽》謂詠墓田，非是。**時危**鮑詩：「時危見臣節。」

途中遇雪即事言懷

榆寒張如哉曰：「臨清州北、德州南有榆林鋪。榆塞指此。借用《〈漢書・衛青傳〉注》『榆林塞為榆溪』。」**吹帶**李正己詩：「北風吹裙帶。」**簀床**《後漢書・袁術傳》：「坐簀床而歎。」《注》：「謂無茵席也。」**棗梨**杜詩：「呼兒具梨棗。」**騶唱**《北史・郭祚傳》：「故事：令僕中丞騶唱而入。」**浮蹤**見《高涼司馬行》補注。**殘黎**《元史・郝經傳》：「遺黎殘姓。」**離程**見《園次罷官》補注。

贈家園次湖州守

春衣鳳尾綾韓君平詩：「金殿賜春衣。」《宋史・職官志》：「春冬衣，中書舍人春綾各三匹、絹十五匹。」《拾遺記》：「周昭王以青鳳之尾為裘二：一曰燠質，一曰暄肌。」子山《春賦》：「艷錦安天祿，新綾織鳳皇。」**仙曹**錢吉亭曰：「《白帖》：『諸曹郎稱為仙郎，故曰仙曹。』」**乞外**《宋史・職官志》：「侍講學士孫奭年老乞外。」**宗**

盟《宋史・袁廓傳》：「出知溫州，同郡袁仁甫掌州之關徵，素以宗盟之分，頗相親善。」按：宗盟雖本《左傳》，而吳詩當用此也。**史局**《唐書・劉子玄傳》：「史局深籍禁門。」**殘身**見《松鼠》補注。**相逢皇甫曾**程《箋》：「曾有《烏程水樓留別》詩，見集中。」**娟露**蘇詞：「月明風露娟娟，人未眠。」**壯雲崩**蘇詩：「火雲勢方壯。」按：兼用李詩「落筆灑篆文，崩雲使人驚」。**三謝**張如哉曰：「《後山詩話》：荊公學三謝詩，失於巧爾。唐子西■錄〔註1〕：『謝靈運、惠連、玄暉詩六十四篇，為三謝詩。』」

賦得西隱寺古松

危巢鸛《禽經》：「鸛生三子，一為鶴。」陶通明《本草注》：「鸛有二種。似鵠而巢樹者為白鸛。」按：《集韻》「鸛，水鳥」疑即杜詩之「古廟杉松巢水鶴」也。

〔註1〕唐庚《眉山集》卷十五《書三謝詩後》：「江左諸謝詩文見《文選》者六人，希逸無詩，宣遠、叔源有詩不工，今取靈運、惠連、玄暉詩合六十四篇，為三謝詩。」另，馬端臨《文獻通考》卷二百三十《經籍考五十七》：「《唐子西語錄》云：『三謝，詩靈運為勝，當就《文選》中寫出，熟讀自見其優劣也。』又云：『江左諸謝詩文見《文選》者六人，希逸無詩，宣遠、叔源有詩不工，今取靈運、惠連、玄暉詩合六十四篇，為三謝詩。』」按：據此，則「■」似當作「語」。